中国少数民族审美文化丛书

彭修银　主编

满族审美文化研究

阎丽杰◇著

MANZU SHENMEI WENHUA YANJIU

中国社会科学出版社

图书在版编目(CIP)数据

满族审美文化研究/阎丽杰著. —北京：中国社会科学出版社，
2015.11
ISBN 978 - 7 - 5161 - 6452 - 5

Ⅰ.①满⋯　Ⅱ.①阎⋯　Ⅲ.①满族—审美文化—研究
Ⅳ.①K282.1

中国版本图书馆 CIP 数据核字(2015)第 152523 号

出 版 人	赵剑英	
责任编辑	郭晓鸿	
特约编辑	王冬梅	
责任校对	闫　萃	
责任印制	戴　宽	

出　　版	中国社会科学出版社	
社　　址	北京鼓楼西大街甲 158 号	
邮　　编	100720	
网　　址	http://www.csspw.cn	
发 行 部	010 - 84083685	
门 市 部	010 - 84029450	
经　　销	新华书店及其他书店	

印刷装订	三河市君旺印务有限公司	
版　　次	2015 年 11 月第 1 版	
印　　次	2015 年 11 月第 1 次印刷	

开　　本	710×1000　1/16	
印　　张	17.25	
插　　页	2	
字　　数	267 千字	
定　　价	66.00 元	

总　序

彭修银

　　2006 年农历丙戌年伊始，我有幸被中南民族大学聘为该校的第一位首席教授。我到中南民族大学以后，根据民族院校的特点和学科建设的需要，在学校领导的支持下，成立了"中南民族大学中南少数民族审美文化研究中心"。中心成立不久就被湖北省教育厅批准为湖北省人文社会科学重点研究基地。中心的主要任务：一是对中国少数民族的美学思想资源进行挖掘和整理；二是在中国少数民族审美文化整体研究的基础上，侧重于对中国南方少数民族美学和艺术理论的系统梳理和文化阐释；三是研究中国少数民族审美文化与当代审美文化建设的关系，探究适合中国南方少数民族地区审美文化事业的发展模式和对策。为了有效地反映中心的研究成果，我们创办了《民族美学》（以书代刊），拟定了《中国少数民族审美文化丛书》（20 种）的编写方案。

　　审美文化是介于人类感性的、物质的文化活动和理性的、精神的文化活动之间的所有审美化活动、审美化事象。具体包括以下四个层面：（1）理论性、思辨性、概念性话语层面。这一层面主要以美学思想的形式表现出来；（2）体验性、文本性、形式性创造层面。这一层面主要以艺术活动、艺术作品表现出来，以绘画、音乐、舞蹈等艺术门类为主体；（3）时尚性、习俗性、风情性层面。这一层面主要以社会性、公众性、主流性文化趣尚表现出来。以言语行为、交际往来、服饰装扮等方面的好尚为重心；（4）工艺性、器物性、设计性层面。这一层面主要以物质的形式呈现出来，如住室设计、民间工艺设计、日常生活实用品设计等。根据审美文化的四个层面以及中国少数民族审美文化的特点，本丛书将采用两种体例进行编写：一种是从挖掘中国少数民族门类艺术文化的审美意蕴来编写，即"中国少数民族服饰文化审美论"、"中国少数民族建筑文化审美论"、"中国少数民族舞蹈文化审美论"、"中国少数民族音乐文化审美论"、"中国少数民族戏剧文化审美论"等。一种根据对中国南方各个少数民族审美意识外化的理性形态美学思想的挖掘和感性形态艺术作品的整理来编写，即"土家族审美文化"、"瑶族审美文化"、"苗族审美文化"、"壮族审美文化"、"彝族审美文化"、"侗族审美文化"、"高山族审美文化"、"傣族审美文化"、"纳西族审美文化"、"白族审美文化"、"羌族审美文化"、"黎族审美文化"等。

中国少数民族审美文化和美学思想是在各个民族独立自存的文化背景中形成的，其历史悠久、蕴涵丰富、形态鲜活，具有"现代性"价值和东方文化特征。在全球文化不断趋向交流融合的今天，它正以深刻的思想智慧、特殊的理论形态和广泛的艺术实践，为西方美学和艺术的发展提供了丰富的思想资源和实践力量。越来越多的世界级的学者和艺术家把向往的目光投向了中国少数民族审美文化和艺术。本丛书的编写、出版，一方面向国人提供一套专门性的中国少数民族审美文化文本，另一方面向世界审美文化提供丰富的思想资源。

有关中国少数民族审美文化和美学思想的研究在我国还刚刚起步，本丛书诸多未备，甚至谬误百出，尚祈学术界同人和广大读者不吝批评指教，不胜感幸！

目　录

序

满族文学艺术越来越引起人们的重视，一些已经被作为非物质文化遗产保护起来。满族研究机构逐渐增多，满族研究人员日渐壮大，满族研究成果日益丰富，总之，满族文化研究稳步提高，正不断地系统化、专业化，同时，还有很多满族的非物质文化遗产亟待拯救。

本书以满族文学艺术为研究对象。满族文学艺术大部分内容为满族民间说唱艺术。满族民间说唱艺术狭义地是指既说又唱的民间艺术，本书研究的满族民间说唱艺术是指既说又唱，或者只说，或者只唱的民间说唱艺术。此书主要研究满族民间中的八角鼓、萨满神歌、岔曲、说部等艺术类型。

本书力求研究满族文学艺术的内容、形式，侧重于研究满族审美文化，尽量给满族审美文化以较全面、准确的定位。

一 满族研究机构

中国研究满族文学主要以东北三省和北京的专家学者为主力军，另外还有南方的少数研究机构、大专院校。

东北的满族研究机构主要有：辽宁省民族研究所、辽宁大学、大连大学中国东北史研究中心、吉林师范大学满族文化研究所、黑龙江省满语研究所、北方民族研究所、东北师范大学满学研究室、内蒙古民族大学蒙古学学院、黑龙江大学满族语言文化研究中心、黑龙江省民族研究所、吉林省少数民族干部学校、吉林省民族研究所、吉林大学民族研究所、长春师范学院满族文化研究所、长春大学萨满文化研究中心、吉林师范大学历史文化学院及满族文化研究所、吉林师范大学中国思想文化研究所、辽宁省社会科学院历史研究所、辽宁省古籍规划整理办公室、辽宁省档案馆历史一部、辽宁省图书馆信息检索部及古籍部、辽宁民族出版社、辽宁大学历史文化学院清文化研究所、沈阳故宫博物院研究室、沈阳大学满族文化研究所、大连民族学院东北少数民族研究院、大连大学东北地方史研究中心、抚顺市社会科学院、丹东满族研究所等。

北京主要有中国社会科学院民族文学研究所、中央民族大学民族文学研究所、北京市社会科学院满学研究所、中国萨满文化研究中心、中国人民大学清史研究所等。

南方主要有南开大学中国社会史研究中心、南开大学历史系、广州市满族历史文化研究会、中南民族大学、台湾汉学研究中心、台湾"中研院"历史研究所、"国立"故宫博物院等。

辽宁省民族研究所是1982年建立的，以东北少数民族研究为中心，以满族研究为重点的科学研究单位。辽宁省民族研究所首位所长金启孮教授是我国著名的女真文和满学专家，代表作有《北京郊区的满族》《三家子调查记实》《女真文辞典》《沈水集》等十多部著作，在国际上有广泛影响。第二任所长张佳生研究员是知名的满族文学与文化专家，代表作有主编《满族文化史》《满族历史与文化简编》《社会主义市场经济与民族关系》，专著有《清代满族诗词十论》《清代满族文学论》《清代满族文学史论》《八旗十论》等，论文有《满族文化研究百年》等。第三任所长何晓芳在民族理论与政策研究方面成果显著，是公认的专家。另外还有许多学者如何溥滢、关克笑在民族史和满语言研究方面，李德在满族文学艺术研究方面，都有突出的成果，均为学术界承认的专家。长期以来全所共出版专著28种，论文近500篇。成为我国民族研究特别是满学研究方面的重要科研单位，对推动满学研究的发展起到了至关重要的作用。

辽宁省民族研究所成立之际，同时设有《满族研究》杂志编辑部。《满族研究》杂志于 1985 年创刊，是国际上唯一一种定期公开发行的满学刊物。首任主编为金启孮，第二任主编为张佳生，第三任主编为何晓芳。期刊自创办以来，共发表了大量学术论文，反映出了我国满学研究的成果与水平，并培养出了大批中青年学者，连续多年被评为"民族学类核心期刊"，成为我国重要的满学研究学术阵地。

辽宁大学的教师群对满族文学也进行了深入的研究。其中以赵志辉、邓伟、乌丙安、朱眉叔、董文成等为主要研究者。

丹东的《满族文学》期刊创刊于 1980 年，曾用刊名《杜鹃》。《满族文学》是全国唯一的满族文学期刊，国内外公开发行。多年来坚持文学性、当代性、民族性、可读性为一体，重点刊发反映现实生活题材的作品和有关满族历史、文化、人物及满族民俗风情的作品。

中国社会科学院民族文学研究所关纪新对满族文学的研究作出了贡献。关纪新在恩华的基础上继续丰富、整理而成现在的《八旗艺文编目》。清末民初人恩华编著了《八旗艺文编目》，把八旗人士的著作编纂成书。恩华多方求购，日积月累，发奋编纂，辟地辽东，于 1932—1933 年成就此书。其中有大量的书籍涉及了满族文学，这对满族文学的研究和传承作出了巨大的贡献。关纪新于 1998 年出版《老舍评传》之后，又于 2008 年写了《老舍与满族文化》。关纪新还出版了《中国满族》，评论集《塞风集》，学术专著《老舍评传》、专著《清代满族作家诗词选》（合作）、《多重选择的世界——当代少数民族作家文学的理论描述》等著作。

中央民族大学的很多学者致力于满族文学的研究。张菊玲、赵志忠、季永海、白立元等作出了突出贡献。

还有汉族学者致力于研究满族作家的文学作品。他们对满族有成就的作家作品研究多一些，如纳兰性德的词。

二　满族文学艺术研究

在研究满族民间说唱艺术的队伍中，一直以专业民族研究机构和民族大学为主，也有许多其他高校学者研究满族说唱艺术。如台湾政治大学陈锦钊教授较早地研究了子弟书。中山大学一直在研究整理车王府曲本。学术界对于满族民间说唱艺术的研究集中在满族民间说唱艺术的音乐、源流、流变历史与八旗文化的关系等，如《关于岔曲源流的问题》《岔曲与八旗文化》等的研究。

满族文学的发展是历史发展的必然产物。诗歌在唐朝的发展达到了巅峰。但唐朝的诗歌以抒情为主。到了宋朝，朱熹的理学思想影响很大，宋朝的诗歌创作为了超越唐代诗歌，以理学为突破口，以学问为诗，以议论为诗，无一字无来处，点铁成金，因此，宋代诗歌的理学色彩浓厚。文学创作发展到了明代，可以说，明代的文学创作是对宋代理学的一种反拨。如果用一个字来概括明代文学的话，就是"情"字。从李贽的"童心"说，汤显祖的《牡丹亭》人为情而生、人为情而死，到公安三袁的性灵说。明代文学的审美趣味发生了急剧的变化，明代文学已经开始向世俗化、个性化、趣味化的方向发展。明代的文学艺术注重写情，清代的文学艺术注重怎样表达情。结合满族的能歌善舞的说唱习俗，清代把说唱文学作为表达情的重要方式。

满族文学艺术的兴起和满族生活方式的转变有很大的关系。满族入关前，长期刀箭不离手，马鞍不离身，过着颠簸的征战生活。满族入关后，开始了稳定和平的生活，原来无暇顾及的感情生活逐渐增多。满族入关后，有较高的俸禄，也开始有条件享受审美娱乐生活。满族自古就有"载歌于途"的习俗，擅歌尚勇，因此，满族民间说唱艺术的繁荣成为清朝的重要文学现象。

明清时期，最为大家熟悉和欢迎的莫过于说唱艺术了。清代是说唱艺术大发展的时代。也是各类艺术发展成熟的时代。中国是诗歌大国，说唱艺术与诗歌有密切的关系。说唱艺术是对诗歌的继承和发展。说唱艺术弥补了诗歌中叙事诗的不足。

在北方粗犷的大自然的熏陶下，满族养成了乐观豪放、勇敢刚毅的性格。满族人喜欢也善于用歌舞表达自己的情感，因而，创作了大量的民间说唱艺术。满族民间说唱艺术是中华民族艺术瑰宝中不可或缺的一部分。

在已经出版的满族文学作品中，满族民间故事作品十分丰富，现已经出版的关于满族文学的著作主要有《满族民间故事选》《七彩神火：满族民间传说故事》《满族三老人故事集》《满族神话故事》《满族歌谣选》《满族民歌集》《满族歌谣集》《试论满文翻译小说》《纳兰性德和他的词》《饮水词》《子弟书丛钞》《神秘的萨满世界》，等等。满族说部异军突起，吉林人民出版社于2007年至今出版了《阿骨打传奇》《萨布素将军传》《扈伦传奇》《金世宗走国》《东海沉冤录》《红罗女三打契丹》《女真谱评》《平民三皇姑》《雪妃娘娘和包鲁嘎汗》《东海窝集传》《飞啸三巧传奇》《瑞白传》《萨布素外传 绿罗秀演义》《木兰围场传奇》《天宫大战 西林安班玛发》《苏木妈妈 创世神话与传说》《伊通州传奇》《元妃佟春秀》《比剑联姻》《碧血龙江传》《尼山萨满传》等数十本满族说部。

比较重要且较全面地研究满族文学的著作。主要有关纪新编《满族现代文学家艺术家传略》（辽宁人民出版社1987年版）。张菊玲、关纪新、李红雨辑著《清代满族作家诗词选》（时代文艺出版社1987年版）。赵志辉主编，邓伟、马清福副主编《满族文学史》（沈阳出版社1989年版）。马清福著《八旗诗论》（延边大学出版社1989年版）。张佳生著《清代满族诗词十论》（辽宁民族出版社1993年版）。朱眉叔、黄衍柏、董文成、卜维义选注《满族文学精华》（辽沈书社1993年版）。鲁野、宁昶英主编《中国当代满族作家小传》（辽宁民族出版社1993年版）。张菊玲著《清代满族作家文学概论》（中央民族学院出版社1990年版）。董文成主编，邓伟、张佳生副主编《清代满族文学史论》（中国文联出版社2000年版）。张佳生著《清代满族文学论》（辽宁民族出版社2009年版）。还有赵志忠主编《满族文学史》，邓伟等主编《满族文学史》，等等。辽宁民族出版社、民族出版社、吉林人民出版社等出版了大量的满族学术成果，为满族的研究作出了突出的贡献。

满族文学作品大量问世，人们已经认识到了满族文学艺术的重要性，其中部分作品已成为非物质文化遗产，人们开始积极拯救、搜集、整理、研究满族文学艺术。近年来，已经有越来越多的学者加入满族文学艺术研究的队伍中来。但大部分满族文学作品仅仅处于满族文学艺术的抢救、搜集、整理阶段，作品的研究也初见成效，但总体来说，满族文学作品的美学研究严重不足。对于满族的美学研究仅仅停留于满族文学作品的个案研究上，缺少系统的、全面的美学研究，因此，有必要对满族文学作品进行系统的美学研究。

三　满族美学研究

中华民族是由 56 个民族组成的大家庭，每个民族都有其独特的美。中国少数民族的美学研究一直是薄弱的环节，几乎就是空白。少数民族文学艺术越来越受到重视，很多少数民族文学艺术已经成为非物质文化遗产，但对少数民族非物质文化遗产的保护多为文本和表演形式，缺少学理上的梳理和研究。即使有少量关于少数民族文学艺术的美学研究，也仅仅是零散的、个案的研究，缺少多角度的全面的美学研究。满族有自己独特的审美范畴、审美思维、审美形式、审美标准。满族文学艺术历史悠久、作品丰富，具有本民族特有的美学特征。满族的美学研究在国内少之又少，至今还没有一本满族美学著作。国外也没有满族美学研究。

从总体上说，我国少数民族文学艺术本身就不占主流地位，处于弱势状态，满族文学也不例外。全国各院校很少教授少数民族文学艺术，绝大部分教授的是汉族文学艺术。

随着民族政策得到进一步贯彻和落实，特别是关于非物质文化遗产保护的一系列重要政策出台，满族一些文学艺术成为非物质文化遗产。由于满族文学艺术传承人的相继离世，满族文学艺术急需被抢救、保护、挖掘、整理、研究，因此，对于满族文学艺术的美学解读成为亟待解决的问题。传承保护满族非物质文化遗产不仅是形式上的传承，还需内容上深入的研究。

　　尽管学术界对满族美学的研究极其匮乏，还没有满族美学著作，但学界的满族美学研究意识已经觉醒，开始有一些专家学者对满族美学有所涉及，如对满族服饰美、满族歌舞美、满族神话美学价值、满族作品的美学风貌、满族民歌审美特征等进行研究，但都只是分门别类的少量个案研究。从满族文学艺术研究整体上看，我国满族美学个案研究也是寥寥无几，缺少系统的满族美学研究。因此，有必要收集满族美学资料，研究满族美学规律。

　　满族美学研究可以填补学术空白，拓展满族新的研究领域，弥补满族文学艺术理论研究的不足。满族文学艺术的研究以田野调查、录音整理、文本收集居多，而满族文学艺术的美学研究几乎是空白，因此，急需丰富满族美学研究，丰富中国少数民族文学艺术的理论宝库。满族美学研究有助于传承、保护、理解满族文学艺术非物质文化遗产，为了抢救、保护、挖掘满族非物质文化遗产，有必要对满族文学艺术做深入的美学研究，加深对满族非物质文化遗产的理解。

　　满族文学艺术种类丰富，异彩纷呈。满族文学艺术从先秦时期的肃慎到汉代、三国时期的挹娄，到南北朝时期的勿吉，到隋唐时期的靺鞨，到宋、元、辽、金、元时期的女真，到清朝的满族，经历了漫长的发展过程。在长期的发展过程中，满族文学艺术表现出了特有的美学风貌。本书主要收集与美学有关的满族诗歌、故事、小说、神话、满族说部、萨满神歌、岔曲、八角鼓、子弟书等文本，进而研究满族的审美思维、社会美、自然美、形式美、美学范畴等有关满族美学方面的问题，从中探求总结满族美学规律。

　　满族文学艺术具有独特的美学特征，这是人们长期忽视和很少接触的领域。(1) 从审美思维来看，满族审美思维具有原始思维特点，看重自然的征兆、前世的姻缘、作品的"诗谶"，这种艺术思维对满族文学艺术创作和接受影响很大，导致了满族文学艺术创作的独特美学风貌。(2) 从社会美来看，满族人体美注重体魄健壮、孔武有力，表现出一种阳刚美，这和满族的渔猎文化、生产方式的艰苦危险具有密切的关系。(3) 从自然美来看，满族自然审美对象以山居多，这和满族的生活环境、渔猎文化、历史发展有密切关系。同时，满族文学艺术对自然具有主体性的融入和体验，这使得满族文学艺术具有了生态美学的维度。（4）从形式美来看，满族文学艺术注重白色的色彩美，满族艺术尚白和满族的萨满文化、宗教信仰、社会生活实践、民族习俗有密切的关系。满族艺术尚白的特点是满族深层社会心理的艺术表现。满族文学艺术对数字"三"情有独钟，这和满族的萨满文化有着密切的关系。（5）从艺术品来看，满族艺术具有直接取材于生活、口耳相传、说唱俱佳的主要特点。（6）从美学范畴来看，满族文学艺术表现出的崇高美居多，往往刚健有力、自然清新。

本书从具体的满族文学艺术文本、史料笔记入手，在熟悉文本的基础上，尊重文本，对满族美学加以收集整理，概括研究。研究焦点集中在满族美学的审美思维、社会美、自然美、形式美、美学范畴等满族美学理论研究，从横向比较和历时发展中探寻满族美学规律，通过对满族文学艺术作品的深入研究，建构满族美学理论。

第一章　满族文学艺术的流变

满族文学艺术的兴起和满族的生活习俗密切相关:

第一,满族自古就是个能歌善舞的民族,满族离不开说唱歌舞。《后汉书》曾记载满族先世祭神的歌舞情景:"昼夜会聚歌舞,舞辄数人相随,踏地为节。"满族平时的喜庆宴会都有说唱歌舞助兴。满族入关以后二百余年,没有停止歌舞,把年禧宴舞作为定制列入法典中。

第二,长久的马背上征战生涯以及民族内部的骨肉残杀,使得满族人内心渴望一种轻松的生活方式。满族正是由于骑射文化,才能以区区不到六十万人口击败了具有近亿人口的明朝政权,开创了统治中国长达二百多年的历史,创造了历史的奇迹。努尔哈赤为了统一大业,曾经杀戮妻兄,处死长子,幽杀胞兄弟,血腥的现实使满族人对残酷人生有了深切的体验,人们在内心深处渴望安稳的闲适生活。

第三,满族入关后,没有了战乱,在八旗制度的荫护下,旗人开始热衷于享受精神娱乐生活,过着闲适的生活。闲适的生活催生了满族文艺的兴起。

在清代中晚期,北京异常繁华,庙会集市民间说唱演出很多。子弟书《为票嗷夫》很有代表性地表现了八旗子弟的生活状态。"新添的放上饭不吃晾一个冰冷,手拿着筷子抡圆把桌面子敲。满嘴里嘟哝连帮带唱,也不知把菜回了几次杓。好容易扒拉了一口放下碗,你还说分不清四鼓与什么过桥。"[1]

---

[1]　《清蒙古车王府藏子弟书》,国际文化出版公司 1994 年版,第 17—18 页。

姚颖在《清代中晚期——北京说唱文学与伎艺研究——以子弟书、岔曲为中心》中总结了八旗子弟书的创作，在说明作者的创作冲动时，全部都用了"闲"字。如"演成俚句堪人笑，闲叹痴情解闷烦"。"煦园氏挑灯无事闲泼墨，写一段华容道上释奸曹。""春昼无聊闲累笔，演一回春闺寂寞盼牵情。""小窗无事闲泼墨，写一段齐陈相谤酸匪嚼牙。"等等，这样的句子很多。其共同点在于，都表达了作者是在闲适的状况下创作的作品。

第四，贵族阶层大力提倡满族说唱艺术，贵族阶层带头进行艺术创作和演出满族说唱艺术，有力地促进了满族文学艺术的繁荣。"子弟书"顾名思义和子弟有关，子弟在元朝、清朝时期一般是指贵族富户人家的子孙。《都市丛谈》"八角鼓条"中写"演者多是贵胄皇族，故称子弟"。《票把儿上台》中写道："子弟消闲特好玩，出奇制胜效梨园。"子弟也是说唱艺术的热心票友。

第五，自清中叶以来，满族文学艺术的传播形式不断改善，各地民间书坊数量之多达到了空前的程度，满族文学艺术得到了迅速广泛的传播。这些书坊抄卖民间说唱文本，有力地促进了满族民间说唱艺术的文本创作。当时的"百本堂"、"别埜堂"、"聚卷堂"、"忆卷堂"等都是有名的书坊。

第一节　满族文学艺术兴起

满族文学艺术和满族的宗教、民俗文化特点有着密切的关系。满族自古就能歌善舞。从靺鞨到女真，到满族，喜好歌舞的习俗一直延续下来。尽管满族先祖没有文墨传承，但满族有讲古的习俗。

满族的族源历史、氏族神话、英雄传说都是以口耳相传的形式传承，再配以音乐伴奏，就成了满族的民间说唱艺术。满族民间说唱艺术的产生经历了以下几个阶段。

一　从原始宗教到原生态的民俗传唱

在原始社会时期，由于生产力低下，人们幻想着征服自然界改造自然界，人们不了解自然界，认为自然界有一种神秘的力量，于是把自然界加以神化，把自然界和自然界万物当作神灵加以崇拜，这样原始的宗教就产生了。"宗教是在最原始的时代从人们关于自己本身的自然和周围的外部自然的错误的、最原始的观念中产生的。"① 普列汉诺夫认为：劳动先于艺术，总之，人最初是从功利观点来观察事物和现象，只是后来才站到审美的观点上来看待它们。古人往往在自然面前束手无策，因此人们对自然产生了敬畏之情。人们所敬畏的对象——自然就成了神。"神话和宗教中的神，都是自然物和自然现象的人格化。因此，最早的宗教形式是自然崇拜。"② 法国学者沃尔内和杜毕伊认为宗教和神的产生在于人们对自然力的束手无策。

大量的考古学资料证明早在母系氏族社会的中期，即人类社会新石器时代的早期，就已经有萨满教的祭祀活动了。满族信仰萨满教。在萨满教丰富的祭礼中供奉着各种神灵。满族有很多自然的神祇。在满族的萨满教中，自然界中的一切都可以成为神祇。自然神祇包括日月星辰、雨雪冰雹、山河石水、虎豹熊狼、鹰雕蟒蛇、乌鸦喜鹊、柳榆桦柞等。萨满可以上天入地，沟通鬼神，除妖祛病。在萨满教中，很多动物、植物都是萨满的辅助神。满族有大量的动物神祇，如鸠神、鹰神、虎神、金钱豹神、野猪神、蟒神等，甚至由于动物大小的不同而有了八尺蟒神和九尺蟒神之别。

萨满教相信万物有灵论。萨满教的万物有灵论导致了人们认为自然万物也和人一样具有生命，人们要和自然万物进行交流，人们把自然万物看成是有生命的、有灵魂的主体。人与自然万物的交流很大程度上是通过想象展开

---

① 恩格斯：《路德维希·费尔巴哈和德国古典哲学的终结》，《马克思恩格斯选集》第 4 卷，第 250 页。

② 何星亮：《中国自然神与自然崇拜》，上海三联书店 1995 年版，第 12—13 页。

的。人们在与自然万物交流时推己及万物，要表达对自然的敬畏之情，要使神欢愉，于是，萨满教的神歌产生了。"在原始社会神权的统治下，音乐和舞蹈等其他艺术一样，也被首先用来服务于娱神的目的。"[①]

萨满教中的萨满是人神之间的中介人，萨满在沟通人神时，有狂呼乱舞的现象。萨满在沟通人神时，口唱萨满神歌，同时身体模仿各种自然神灵的样态。萨满不仅要有嘹亮的歌喉，还要擅长舞蹈、武术等。萨满唱的神歌就成为最早的满族民间说唱艺术。满族的万物有灵论导致的自然崇拜对艺术的产生具有了催生的作用。萨满教有许多复杂的仪式，在祭祀时边唱边舞。萨满歌舞逐渐成为满族民间说唱艺术。满族民间说唱艺术和萨满祭祀有关。"自然崇拜是历史上对中国文化影响最大的宗教形式之一。它对古代哲学的形成，对古代政治、军事、社会经济、日常生活、生死观念、文学艺术、居住方式和节日等，都曾发生过重大影响。因此，它在中国文化史上占有不可忽视的重要地位。"[②]

神歌的歌词本身就是充满大胆想象、富有传奇色彩的神话故事。满族对于万物的崇拜导致了满族对于自然万物的歌颂，其结果是产生了大量的神话传说。在这些神话传说中，自然万物和人类一样，具有了生命，有自己的主体意识。列维-布留尔认为神话是原始民族的圣经故事。对原始人的思维来说，神话既是社会集体与它现在和过去的自身和与它周围存在物体的结为一体的表现，同时又是保持和唤醒这种一体感的手段。

人们的日常生活离不开萨满教，萨满教复杂的歌舞仪式成为满族民俗生活的重要组成部分。满族民俗生活贯穿着萨满歌舞，于是，满族的民间说唱艺术逐渐形成。

---

① 朱狄：《艺术的起源》，中国社会科学出版社 1982 年版，第 258 页。
② 何星亮：《中国自然神与自然崇拜》，上海三联书店 1995 年版，第 404 页。

二 从原生态的民俗样式到艺术作品的重建升华

满族民间说唱艺术经历了一个从民俗样式到艺术作品的重建与升华过程。人们一开始并不把萨满教中的说唱仪式看作是艺术，而仅仅看作是娱神的手段。柴勒在《音乐的四万年》中说："对原始人来说，音乐并不是一种艺术，而是一种力量。通过音乐，世界才被创造出来……在原始人看来，音乐是人所能获得的唯一的一点神赐的本质，使他们能通过音乐去规定礼仪的方式而把自己和神联在一起，并通过音乐去控制各种神灵。这样，整个过程被颠倒了过来：好像是在神通过音乐对人说话之后，人才通过音乐对神说话。人通过赞美、谄媚和祈祷去代替对神灵的征服，通过音乐，他们就有支配命运，支配各种因素和支配各种动物的权利。"[1]

满族说唱正是在不断的娱神活动中，经历了漫长的历史锻造过程，从而完成了从原生态的民俗样式到艺术作品的重建与升华。

满族独特的民俗生活为满族民间说唱艺术奠定了基础，满族民间说唱艺术实现了从原生态的民俗样式到艺术作品的重建升华。"一定的巫术、礼仪行为，也是初生态民俗的载体之一。这些民俗行为过程中的模仿、模拟、举手、投足、符咒等等，原本是初民为达到某一实际功利的手段，无意中为文艺的技巧、形式奠定了基础。"[2] 满族说部《红罗女》表现了北方古悬棺的习俗。《忠烈罕王遗事》表现了女真早期的冰葬习俗。《东海沉冤录》表现了以喜鹊巢中藏男女定情信物的习俗。

满族的民俗生活离不开说唱。满族自古就是能歌善舞的民族，满族的生活习俗离不开歌舞。满族自古就有"行歌于途，以申求偶之意"。满族在"迎娶"时，还没有举行婚礼，要事先布置好洞房。"洞房陈设好之后，请人在房内奏

---

[1] 转引自朱狄《艺术的起源》，中国社会科学出版社 1982 年版，第 259 页。
[2] 陈勤建：《文艺民俗学导论》，上海文艺出版社 1991 年版，第 166 页。

乐,彻夜笙歌不绝,用以驱除房中的鬼怪,称为'响房'。"①满族婚礼"祝吉"时,"天交正午,于院中设神桌,供肉、酒储物,由宗老吉服致祭。新郎、新娘一同出至院内神桌跪拜受吉。宗老单膝跪神桌前,用满语高声念'阿察布密歌'(合婚歌),请在天神祖保佑夫妻长寿无灾,子孙繁衍,共享富贵"②。如有人家生了男孩,要在门梁上悬挂小弓箭,口颂喜歌。满族孩子出生三天要举行洗礼,俗称"洗三"。洗三时还要唱"洗三"歌,希望孩子长大后能够有出息,做大官。"洗洗头,做王侯;洗洗腰,一辈倒比一辈高,洗洗蛋,做知县;洗洗沟,做知州!"③可见,满族的生活离不开说唱。民族民间的喜爱说唱习俗为满族民间说唱艺术提供了创作源泉和素材,有的直接就成为满族民间说唱艺术。

满族传统说部起源于满族的"讲古"习俗。满族人把冬至叫"天令节"。冬至这天,白天最短,天黑得早,吃饭后满族人都要坐在炕上听老人"讲古"。"讲古",顾名思义,就是讲述族源、家族、民族的历史、神话、传说等。古代很多历史传说没有文字记载,只能靠"讲"传承。"讲古"的内容不断被完善、丰富、演义。讲的内容主要是对于祖先英雄的追溯歌颂,有了祖先英雄人物,有了情节,于是满族的说部就逐渐形成了曲折动人的长篇叙事作品。

傅英仁就描述过满族的讲古习俗:"满族有一个习惯,晃常(东北方言,平时之意)要举行祭祀或者抄谱,在我小时候是常有的事,每年冬天差不多有十份、二十份祭祀,这家完了那家,那家完了又一家。当祭祀完了的时候,总要讲一些故事。我们家呢,就讲老将军的故事。因为萨布素是我们富察氏家族的祖先,一般我们对萨布素不提名,都称老将军。在平素间、过年、过节啦,或者没事的时候也是讲故事,我讲这一段,他讲那一段。这就是说,在我们傅

---

① 杨英杰:《清代满族风俗史》,辽宁人民出版社1991年版,第27页。

② 同上书,第28页。

③ 同上书,第32页。

氏家族中讲将军的传说已经成为一个习惯。"① 傅英仁讲的满族的习惯正是满族的"讲古"习俗。满族民间说唱艺术在"讲古"习俗中得以传承。

满族民间说唱艺术的传承主要是以萨满教和"说古"习俗为传承的载体，因为萨满教和"说古"习俗经久不变，以超稳定的形态穿越时空，因此满族民间说唱艺术得以不断传承，并在传承中被润色加工。如萨满教祭饽饽神的唱词："像大地柳叶那么多的众姓里，有我们瓜尔佳哈拉旺族，从女萨满色夫传下的古老神词，阖族推我做侯神的小萨满。阖族德高望重的长者，下至幼童长辈，喜庆金色的丰秋，喜庆欢乐的丰秋，跪接乌忻贝勒，进门享用甜酒新歌。"② 这段神词明确指出萨满教祭饽饽神歌是从久远的"女萨满色夫"时期传下来的。人们对萨满教的虔诚信奉，导致了神歌的原生态的传承。

满族民间说唱艺术兼有生活和艺术二重性，它既是民俗生活，又是民间艺术。满族很多民间说唱艺术本身就是民俗生活的一部分。如萨满教祭肉神仪式中唱道："按照祖宗的礼俗，堂前杀牲饮血，精做阿木孙神肉，谨献众神享用，请宇宙大神阿布卡色夫临降神堂吧！请尊贵的战神辍哈占爷临降神堂吧！请部落守护神芒阿色夫临降神堂吧！请威武的猎神代敏古宁临降神堂吧！祈请阖族连年富庶，牛肥马壮，人寿年丰，百年无灾，六十年无病……萨满唱出了族人的心愿。"③ 这段萨满神歌既是满族民俗生活中一个必不可少的仪式，又是满族民间说唱艺术的一种体裁，它的二重性是很明显的。在现实生活中，满族民间说唱艺术成为满族民俗生活必不可少的一部分。满族祭祀的萨满神歌、劳动歌谣、婚丧歌等都兼有生活和艺术的二重性。

满族民间说唱艺术本身就是满族民俗生活的一部分，满族民间说唱艺术中

---

① 傅英仁讲述，程迅、王宏刚记录整理：《满族口头遗产传统说部丛书——萨布素将军传》，吉林人民出版社 2007 年版，第 2 页。

② 王宏刚：《满族与萨满教》，中央民族大学出版社 2002 年版，第 89 页。

③ 同上书，第 90 页。

的很多内容在官方史料中都得到了印证。如流人吴汉槎在满族说部《萨布素将军传》中就有具体的描写，与史料吻合。

满族民间艺术是一种集体创作智慧的结晶。"民俗文艺自身的形成是一种集体审美意识的结晶。因为民俗的形成本身是一定地域群体意识行为的历史积淀。其中凝聚着群体共向的情感激发，而不是单个人物一时情绪的抒发，由此而成的情感的凝结物——歌谣、传说、故事、笑话等等，与其说是一种客观现实的写照，倒不如说它是一种情感的习俗化的抒发。"①

满族民间说唱艺术和汉族民间说唱艺术既有相同之处又有不同之处。满族民间说唱艺术和汉族民间说唱艺术都可以超越时空的限制，代代传承。很多满汉民族的民间艺术从原始社会就有，一直流传至今。满汉民间说唱艺术都是劳动人民集体创作的结晶，没有某一个单个人能创造民间艺术。有许多民间艺术的创造者没有留下姓名。

但满族民间说唱艺术的传承和汉族民间说唱艺术的传承还是有差别的。第一，汉族民间说唱艺术的传承往往是民间百姓集体世代传承的结果，不是以家族的形式传承的。但满族民间说唱艺术往往是以家族的形式世代传承的。每个满族家族传承的民间艺术内容是不一样的。傅英仁讲述的满族说部《萨布素将军传》，就是傅英仁的三爷傅永利传唱给他的。也就是说，这个说部是以傅氏家族的形式传承下来的。傅英仁说："萨布素将军的故事主要是给我们傅氏家族讲的，他是我们家族的先祖，他的功绩，他的事迹主要是给本族子孙讲的，就像家训似的，有这么一个作用，在祭祀的时候，节庆喜日全族的人聚集在一起，心情挺高兴，也有点功夫，一讲就好几天。"② 第二，汉族民间说唱艺术以地域为特色，不同姓氏的民间艺术家共同整理、润色、加工艺术作品，同时，不同地域的作品相互影响相互渗透，汉族民间说唱艺术的内容形式变化幅度比满族民间说唱艺术变化大。而满族民间说唱艺术由于敬奉祖先，颂祖寻

---

① 陈勤建：《文艺民俗学导论》，上海文艺出版社 1991 年版，第 183 页。
② 傅英仁讲述，程迅、王宏刚记录整理：《满族口头遗产传统说部丛书——萨布素将军传》，吉林人民出版社 2007 年版，第 7 页。

根，强调后世子孙不能忘本，因此，满族民间说唱艺术在传承过程中变化不大，基本上能够原汁原味地保留下来。

原生态的民俗样式被不断加工，就形成了满族的说部。满族的说部也叫"乌勒本"，"乌勒本"是满语 ulabun 的译音，意思是传或传记。

（1）对真实的历史人物加以理想化的改编和塑造

在满族说部《萨布素将军传》《萨布素外传》中，萨布素是一个比较完美的形象，他刚正无私，保家卫国，英勇抗俄，战功赫赫。而真实生活中的萨布素与说部中的萨布素有很大差别，康熙皇帝就曾对萨布素的军事失误及人体形象有过批评。满族说部《金世宗走国》中，对金海陵王完颜亮的好色荒淫，金世宗完颜雍的曲折经历，述说都大体符合历史，但也加进了合理的想象成分，使人物形象更加丰满。历史上，完颜亮的贵妃唐括定哥，原来是完颜乌代的妻子。她和完颜亮私通已久，迫于完颜亮的压力，趁丈夫完颜乌代酒醉，让人把他勒死，后来怨恨完颜亮疏远她，为了报复完颜亮，就和别人私通，完颜亮知道后处死了她。但在《金世宗走国》中，唐括定哥是个正面形象，为了搭救丈夫完颜乌代，委身于完颜亮，两次设计救了丈夫完颜乌代的命。满族说部《乌布西奔妈妈》《苏木妈妈》《元妃佟春秀传奇》《红罗女》《恩切布库》等作品都对人物形象进行了典型化、理想化的艺术再创造，使人物形象趋于完美。这说明，后期满族讲唱中的艺术形象源于生活但却高于生活。

（2）对民间传说进行演义式的改编，使其升华为经典的艺术作品

满族说部《红罗女》最初是一个内容简单的神话传说，宋德胤先生在1984 年收集整理的《红罗公主》和《红罗女》两个故事，就是这个较早传说的简单版本，只有一千多字和三千多字，而王松林、傅英仁 1999 年所著的《红罗女》已经有了八十万字。历代文人都对红罗女的故事加工润色、添加情节，所以才形成了这样的大部头版本。尼山萨满的故事在满族、达斡尔族、鄂伦春族、鄂温克族、蒙古族、锡伯族等各北方少数民族中都有流传，虽然作品的内容大体一致，但细节上却各有不同。得到清帝认定的长白三仙女的神

话传说，在《满洲实录》中只有几百字，后来经过不断的艺术再创造，内容愈益丰富，篇幅不断增加。满族的民间传说就是在漫长的流传过程中，经过对作品进行添枝加叶式的改编，使作品由简单的故事梗概经过细节扩展而变成了人物描写深入细致、故事情节曲折复杂、故事环境相对具体、人物语言富于个性的长篇作品。

（3）有些满族民俗歌谣本身就是满族民间说唱的艺术形式

满族民俗歌谣最能代表满族民间说唱艺术的民族特色，就在于它反映和记录了满族的民俗生活。因为，满族的民间说唱艺术内容从取材的来源划分，主要有两部分，一部分来源于对中国古典文学作品的改编和化用，文人化倾向浓厚；另一部分则来源于满族民俗歌谣。作者通过对民俗歌谣的记录和整理，加之艺术作品化，便使其成为满族民间说唱艺术的重要内容。主要来源于三个方面：

其一是反映满族原始经济生活方式的。例如，《挖参歌》的歌词"高粱红脸谷穗弯，哈哈挖参奔深山，干粮行李背在肩，腰后别个大竹签，双脚不停闲。爬过悬崖越山巅，沟沟岔岔细查看，找着一棵老山货，急忙就用红绳拴，立刻动手剜"①，直接记录了满族民众深山采参的民俗生活。还有民歌《跑马占山歌》唱道："大罗圈，小罗圈，阿玛跑马占荒山。占荒山，不纳捐，招来垦民一十三。又刨地，又烧山，山前山后冒黑烟。"② 描述满族旗人返回东北驻防屯垦的情景。

其二是反映满族生活习俗的。例如，民歌《一走去百病》中"轱辘轱辘冰，腰腿都不疼。一走去百病，是个老寿星"③，记录了满族走白冰的习俗。满族孩子出生三天要举行洗礼，俗称"洗三"，洗三时要唱"洗三"歌，希望孩子长大后能够有出息、做大官。其歌词是"洗洗头，做王侯；洗洗腰，一辈

---

① 博大公、季永海、赵志忠、白立元选辑：《满族民歌集》，辽宁民族出版社1989年版，第9页。
② 杨锡春：《满族风俗考》，黑龙江人民出版社1988年版，第196页。
③ 博大公、季永海、赵志忠、白立元选辑：《满族民歌集》，辽宁民族出版社1989年版，第66页。

倒比一辈高；洗洗蛋，做知县；洗洗沟，做知州！"①

其三是萨满神歌。例如，满族民间有大量的萨满神歌，逐渐演化为民间说唱，其中的祭肉神仪式歌唱道："按照祖宗的礼俗，堂前杀牲饮血，精做阿木孙神肉，谨献众神享用，请宇宙大神阿布卡色夫临降神堂吧！请尊贵的战神辍哈占爷临降神堂吧！请部落守护神芒阿色夫临降神堂吧！请威武的猎神代敏古宁临降神堂吧！祈请阖族连年富庶，牛肥马壮，人寿年丰，百年无灾，六十年无病……萨满唱出了族人的心愿。"② 这段萨满神歌既是满族民俗生活中一个必不可少的仪式，又是满族民间说唱艺术的一种体裁，它的二重性是很明显的。满族的萨满神歌、劳动歌谣、婚丧歌等都兼有生活和艺术的二重性。

（4）通过对口头"讲古"习俗的不断加工丰富，使满族说唱艺术得以重建

满族传统说部起源于"讲古"习俗。满族说部系列丛书中的《萨布素外转》《绿罗秀演义》残本、《元妃佟春秀传奇》《天宫大战　西林安班玛发》、《女真谱评》《恩切布库》《平民三皇姑》等都属于这种类型。傅英仁就描述过满族的"讲古"习俗："满族有一个习惯，晃常要举行祭祀或者抄谱，在我小时候是常有的事，每年冬天差不多有十份、二十份祭祀，这家完了那家，那家完了又一家。当祭祀完了的时候，总要讲一些故事。我们家呢，就讲老将军的故事。因为萨布素是我们富察氏家族的祖先，一般我们对萨布素不提名，都称老将军。在平素间、过年、过节啦，或者没事的时候也是讲故事，我讲这一段，他讲那一段。这就是说，在我们傅氏家族中讲将军的传说已经成为一个习惯。"③ 傅英仁讲的满族的习惯正是满族的"讲古"习俗。另一位满族民俗研究专家张其卓也讲述了同样的经历："夏季，树下乘凉的人们，尤其是孩子们，围着一位老人听着故事；讲完了一个，再央求下一个。秋天扒

---

① 杨英杰：《清代满族风俗史》，辽宁人民出版社 1991 年版，第 32 页。
② 王宏刚：《满族与萨满教》，中央民族大学出版社 2002 年版，第 90 页。
③ 谷长春主编，傅英仁讲述，程迅、王宏刚记录整理：《满族口头遗产传统说部丛书——萨布素将军传》，吉林人民出版社 2007 年版，第 2 页。

苞米或扒蚕茧，是个需要人手多的活，无论大人小孩都能干，这一回老人主动了，他喊道：'谁来帮忙啊，我给讲古。'冬夜，躺在温暖的炕头上，孙子、孙女总不会饶过爷爷、奶奶的；故事把孩子们带到了一个离奇而又理想的世界，即使有时也吓得竖起头发根，把头蒙在被里，或闭上眼睛，不敢看周围的暗影，但还是鼓足勇气说，不害怕。"[①] 满族这种"讲古"习俗成为满族民间说唱艺术的传承载体，传承中使讲唱的内容被润色加工，由此使满族民间说唱艺术得以重建。

三 满族艺术的发展及对汉族经典作品的改编

满族自古就能歌善舞，满族入关后，兴起了创作文学艺术的热潮。一方面，由于满族结束了箭不离手、身不离鞍的四处征战的生活，开始有闲情逸致享受精神生活了。另一方面，统治者大力提倡文学艺术创作，带头进行文学艺术创作。因此，满族的文学艺术得到了极大的发展。

满族的民间说唱艺术有很多作品是对汉族经典作品的改编。满族的民间说唱艺术很多都是对汉族经典作品进行再创造，整理润色加工而成。如满族的八旗子弟书改编的汉族经典名著主要有明清小说和传奇故事，如改编了《红楼梦》《水浒传》《三国演义》《隋唐演义》《金瓶梅》《三言》《聊斋志异》《西厢记》《西游记》《封神演义》等。传奇剧本主要有《牡丹亭》《红梅记》《金锁记》《和戎记》《幽闺记》《百花记》《全德记》《千钟禄》《一捧雪》《长生殿》《铁冠图》《桃花扇》等。

著名子弟书作者罗松窗把汤显祖的《牡丹亭》改编为《杜丽娘寻梦》。著名子弟书作者韩小窗把曹雪芹的《红楼梦》改编成了《悲秋》《露泪缘》《芙蓉诔》《双玉听琴》《一入荣国府》《宝钗代绣》等多个子弟书作品。

满族改编的汉族经典文学作品往往取材于抒发真性情的作品。

---

① 张其卓编著：《满族在岫岩》，辽宁人民出版社 1984 年版，第 146 页。

在对汉族作品改编时，不同类型满族民间说唱艺术对汉族作品改编的情况是不一样的。子弟书和岔曲对不同类型、内容的作品有所侧重。

首先，子弟书和岔曲在改编汉族作品时有共同的地方，它们都属于曲艺。二者都侧重表达情感，都押十三辙韵。

在对汉族作品改编时，子弟书和岔曲对不同类型、内容的作品有所侧重。

子弟书和岔曲对汉族作品改编的区别主要有以下几个方面：

第一，顾名思义，子弟书重在"书"，岔曲重在"曲"。

子弟书往往改编汉族的小说、戏剧。也就是喜欢改编有情节的叙事性作品。如子弟书改编的小说有《三国演义》《水浒传》《醒世恒言》《警世通言》《喻世明言》《红楼梦》等；改编的戏曲主要有《西厢记》《窦娥冤》《牡丹亭》等。

子弟书的篇幅比岔曲的篇幅要长。子弟书的篇幅一般有一两回，有少数子弟书有十回以上。每回字数为几十句，一般在一百句上下。

第二，子弟书重在情，岔曲重在韵。子弟书属于叙事诗，叙事诗属于抒情性作品，注重情感的真实。"子弟书虽然大多以中国明清小说、戏曲为题材，但它究竟不是小说、戏曲，而是叙事诗。中国叙事诗过去著名的只有《孔雀东南飞》和《木兰诗》，现在子弟书这类叙事诗却是大量的，其中好多篇杰作并不比《孔雀东南飞》和《木兰诗》逊色。"[1] "子弟书之价值，不在其歌曲音节，而在其文章。词句虽有时近于俚浅，妇孺易晓，然其写情则沁人心脾，写景则在人耳目，述事则如出其口，极其真善美之致。"[2] 子弟书开头大多是以八句诗篇开头，诗篇大多以七言为主体，或字数不等，情丝缠绵，抒情性很强。

子弟书为单唱鼓词，韵律优美。子弟书句式简练，全部为韵文。子弟书分为西韵和东韵。西韵往往缓慢抒情，缠绵低婉。东韵往往音调高昂。子弟书句

① 关德栋、周中明：《子弟书丛钞》，上海古籍出版社1984年版，第2页。
② 傅惜华：《曲艺丛谈》，上海文艺联合出版社1953年版，第98页。

式基本为七言，可以添加衬字。

第三，子弟书注重情节，岔曲注重曲调。或者说，子弟书注重内容，岔曲注重形式。子弟书运用了"十三道大辙"，没有道白，有衬音。一般是七言到十多言不等。

第四，子弟书的演唱"三眼一板"，"一韵萦纡良久"，以"缓筝"为演唱特征。

第二节　满族民间说唱艺术的家族传承模式

满族民间说唱艺术是满族以家族的形式世代传承的结果。满族民间说唱艺术尽管和汉族民间说唱艺术都是民间群体创作的结果，但满族民间说唱艺术与汉族民间说唱艺术又有所不同。满族民间说唱艺术的形成，它的酝酿萌生发展，饱含着满族不同姓氏的家族、不同时代的满族人长期的口耳传承、认同、理解，最后，满族民间说唱艺术从独特的民俗形态升华为独立的艺术形式。

满族民间说唱艺术是以"口传心授"的形式，以"说古"的民俗形态传承下来的。"在祭祀的时候，节庆喜日全族的人聚集在一起，心情挺高兴，也有点闲工夫，一讲就好几天。前面我提到的三爷，他除了在本族讲以外，还到族外讲，根据地是缸窑沟……我三爷有时就一冬一冬讲，当然不是天天讲，我估计他安下心来能讲三个月，一下晚讲三个小时，讲三个月，当然也有停顿。"[①]

满族喜欢认祖归宗，追本溯源，喜唱"颂根子"。满族沈阳甘氏家谱中写

---

① 谷长春主编：《满族口头遗产传统说部丛书——萨布素将军传》，吉林人民出版社 2007 年版，第 7 页。

道：人之有祖宗，犹水之有源泉，木之有根本。源泉深而流派长，根本固而枝叶茂。故为子孙者，不可不知祖宗所自来，尊祖敬宗所以崇源而报本也。这是满族家谱中普遍具有的一种心态，很恰当地说出了满族认祖追宗的原因。据《爱辉十里长江俗记》中记载："满洲众姓唱诵祖德至诚，有竟歌于野者，有设棚聚友者。此风据传康熙年间来自宁古塔，成居爱辉沿城一景焉。"① "唱诵祖德"正是满族不同姓氏的家族以"唱颂根子"的形式传承着满族民间说唱艺术。傅英仁讲过满族说部《萨布素将军传》的创作意图："萨布素将军的故事主要是给我们傅氏家族讲的，他是我们家族的祖先，他的功绩，他的事迹主要是给本族子孙讲的，就像家训似的。"②

满族民间说唱艺术往往是以家族家谱的形式传承。满族民间说唱艺术是家族以"笔帖式"流传，逐步完善形成的。满族民间说唱艺术在以家族的形式传承的时候，不断被丰富、衍生、润色、神化，最后，有的说部还被赋予了神话色彩。如萨布素将军从吉林回来，在山洞里得到一个神杆，说上面的神鹰能飞出一百步远，能把敌人的眼睛叼瞎。萨布素将军一招手，神鹰就能回来，别人谁招呼都不好使。这个情节显然是傅氏家族的后代对萨布素将军神化的结果。

第三节　从渔猎文化到农业文化转型中的满族情感轨迹

在满族的文学作品中，有一个很重要的现象值得探讨，在从渔猎文化向农业文化的转型中，很多满族文学作品在清末表现出了情感的变异。很多满族作家正经历着与旧文化告别，与新文化磨合，在新旧文化交替中，满族文学作品

---

① 转引自谷长春主编《八旗子弟传闻录》，吉林人民出版社 2009 年版，第 5 页。
② 谷长春主编：《满族口头遗产传统说部丛书——萨布素将军传》，吉林人民出版社 2007 年版，第 7 页。

表现了一种巨大的情感落差。人们的研究视角往往从封建社会无可挽回的必然灭亡的历史命运来研究这种文学现象，其实，还有一个重要的原因，就是从渔猎文化到农业文化的转型中，文化转型使得满族文学情感轨迹发生了变化。

从渔猎文化向农业文化的转型给满族文学创作带来了巨大的影响。渔猎文化和农业文化有着不同的文化特质，在文化转型及其磨合中，满族的风俗习惯、语言、心理、思维、生理等都有了巨大的改变，满族文学创作也随之表现出了巨大的情感落差。文化转型中的满族文学的情感轨迹构成了中国少数民族文学史上一道独特的风景。

一　渔猎文化与农业文化的差别

在文化转型中，满族经历了农业文化与渔猎文化两种文化，这两种文化是有区别的。农业文化有保守的恋土情结。农业文化注重土地，表现出了对土地的深厚情感和高度依赖。农业文化比较封闭保守，自给自足，衣食来源都依靠土地，因而，过度依赖土地，人们成名后往往要用出生地冠名，把人的荣誉归功于祖上荫德或好风水。

渔猎文化本身就是充满威胁的冒险。人们在打渔捕猎时，气象无常，猛兽出没，险象环生，随时都有生命危险。这种富有挑战性的危险的生产方式会使人变得机敏异常，善于应变，勇于冒险，富于智慧。满族渔猎生产本身就是一种战斗。满族打猎要经常与猛兽打交道，山中有各种凶狠的熊、野猪、虎、豹、狼等猛兽。"熊最猛，苟遇之，无不伤人者，且善与猎人斗。盖虎豹背枪而走，熊则迎枪而扑，失一枪不中，猎人无不肢裂。其次猛兽为野猪，亦多伤人。狼最险，其害人能出人不意。"① 此外毒蛇也经常伤害人畜。在打猎中，遇到老虎、熊、狼、野猪都要冒着生命危险经过一场惊心动魄的搏斗。在满族的渔猎生产中，最难捕杀和危险的要数成年野猪了。这样的野猪一般多是雄

---

① （民国）魏声和撰：《鸡林旧闻录》，吉长日报社民国二年（1913），第62页。

性，个头硕大，大獠牙 1 尺来长，单独行动。它身上蹭满松油子，再滚进一些沙子，坚硬无比，刀枪不入。老虎都惧怕野猪的凶猛。满族捕鱼同样充满了危险。"'江里活拿命换'，代代都有殉江人。鳇鱼别看它是眼睛小的庞然大物，在江中有翻江倒海的力量，十几个渔船，百十号人都常常无法捉住，它的头一昂，尾稍稍一摇，巨浪就有三丈高，大槽船常被浪水砸下而掀翻人葬江中，鱼便安然逃遁。故此，在吉林乌拉打牲衙门打牲丁数万名，贡差最苦最累，活计最琐碎最多，危险最大的差使，头一项便是捕鳇鱼贡差。"① 渔猎生产需要胆量和武器。渔猎文化中的满族人战时穿盔甲，猎时佩弓矢。艰苦的渔猎生计养成了满族人勤劳勇敢、坚忍刚强的民族性格。即使表面看似平和的采集经济，满族人也是冒着生命危险去采集的。"那都是原始树林子，那树都老粗了，好几个人都搂不过来……我是把头，那叫头棍儿，棍头。当把头的领出去（领导）这拨人啊。你得会看山形啊，不能迷失方向啊。在那里头，那里头阴沉沉的连个日头都看不着，那是三层树林子。就是原始树林子，你想青天看不着日头啊，你得带着指南针啊，早上和晚上咱都戴手表……放野山参这个东西有危险，那里头黑瞎子、狼群虎豹啥都有……""放山得人和，人不和不行……那黑瞎子、老虎要把人抓住了，把我抓住了，你们都跑了，那不把我喂了，那就是死也都得上啊。那不是简单事啊去放山……"② 满族歌谣《六姐出嫁》中："车轱辘菜满山野，黄泥山下住个小六姐。小六姐，去挖参，差一点叫虎吞。多亏猎手穆阿秀，射死猛虎把她救。六姐为报救命恩，要和阿秀他成亲。"③ 六姐采集人参差点丢了性命，看似平和的采集经济也充满了危险。

满族人是冒着生命危险求生存的。他们的日常生活充满了最不可靠的、最诡谲的因素，所以他们同时必须具有权谋——机警。生活的艰险使得满族人勇敢顽强、心胸开阔、自由无拘、富于开拓、勇于冒险、积极进取。胡潇在《文

---

① 富育光、赵志忠编著：《满族萨满文化遗存调查》，民族出版社 2010 年版，第 164 页。
② 江帆、王志勇、宋有涛主编：《山林·人·文化——辽北地区生态民俗与可持续发展研究》，辽宁教育出版社 2008 年版，第 99 页。
③ 博大公、季永海、赵志忠、白立元编辑：《满族民歌集》，辽宁民族出版社 1989 年版，第 79 页。

化现象学》中比较过农业文化和渔猎文化的不同：农业文化"恋乡土，求安稳，重依附，轻自主，尊传统，少创造，时间观念强烈，空间意识淡薄，勤劳俭朴，温良敦厚"。以捕鱼为生的人"胸襟像海一样开阔无垠，思维像潮水一样深沉宽远，理想像长帆一样高扬鼓舞，意志像船舵一样坚定不移，智慧像波涛一样蕴含丰富而升腾不息，心灵像鱼汛一样充满生机而永不枯竭"[1]。可见，渔猎文化使处于艰险环境中的人陶冶了深湛的智慧；而农业文化使人安居自足，与世无争，清心少欲。满族生活场域在东北，他们认为长白山是其龙兴之地。东北地区地处北温带，由于纬度较高，冬季漫长而寒冷，这种寒冷的气候会对人的性格产生影响。孟德斯鸠认为："人们在寒冷的气候下，便有较充沛的精力。""有较强的自信，也就是说有较大的勇气，对自己的优越性有较多的认识，对自己的安全较有信心，较为直爽，较少猜疑、策略和诡计。"[2] 由于东北地区天气寒冷，人们在野外游牧打猎，不可能细嚼慢咽食物，为了驱寒，必须大碗喝酒，大块吃肉，这种生活方式养成了人们粗犷豪爽的性格特点。

满族渔猎文化决定了满族文学感情自然率真，不矫情，不做作，往往直抒胸臆。满族文学语言清新自然、质朴刚健，表现出雄强的一面。清代满族诗词创作的最大特色是开创了中国北方诗歌豪放的风格。朝廷供事的满族作家徐元梦、揆叙等的诗歌清雅刚健，随军参战的满族作家禅岱、顾八代等的诗歌雄浑豪放。女真海陵王完颜亮的诗词文章特点是"大柄若在手，清风满天下"。文风雄健恢宏，被评为"出语倔强，真真咄咄逼人"[3]。金主词作大都有雄强之风。满族作家的作品，特别是清前期的表现征战围猎的作品总体特征是慷慨磊落，纵横豪爽，情调恢宏雄肆。康熙的《萨尔浒》写道："铁背山前酣战罢，

① 胡潇：《文化现象学》，湖南出版社 1991 年版，第 96 页。
② 王海亭：《中国人性格地图》，中国书店出版社 2007 年版，第 13 页。
③ 《词苑丛谈》卷 3 引《词统》，转引自《吉林文学历史发展述论》，《社会科学战线》2006年第 3 期。

横行万里迅飞飈。"①

从时人对满族作者作品的评价也能看出满族文学雄强的特点。如岳端被评为"寄情激昂、飈驰湍发而不可遏抑者",王源被评为"清音朗激",林风岗被评为"负诗渊奇,吐言天拔",博尔都被评为"近体清新,歌行雄放",揆叙被评为"波澜不二",保禄被评为"清新老健",何溥被评为"笔兵墨阵,横扫千军",总之,时人对满族作家的评价都具有清雅雄键的特点。② 从总体看,满族文学描写对象多为大自然中硕大崇高的对象,文学意象主要有高山大川。满族传统作品人物形象也往往善于骑射,英勇善战。《满文老档》《红罗女》《萨布素将军传》《飞啸三巧传奇》《苏木妈妈　创世神话与传说》《乌布西奔妈妈》《天宫大战　西林安班玛发》《女真谱评》《金世宗走国》等大量满族作品的主人公都善于骑射,骁勇善战,这和满族的渔猎文化有着密切的关系。

满族先民历史上的生产方式主要是雪原狩猎,深山采参,冰河捕鱼,跑马拓荒,恶劣的自然环境和艰苦的生产方式造就了满族人雄强的性格。满族人在恶劣的自然环境和艰苦的不稳定的生产环境中,养成了吃苦耐劳、刚毅果敢、乐观豪爽、奋发向上、勇敢顽强、百折不挠、勇于进取、善于学习的特点,为满族日后入主中原打下了良好的基础。从满族的许多歌谣中我们可以看到满族的生产生活方式。如玄烨的《松花江放船歌》写道:"松花江,江水清,夜来雨过春涛生。浪花迭锦绣縠明,彩帆画鹢随风轻,箫韶小奏中流鸣,苍岩翠壁两岸横。浮云耀日何晶晶,乘流直下蛟龙惊,连樯接舰屯江城。貔貅健甲皆锐精,旌旄映水翻朱缨,我来问俗非观兵。松花江、江水清,浩浩瀚瀚冲波行,云霞万里开澄泓。"③ 揆叙的《凿冰词》写道:"北风卷地声如吼,一夕蛟皮三尺厚。冲冲万指罗沟坑,有药唯求不龟手。终朝苦辛缘底事,踏冻冲寒效

---

① 张佳生:《清代满族诗词十论》,辽宁民族出版社 1992 年版,第 147 页。
② 同上书,第 170—171 页。
③ 朱眉叔、黄岩柏、董成文、卜维义选注:《满族文学精华》,辽沈书社 1993 年版,第 34 页。

奔走。连车收载纳凌阴，狼藉宁须计升斗。待看夏簟引凉飔，筋力徒劳非汝有。"① 贵昌的《游猎》写道："散猎平原外，悬知狡兔肥。盘雕旋日下，怒马报云飞。晴树天光远，层山野色微。莫言无一获，谈笑带禽归。"② 这些都反映了满族的生产生活方式。这些作品都清新自然，刚健雄拔，表现了渔猎文化的尚武精神。不固定的生产方式使得满族人特立独行，自由奔放，少有束缚，生活中充满了冒险。

渔猎文化和农业文化习俗不同，日常生活中有很多差异。满族歌谣《打发俄云出门子》中："俄云（满语姐姐）问我给点啥，给你碗，给你瓢，给你杜利（满语摇车）用不着。红针扎，绿针扎，你要什么只管拿。海螺罐小，蛤蜊瓢大，就是不给嘎拉哈。"③ 满族歌谣《月儿圆》中表现了满族人民充满智慧，就地取材，创造了迥异于中原地区的生活风貌。"船儿摇，别害怕，长大嫁给渔老大。鱼皮鞋，鱼皮袜，鱼裙鱼袄鱼马褂。夜明珠，当作灯，又省油来又光明。不怕雨，不怕风，黑夜织网看得清。蛤蜊壳，当水瓢，不怕湿来不怕潮。又美丽，又轻巧，做饭淘米轻轻摇。海螺罐，做水缸，能装米来能盛糠。冬天短，夏天长，一年四季鱼当粮。鲤鱼头，鲇鱼尾，细鳞脖子重嘴唇。炖江鱼，用江水，湖鲫熬汤味儿美。"④ 渔猎文化生活中的日常生活器皿可以使用"海螺"、"蛤蜊"，这和农业文化生活中的生活器皿陶瓷是不一样的。

渔猎文化与农业文化两种不同的文化铸就了不同类型的人格，也导致了不同的文学风格。渔猎文化中的满族文学清新自然、雄强刚健；农业文化中的满族文学修辞考究、情感细腻。在文化难以对接时，不能适应时代时，又产生了伤感和失落感。

---

① 朱眉叔、黄岩柏、董成文、卜维义选注：《满族文学精华》，辽沈书社 1993 年版，第 50 页。
② 同上书，第 86 页。
③ 博大公、季永海、赵志忠、白立元编辑：《满族民歌集》，辽宁民族出版社 1989 年版，第 82 页。
④ 同上书，第 6—7 页。

二　从渔猎文化到农业文化的转变

从满族皇太极的农奴主政权的建立到封建王朝的建立，从渔猎文化到农业文化的迅速转型，从生活体制到人的内心世界都经历了巨大的转变。

满族先民以渔猎文化为主，采集经济也占有重要的比例。明朝曾记载了当时尚为氏族部落的满族渔猎的情况：满族渔猎之时，"人数多不过三十，少不过十余"或"率以二十余为群，皆于郁密处结幕，一幕三、四人共处"①。满族渔猎景象十分可观，所谓"猎机渔梁，幕宇马迹，遍满山野"②。当时的满族以渔猎为业，不事耕稼。满族的猎物主要有貂、青鼠、水獭、麋鹿。满族的采集经济也是重要的生产方式。满族采集的特产主要有鱼、蟹、人参、木耳、蘑菇、蜜、海松子等。满族当时常常"倾落采参，逾大岭布野"。满族把狩猎采集来的产品交换牛、马、农器。满族之所以以渔猎文化为主，主要是因为满族地处北方森林地带。"只有世界人口1％的人生活在北方森林地带，而它却占了全球陆地表面积的10％。在整个北半球都能发现这种林区，主要是松柏科树木组成的森林植被，没有热带森林那么浓密。这类地区一般不利于种植农作物，因为生长季节比较短。"③满族生活的地域不利于农业生产，而适宜打猎捕鱼，因此满族的文化是渔猎文化，而不是农业文化。满族南迁以后，才开始了向农业过渡。由于蒙古东进的冲击和明军与李朝军队的破坏，满族各部落遭受了几次大的战争洗劫，从14世纪末叶到16世纪中叶，南迁的满族各部落开始频繁迁徙。明代满族各部落开始南迁，从以放牧、狩猎、采集为主的渔猎文化向以农业为主的农业文化过渡，形成了"农牧兼资"的局面。

15世纪上半叶满族开始从狩猎、采捕向农业生产过渡，这种过渡过程挑

---

① 《朝鲜李朝实录·世宗》卷113，朝鲜前期春秋馆的史官，宣祖36年，第526页。
② 《朝鲜李朝实录·世宗》卷49，朝鲜前期春秋馆的史官，宣祖36年，第88页。
③ ［美］C. 恩伯、M. 恩伯：《文化的变异——现代文化人类学通论》，杜杉杉译，辽宁人民出版社1988年版，第171页。

战了传统的文化习俗。明朝末期，满族生产方式从以渔猎为主变成了以农耕为主。满族由渔猎文化向农业文化转变是有其深层内在原因的。人口增长的压力和满族食物的需要会引起食物生产的转变。据研究，人类学家大多认为，自然环境对人类的食物获取技术的主要类型不能起决定性的作用。在一定面积的土地上，农业生产者一般能比食物采集者养活更多的人口。所以在竞争中农业生产者可能比食物采集者更占优势。"虽然食物生产不一定比食物采集容易，但它一般在单位土地面积上的产量要更高。生产率高就意味着在一定的领土上能维持更多的人口。在快速扩张的食物生产者和食物采集者之间的土地竞争中，食物生产者会显得占优势，那就是在一定的区域内食物生产者的人口更多。这样，食物采集者群体在土地的竞争中失利的可能性就更大。有些群体为了生存，很可能接受了耕作生活方式而放弃其狩猎——采集的生活方式。"① 农业生产尽管把人束缚在土地上，但创造了比渔猎生产多出许多倍的财富，这实际上也是满族为何由渔猎文化向农业文化转变的原因，因为农业文化可以供养更多的人口。

满族由渔猎文化向农业文化过渡时，不懂得农作物如何种植。《女真谱评》中有过一段这样的描写：有些耕种的五谷，长势不好，十年九不收。很多平民过着饥荒生活，甚至仍以猎食野畜和鱼类为生。"有些耕地，虽然耕种上了，快到秋天了，庄稼苗儿还没结籽粒呐。这天，阿骨打询问民众为啥这苗儿不结籽粒？才知道这些地是在五月初五以后耕种的。到底儿什么时候下种，民众也谈不清道不明，阿骨打更是擀面杖吹火——一窍不通。阿骨打心想，没有粮咋打仗啊？将来得派人到宋朝去，偷学耕种方法。"② 阿骨打在天象的指引下，向奇霞异彩走去，找到了胜陀真人，胜陀真人给了阿骨打二十四节气歌谣："打春阳气转，雨水沿河边。惊蛰乌鸦叫，春分地皮干。清明忙种麦，谷雨种

① ［美］C.恩伯、M.恩伯：《文化的变异——现代文化人类学通论》，杜杉杉译，辽宁人民出版社1988年版，第175—176页。
② 马亚川讲述，王宏刚、程迅记录整理：《女真谱评》（上），吉林人民出版社2009年版，第281页。

大田。立夏鹅毛住，小满雀来全。芒种开了铲，夏至不纳棉。小暑不算热，大暑三伏天。立秋忙打甸，处暑动刀镰。白露烟上架，秋分无生田。寒露不算冷，霜降变了天。立冬交十月，小雪地封严。大雪河封上，冬至不行船。小寒不算冷，大寒三九天。"① 这二十四节气歌谣就是如何耕种的二十四节气歌谣，以后，女真人才逐渐掌握了农业种植规律。

满族从渔猎文化向农业文化过渡和满族统治者的大力倡导有关。满族人主中原后，满族为了摆脱落后的状态，提高全体满族的文化水平，一方面保持本民族的特色，坚持国语骑射的祖规；另一方面开始参照汉族模式进行制度改革。皇太极主张倡导效仿明朝体制，到了顺治时，满族的骑射习俗已经荒废了，《清世祖实录》卷106记载："八旗人民崇尚文学，怠于武事，以披甲为畏途，遂致军旅较前迥别。"② 满族统治者提倡学习汉族文化加快了从渔猎文化向农业文化的过渡。

三　渔猎文化到农业文化转型中的情感困惑

从渔猎文化到农业文化的转型中，满族民族精神日渐衰弱，奢侈享乐，挥霍无度。满族人主中原后，迅速吸纳汉族的文化，逐渐失去了满族简朴勤劳的特质，满族语言也渐渐荒疏。满族统治者尽管有意营造渔猎文化的氛围，设置围场以供打猎，让满族人练习骑射，也没有奏效。从低级的氏族部落到高级的封建社会满族社会形态急剧转变，也使得满族文化习俗有了巨大的改变，这也使一些满族文学艺术具有了浓郁的失落感。"在满族迅速发展的历史进程中，社会形态急剧地由低级到高级转变，随之而来的帝王霸业的成功与家族悲剧的形成，促使满族对人生具有特殊的体验和理解，影响到满族文学自始至终染

---

① 马亚川讲述，王宏刚、程迅记录整理：《女真谱评》（上），吉林人民出版社2009年版，第282页。

② 《清世祖实录》卷106，中华书局1985年版，第832页。

上浓郁的感伤色彩。"① 纳兰性德的《唆龙与岩叔夜话》："绝域当长霄，欲言冰在齿，生不赴边疆，苦寒宁识；草白霜气空，沙黄月色死，哀鸿失其群，冻翻飞不起。谁持花间集，一灯毡帐里。"② 这首词正表现了满族作家既怀想驰骋沙场又不得不面对文化转型的伤感写照。翦伯赞在《内蒙访古》中指出："人类从森林走到草原也同样是不容易的。因为这需要改变全部的生活方式，要改变一种陈旧的生活方式，那就要触犯许多传统的风俗习惯，而这种传统的风俗习惯对于一个古老的民族来说是神圣不可侵犯的。"③ 翦伯赞的这段话也同样适用于满族的文化转型。在这种文化转型中，人们的风俗习惯、语言、心理、思维、生理、智能都有了巨大的改变。满族的政治措施没有适应新社会的变革。满族入主中原后，希望通过八旗制度来永久地巩固其统治地位，但满族统治者没有意识到，八旗制度在入主中原前是一个行之有效的制度，在入主中原后，八旗制度已经落伍了，而且不利于巩固清朝政权。满族八旗子弟不必像汉族那样通过读书求取功名利禄。清政府规定世禄之家不应考试："谨按国初八旗考试之例，时举时停，世禄之家，原不系科名为轻重。其时人才辈出，实有英贤，而官学生、笔帖式、荫生皆可转补编修、学士。凡我八旗子弟，固不必寻章摘句，模拟帖括，思与寒畯争径，然亦必须热读史汉经籍以为根柢，诸子百家以为应变，再加以阅历，习以掌故，然后始可出为干济之用。总之不求科举可也，不读诗书不可也。"④ "国家恩养八旗，至优至渥。"清王朝的八旗制度在入关后长期的和平岁月中，滋生了大量游手好闲败家子般的纨绔子弟，也产生了很多心怀抑郁又无所作为的贾宝玉式的"富贵闲人"。满族八旗子弟受八旗制度的保护，享受特权，脱离生产，整日玩乐，坐吃山空，许多八旗子弟最后变得穷愁潦倒，贫病交加，哀伤不已。"当时八旗子弟追逐享乐，终日无所事事，相当多的一部人提笼架鸟，频繁地出入戏园与酒楼之中，甚至眠花

---

① 张菊玲：《清代满族作家文学概论》，中央民族学院出版社 1990 年版，第 4 页。
② 同上书，第 13 页。
③ 翦伯赞：《内蒙访古》，《人民日报》1961 年 12 月 13 日。
④ （清）福格撰：《听雨丛谈》，中华书局 2007 年版，第 250 页。

卧柳，热衷赌博，吸食鸦片，很快就把朝廷发放的钱粮挥霍一空，以致寅吃卯粮，债台高筑，违禁典当份地。"①《清太宗实录》中记载了雍正帝曾经对八旗风气日衰表现出了深深的担忧："尔等家世武功，业在骑射，近多慕为文职，渐至武备废弛；而由文途进身者，又只侥幸成名，不能苦心向学，玩日愒时，迄无所就；平居积习，尤以奢侈相尚，居室用器，衣服饮馔，无不备极纷华，争夸靡丽，甚且沉湎梨园，遨游博肆，不念从前积累之维艰，不顾向后日用之难续，任意靡费，取快目前，彼此效尤，其害莫甚。"②"沉湎梨园"恰恰促进了满族民间说唱艺术的繁荣，也促使八旗子弟玩物丧志，日渐潦倒。满族歌谣《时气洼》表现了满族人前后生活的巨大反差："那两年，时气硬，领的饷银扛不动，雇着毛驴往家送。玛也喜，讷也敬，孩子过来捋烧膘，合合过来拍大腚。这二年，时气洼，想着银钱响哗哗，空着钱搭走回家。玛也打，讷也骂，孩子过来浑身抓，合合过来眼泪擦。"③可见满族人前后生活的巨大反差造成了心里的不平衡。

满族入关以后，八旗制度已经不能适应农业文化的环境，到乾隆年间，八旗生计问题已经十分严重。八旗兵丁的经济来源依靠"粮饷制度"的各项待遇。"粮饷制度"一开始是按照人口等级配给的，能够满足满族八旗的生活需要，但随着人口的急剧增加，满族八旗的生活无法得到充足的供给，满族人的生活越来越贫困，造成了情感困惑。同治三年（公元 1864），清朝皇帝允许生活艰难的旗民到各地谋生。光绪三十三年（公元 1907），清政府停止发旗饷，要求驻防八旗兵丁自食其力，谋取生计。

由于八旗子弟享受"粮饷制度"，因而八旗子弟也受到了诸多限制，禁习工农，禁止经商从事手工艺工作，禁止与外族通婚等。八旗兵不能擅自离开自己的驻地，违者财物入官。满族人由于受到八旗制度的诸多限制，没有学会农

---

①　王钟翰：《清史满族史讲义稿》，鹭江出版社 2006 年版，第 294 页。

②　《清太宗实录》卷 16，二年二月丙午条。

③　博大公、季永海、赵志忠、白立元编辑：《满族民歌集》，辽宁民族出版社 1989 年版，第 50 页。

业经济中应有的本领。随着辛亥革命的到来，清王朝灭亡了，八旗制度崩溃了，很多满族人没有生产技能，又顾及面子，只能坐吃山空，靠到当铺典当度日。因此，出现了《荡子叹》《穷酸叹》《阔大烟叹》《大烟叹》《老斗叹》《浪子叹》《老汉叹》《叹旗词》等独特的满族作品。"起初时折田变产把学钱凑，到后来托亲告友把膏火开。直落得求借无门难把学上，闹了个半瓶醋外号书呆，待说是半途而废把行弃，这庄稼不会买卖不通是个废才。""至如今仓箱告匮无粮米，炕坑无烟厨无柴。"① 八旗兵丁因兵役负担和八旗制度的束缚，生活日益贫苦。满族八旗子弟命运大起大落，由富贵到落魄，八旗子弟内心世界产生了巨大的心理反差。

清代中后期，满族的说唱艺术由宗室的诗酒文化已向民间的茶馆文化、从贵族阶层向平民阶层的转变。有很多子弟书记载了子弟书在茶馆、庙会、棚内、树下的演出情况。当时子弟书的演出场所发生了很大的变化。

文化转型对满族艺术创作产生了重要影响。在满族民间说唱艺术中，很多子弟书等作品在清末表现出了一种强烈的失落感。由盛及衰的急剧变化形成了满族文学艺术特有的感伤和哀叹，这类作品往往表现了世态炎凉、富贵无常的感叹。许多旗人最后竟以典当为生。更有甚者，满族席特库将军竟在 83 岁的晚年卖掉棺材用以养家糊口。在表现八旗特有的潦倒生活时，鹤侣的作品是非常有代表性的。鹤侣在他的《鹤侣自叹》中写道："吁乎今世命弗佳，半生遭际尽堪嗟。十年回首如春梦，数载韶光两鬓鸦。也曾佩剑鸣金阙，也曾执戟步宫花，也曾峨冠拟五等，也曾束带占清华，也曾黄金济贫士，也曾红粉赠姣娃，也曾设榻留佳客，也曾金樽酒不乏，也曾雄辩公卿宴，也曾白眼傲污邪，也曾高谈惊四座，也曾浩气啸烟霞。我也曾壮志频磨英雄剑，我岂肯一身无系似匏瓜？"② 鹤侣的感叹身世之作有很多，如《少侍卫叹》《老侍卫叹》《侍卫论》《女侍卫叹》等子弟书作品都表现了强烈的失落感。此时的鹤侣表达的思

① 张寿崇主编：《满族说唱文学子弟书珍本百种》，民族出版社 2000 年版，第 397 页。
② 中国曲艺工作者协会辽宁分会编：《子弟书选》，内部资料，1979 年，第 323 页。

想情感很有代表性，满族人此时缺失了渔猎文化，又没有介入农业文化中，没有学过谋生的手艺，靠俸禄生活，后来的俸禄不能支撑生活，甚至断了俸禄来源，处于文化悬置的状态，缺少文化的认同感和归属感，不知所措，这时期的满族文学艺术沉湎于对既往时光的回忆，真实地表现了满族人的心态。

满族在从渔猎文化到农业文化转型的过程中，主要是由于没有处理好从渔猎文化到农业文化的转型过渡中出现的问题，没有采取及时有效的措施，造成满族八旗生活的急剧衰落，其主要原因如下：第一，满族八旗既放弃了原来的渔猎生活，又不从事农业耕种，只靠八旗粮饷度日，只能导致坐吃山空。第二，满族入主中原，旗人生活稳定，人口迅速增加，消费迅速增长，而粮食商品满足不了人口需求，最后八旗粮饷减少，下层旗人无法维持生计。第三，上层贵族肆意挥霍，生活极度奢侈，国势积弱日衰。第四，外国列强的入侵削弱了清王朝的势力，旗人生活日渐贫困，这势必导致人产生心理落差。所以，从渔猎文化到农业文化转型后，要适应农业文化的生产经济，掌握农业文化所需的劳动技能，才能避免产生巨大的心理落差。

第四节　民俗场域影响满族文学艺术的发展

满族文学艺术的发展与流变有着独特的发展轨迹，其中民俗的影响和满汉杂居的生活对满族文学艺术有着巨大的影响，这和满族英勇无畏、爱好学习、善于包容的民族特点不无关系。

一　满族民俗场域影响东北作家群的满族作家创作

东北是清王朝的发源地。满族民俗成为东北作家群创作中不可忽略的底色。满族民俗是东北民俗生活场域中重要的因素。满族风俗丰富了东北作家群的艺术思维，激发了东北作家群创作的艺术灵感，影响了东北作家群的创作心理，东北作家群创作的文学作品打上了满族风俗的烙印。东北作家群的作品内容受到了满族习俗、礼仪的影响。满族风俗促进了东北作家群作品的民俗化进程。

（一）满族风俗成为满族作家群创作的生活场域

满族风俗成为满族民俗生活场域的关键因素。满族作家的创作源泉是社会生活。民俗文化是社会生活的根。文学寻根最后都归结到民俗生活相。满族作家创作离不开满族民俗生活场域这个根。没有满族民俗生活场域，满族作家的创作就成了无本之木，无源之水。满族风俗是东北民俗生活场域最重要的因素，因此，东北作家群的创作和满族风俗有千丝万缕的联系。

满族风俗成为东北民俗生活场域的关键因素，其中最主要的原因在于，满族信奉的萨满教成为东北地区的主要宗教。有大量的书籍记载了萨满教，如宋朝徐梦莘的《三朝北盟汇编》、清代西清的《黑龙江外记》、杨宾的《柳边纪略》、方式济的《龙沙纪略》、萨满神话《尼珊萨满传》等。萨满教对东北有重要的影响。萨满教得名于通古斯语，因为通古斯语称巫师为萨满，所以东北地区的宗教称萨满教。萨满，通古斯——满语，意为"激动不安"、"狂怒之人"，是从事萨满宗教的巫师。据说，只有出生时胞衣不破、患病由萨满治好或有过癫病的人，才能做萨满的继承人。萨满有一套法衣和法器。萨满跳神或是治病，或是祈福，或是祭祖。萨满跳神时闭上眼睛击鼓请神，过后全身颤抖，表明神灵附体，法器发出响声，萨满开始念咒语，代神说话。萨满作法，降服魔鬼神祟。萨满教最主要的特点是崇拜自然。萨满教崇拜的对象非常广泛，包括各种神灵、动植物、无生命的自然物和自然现象。"萨满们那灵佩斑驳、森严威武的神裙光彩，那激越昂奋、响彻数里的铃鼓声音，那粗犷豪放、勇如鹰虎的野性舞姿……一代又一代地铸造、陶冶、培育着北方诸民族的精神、性格和心理素质。"① 在东北地区，除了满族，还有

---

① 富育光：《萨满教与神话》。

锡伯族、赫哲族、鄂伦春族、鄂温克族、蒙古族、土族、东乡族、保安族、达斡尔族、维吾尔族、撒拉族、乌孜别克族、塔塔尔族、裕固族，以及朝鲜族等民族也都在不同程度上存在着萨满教信仰活动。但是，相对地说，萨满教在满族、蒙古族、赫哲族、鄂伦春族、鄂温克族、达斡尔族，以及在部分锡伯族当中得到了较为完整的继承。可见，满族风俗是东北民俗生活场域最主要的成分。

萨满教已经成为东北人文化心理的一部分，甚至融入了东北人的潜意识中，萨满教同样对东北作家群产生了重要影响。端木蕻良在《大地的海·后记》中就表述过：胡三仙姑的荒诞的传说常常在深夜的梦寐里闯进我幼小的心灵里。逄增玉论证了萧军的《第三代》中描写的"三棵神松"的传说就是受萨满教的影响。其主要内容是：三个异姓兄弟有一个共同的妻子。最后，只有一个兄弟活下来，其他的两个兄弟和妻子、孩子都被敌人杀死。幸存的兄弟报仇把敌人的头颅放在两个兄弟的坟前烧成灰，然后又在两个兄弟的坟中间挖坑自焚。整个松林被烧毁，最后只剩下三棵松树。逄增玉认为三棵神松的传说实际反映了萨满教的血祭风俗，同萨满教中的树神崇拜观念及其文化精神同构契合。神松的传说说明东北作家的创作渗透积淀了萨满文化元素。

萨满教成为东北民俗生活场域的重要因素，也是东北作家群创作离不开的基本文化母题。东北民俗生活场域是东北作家群创作的源泉，满族风俗成为东北民俗生活场域的关键因素，因此，满族风俗必然成为东北作家群创作的重要题材。满族文学作品中有很多内容都涉及了萨满教，如萨满教创世神话，萨满教最重要的崇拜对象火母神传说，萨满教中的女水神木克恩都力的传说，萨满教的祭神歌，等等。东北作家群的创作有很多内容涉及萨满教和满族风俗。在东北作家群的笔下，绝大部分小说对萨满教有所描述。"一间破狼破虎的小马架，两道红烛高烧。四周围定了铁筒似的人，大神临风似的跳上跳下，震怒、不解、急切、紧张的情绪，通过了每个人的心灵。……响腰铃震山价响，当子鼓，丁丁东，丁丁东，东东。穿火鞋，绣红绫，吞整纸子香，一切都在人的惊奇的震慑的注意里滚过去。"① 另外，端木蕻良的《大江》、萧红的《呼兰河传》、马加的《寒夜火种》、骆宾基的《混沌初开》等东北作家都对满族风俗有所描写。

（二）满族风俗成为东北作家群描写的重要内容

满族风俗成为东北作家群创作的重要题材。东北作家群中的一些人本身就是满族人，如端木蕻良、舒群、马加、金剑啸、李辉英等。在东北作家群的创作中总会出现与满族相关的风俗。这些满族风俗或者体现在服饰，或者体现在语言，或者体现在行动上等。东北作家群笔下的人物有很多为满族人。端木蕻良的《科尔沁旗草原》中就表现了满族的风俗。"小雀鸟呵，落树梢，白莲花呀，水上漂，哼，哎嗳哟，大姑娘的方头多么高噢，呀呀——一呼咳……"②方头是典型的满族妇女发式。丁家的先祖正是娶了满族的女子为妻，而且这个满族女子充满了神话色彩。"她怎么不会裹脚呢，她是小九尾狐狸变的，她怎梳方头呢，她的底襟没衩呀……但是，对于关东的传说，种苞米的方法，那可就没有人能赶上她了。"③ 北天王穿着"九龙镶金满绣全幅的道袍，箭袖轻轻拂起神秘的灵氛。"④ 北天王穿着典型的满族服饰，举行朝参仪式。正因为他的这个仪式，才被人控告神道设教，图谋不轨。从此，北天王的势力削弱，丁四太爷的势力越发强大。这种对满族风俗的描写在东北作家群的作品中有很多。满族的歌谣《乌拉街三种宝》描写了满族的风俗："乌拉街，三种宝，黄土打墙墙不倒，小伙子跳墙狗不咬，姑娘跑了娘不找。"⑤ 这些满族风俗在东北作家群的作品中都可以看到，这充分表明满族风俗对东北作家群影响之深。

满族民俗中的萨满教成为东北作家群作品中重要的精神民俗。精神民俗指物质文化与制度文化基础上形成的有关意识形态方面的民俗。萨满教是东北民

---

① 端木蕻良：《科尔沁旗草原》，人民文学出版社 1981 年版，第 5 页。
② 同上。
③ 同上书，第 14 页。
④ 同上书，第 17 页。
⑤ 李春燕主编：《东北文学综论》，吉林文史出版社 1997 年版，第 151 页。

俗生活场域中最基本的民间信仰。满族文学作品对萨满教有大量的描写。满族作家西清的《萨玛跳神》就详细地描写了萨满跳神的过程。东北作家群对萨满教也有大量的描写，如萧红、端木蕻良、骆宾基、马加等的作品中都描写了萨满教。小说用长达八页的篇幅描述了跳大神的过程，并对跳大神用具如腰铃、扎刀、当子鼓、火鞋都有所描述。东北作家群的作品中经常涉及满族风俗。

（三）同一民俗生活场域中的满族与东北作家群

在东北的民俗生活场域中，满族的风俗对满族文学和东北作家群的创作都产生了影响。满族文学与东北作家群的创作有内在的一致性。

满族风俗文化对东北人的性格有重要影响，因此也对东北作家群有重要影响。满族文化传统上属于游牧文化。满族民歌如《打猎歌》《大踏板》《射大雁》《拉大网》《挖参歌》等文学作品都体现了满族的游牧渔猎文化特点。满族善于骑马、射箭，骑马射箭甚至成为满族人的主要娱乐和体育活动之一。满族文化风俗使得满族民族性格总体特色是崇尚自然之真，淳朴豪放，雄健磊落，善恶分明，自然率真，犷野质朴，善于表现真情感。"满族等游牧民族多生活在中国东北，游牧生活要求他们必须有强健的体魄和近乎野蛮的性格。游牧民族能歌善舞，鲁莽冲动，又很讲义气，这些性格特点流传下来，影响着现代北方人尤其是东北人的性格。"①

同一东北民俗生活场域中的满族人和东北作家群具有相同的气质性格。东北以满族传统的游牧文化为东北文化底蕴。东北历史上生产方式主要是雪原狩猎，深山采参，冰河捕鱼，跑马拓荒，恶劣的自然环境和艰苦的生产方式造就了独特的东北人。不固定的生产方式使得他们特立独行，自由奔放，少有束缚，生活充满了冒险。东北民俗生活场域决定了东北人率真、豪爽、粗犷、热情。东北地区地处北温带，由于纬度较高，冬季漫长而寒冷，这种寒冷的气候会对人的性格产生影响。孟德斯鸠认为："人们在寒冷的气候下，便有较充沛的精力。心脏的跳动和纤维末端的反应都较强，分泌比较均衡，血液更有力地

---

① 罗建均编著：《中国人个性品格地图》，中国时代经济出版社 2008 年版，第 12 页。

走向心房；在相互的作用下，心脏有了更大的力量。心脏力量的加强自然会产生许多效果，例如，有较强的自信，也就是说有较大的勇气，对自己的优越性有较多的认识，对自己的安全较有信心，较为直爽，较少猜疑、策略和诡计。"① 由于东北地区天气寒冷，人们在野外游牧打猎，为了驱寒，人们养成了大碗喝酒，大块吃肉的习惯，他们没有时间慢慢地品味细细地咀嚼食品，这种生活方式养成了人们粗犷豪爽的性格特点，所以东北人的性格大多是粗线条的。东北主要以游牧文化为主。在游牧打猎过程中，往往需要对瞬息万变、充满险情的情况作出迅速判断，没有时间也没有必要委婉含蓄地表达自己的想法，因此东北人渐渐养成了人们直来直去的率真的性格特点。在游牧狩猎的过程中，人们需要密切合作，互相帮助，如在猎熊、挖参时都是如此，这种习惯养成了东北人的义气，重友情，甚至可以为朋友两肋插刀。过分的豪爽有时使东北人带有一种匪气。"习俗移志，安久移质。"② 一方水土养一方人。满族人和东北作家群同在一个民俗生活场域，以满族风俗为文化底蕴的东北地域文化在东北作家群的创作中打上了深深的烙印。由于满族和东北汉人同在一个民俗生活场域中，因此，满族和东北汉人有了大致相同的文化和性格特点。在东北人的性格中，总会有满族人性格的因素。因此，满族风俗对东北作家群也同样具有潜在的影响，满族风俗影响了东北作家群的审美心理、情感意志、价值判断。这种影响在东北作家群的作品中的表现很明显。

正由于满族作家和东北作家群都在东北民俗生活场域中，满族作家和东北作家群描写的风俗是一致的。闯关东的人初到东北，发现了许多奇怪的民俗，于是总结出东北的二十大怪。东北二十大怪主要有：窗户纸糊在外，草坯房子篱笆寨，用土打墙墙不倒，烟囱安在山墙外，大姑娘叼烟袋，骒马驮子驮大载，小伙跳墙狗不咬，大缸小坛渍白菜，养活孩子吊起来，说话满嘴苣麻菜，媳妇穿错公公鞋，缦帐挂在炕沿外，歘"嘎拉哈"决胜败，反穿皮袄毛朝外，

---

① 王海亭：《中国人性格地图》，中国书店出版社 2007 年版，第 13 页。
② 《荀子·儒效》。

索勒杆子戳门外，马拉爬犁比车快，两口子睡觉头朝外，狐狸皮帽子头上戴，冬包豆包讲鬼怪，先摆四个压桌菜。

满族很多作家描写了东北奇特的风俗。如满族作家玄烨的《松花江放船歌》、揆叙的《凿冰词》、贵昌的《游猎》、升寅的《乌拉草》、西清的《窗纸》、《火炕》《棒打獐子瓢舀鱼》《达呼尔敬烟》、多隆阿的《人参》、萨英额的《围兽》、顾春的《冰床·社课》都描写了东北特有的风俗。这些富有强烈地域色彩的风俗在东北作家群的作品中同样有大量的描写。东北民俗的二十大怪，在东北作家群的小说中多有介绍。"毛头纸刚涂上明油的风窗里，一片熙熙攘攘的灯光。"① 因为东北旧俗把窗户纸糊在外，为了防雨，把纸涂上油。东北特有的土产，轧鞡草、人参、鹿茸成为东北作家群作品中必不可少的素材，甚至成为引起情节冲突的要素。骆宾基的《边陲线上》有很多情节冲突都是由轧鞡鞋引起的。萧红的《夜风》中写道：大媳妇含着烟袋……三媳妇也含着烟袋。……老太太也觉得困了似的，合起眼睛抽她的长烟袋。李辉英的《过年》也写到了东北的独特民俗。

满族风俗和满族民族性格对满族的文学具有重要的影响。严家炎认为："地域对文学的影响，实际上是通过区域文化这个中间环节而起作用。即使自然条件，后来也是越发与本区域的人文因素紧密联结，透过区域文化的中间环节才影响和制约着文学的。"②

（四）满族文学与东北作家群创作的内在一致性

满族文学与东北作家群的创作具有内在一致性。主要表现在三个方面。

第一，满族文学和东北作家群创作具有相同的文学风格。满族文学和东北作家群都表现出雄强的一面。东北作家群的作品和满族文学风格是一致的。东北作家群同样充满了勇者的风范。少女时代的萧红就以勇者的姿态与封建势力抗争。她的血液里没有屈服的因素。许广平在《追忆萧红》

① 端木蕻良：《科尔沁旗草原》，人民文学出版社 1981 年版，第 183 页。
② 严家炎：《二十世纪中国文学与区域文化丛书"总序"》，《理论与创作》1995 年第 1 期。

中认为萧红不仅在写文章上表现得"相当英武",而且她还有"侠义行为"。许广平认为萧红是"北方来的不甘做奴隶者"。胡风评价萧红的文笔如"钢戟向晴空一挥似的笔触"。① 东北女作家左蒂认为:"白朗作风在朴实而雄健里又特具一种深刻和真实。"宁殿弼认为白朗的小说创作具有浓烈深沉、刚健昂扬激越的格调。舒群的诗集《在故乡》感情奔放,气魄雄伟:"让敌人毁灭了我们,留下我们的尸体;让风吹去我们的血肉,留下我们的骷髅;啊,让骷髅——堆起我们国土的界石,给后来人留下了标志。"② 这首诗情感好像火山爆发一样,给人一种冲击力。高兰的《我们的祭礼》也是雄浑有力的:"我们献上——这个祭礼——抗战! 这里有血有泪有火也有光,这里有生有死也有光荣的创伤,这里也有奴隶们反抗的呐喊,这里也有永恒不灭求生的烈焰……"③ 高兰的《是时候了,我的同胞!》写道:"人在怒吼,马在嘶叫,苍天在旋转,大地在狂啸,子弹在枪膛上跳跃,大刀在手中咆哮!"④ 金剑啸也是豪放有力的,他的《兴安岭的风雪》描写了抗日战士的刚强:"是火炬,是星芒,闪动在兴安岭之巅? 天地如同包在冰里一样,哪来的这温热的光? 有些黑的人形,熊影? 如鬼样的,在黑暗中乱闯。这么多,这么雄壮。粗大的臂,斜倚着雪亮的刀剑。"⑤ 戴言评价穆木天的诗歌特点是音节铿锵、气势磅礴、感情澎湃。萧军的作品具有粗犷、豪放、爽快的风度和气势。戴言评价塞克剧本的语言特点是凝重、深厚、雄壮、激烈。

第二,满族崇尚自然,满族文学有自然清新的特点。满族的神话充满了对自然的亲和,万物几乎都是神的化身。东北作家群的创作具有相同的特点。东北作家群的创作总体上清新自然、质朴刚性、真实俗白。萧红作品的特色是崇尚自然,线条粗犷,幽默风趣,独特的地域文化使得东北作家群的作品具有刚

---

① 胡风:《生死场·读后记》,《生死场》,容光书局 1935 年版。
② 杨骚:《感情的泛滥——〈在故乡〉读后感及其他》,《光明》1936 年第 1 卷第 10 号。
③ 穆木天:《诗歌朗诵和高兰先生的两首尝试》,汉口《大公报》副刊《战线》1937 年第 32 号。
④ 任惜时、赵文增、臧恩钰:《东北文学通览》,辽宁大学出版社 1994 年版,第 175 页。
⑤ 同上书,第 156 页。

劲、雄浑、粗犷、坦直、凝重的特质。可见，满族风俗和东北作家群的创作具有内在的一致性。满族文学和东北作家群的创作都具有纯情不羁，率性而行，刚劲雄强的特点。东北地域民俗决定了东北人的感情真实、自然、坦率、直露、无遮无拦、直抒胸臆。这种东北地域民俗影响了满族作家和东北作家群的创作。总之，满族文学总体特点就是自然纯真、简洁流畅、清新刚健、雄浑疏放、天然去雕饰，少做作。端木蕻良在《大地的海》中这样描述东北人的情感：这里的感情是没有装饰的，如一个人在伤心，那么，在他的胸腔里，一定可以听见一寸一寸的碟裂声。如在哭泣，那滴落的泪珠，也会透出一种颤动的金属声，而且整个灵魂必然地都会激起一种沉郁的回响。

　　第三，满族文学和东北作家群创作都表现了强烈的自然真实的情感。东北的大野气息与黑土激情贯穿了满族与东北作家群的创作。满族文学和东北作家群的创作在情感表现上都是外倾型的。恶劣奇寒的自然唤起了满族作家和东北作家群战胜自然的激情。在"马背上的战争"中，满族战胜对手的雄强个性必然潜伏涌动着强烈的激情。东北作家群由于长久的东北文化浸润，再加上家园沦丧，流亡生涯，更产生了强烈的悲愤激情。刺骨的哀伤，无比的仇恨，强烈的愤慨都使东北作家群具有强烈的主观情感。面对国土的沦丧，他们只能歌哭呐喊。"九一八事变，日本帝国主义占领了我的故乡……我悲哀，我愤怒，终至，激起我反抗暴力的情绪！"[1] 端木蕻良的短篇小说集《憎恨》对于情感的表达几乎达到了极致，他想用文字的流写下抗日兄弟热血的流。鲁迅为《八月的乡村》写序："作者的心血和失去的天空、土地，受难的人民，以至失去的茂草、高粱、蝈蝈、蚊子，搅成一团，鲜红的在读者眼前展开……"鲁迅的"鲜红"正是指东北作家群心中的血泪与愤怒的激情。白朗的《一个奇怪的吻》，舒群的《蒙古之夜》都融入了作者浓浓的情感。在全国抗日还没有开始的时候，抗日者是要被定罪的，东北作家群敢于表现自己的主观情感，他们把对日本侵略者的憎恶表现到了极致，东北地域特有的血性雄强的性格使得他们难以沉默。

---

　　① 李辉英：《我创作上的一个历程》，《申报·自由谈》1934 年 12 月 10 日。

东北作家群的创作和满族风俗有千丝万缕的联系，研究东北作家群的创作必须研究满族风俗，否则，对于东北作家群创作的研究将会有很大的缺憾。

二　满族风俗对《红楼梦》有巨大影响

历史的长河必然在民俗的河床上流淌。民俗的河床规约了历史的长河，同样也规约了反映社会生活的文学创作。《红楼梦》中有大量的满族风俗描写，其中小说线索、故事情节、小说语言、人物形象、民俗生活相等都渗透了满族风俗。

（一）作品线索与满族风俗

《红楼梦》小说是复式线索。其中的一些线索都和满族风俗有关。石头是《红楼梦》的一条重要线索，这和满族的尚石习俗有关。曹雪芹以古老的神话女娲补天为引子，引出了一块石头的神奇经历，这块石头在女娲补天时被遗落，以后历尽人间悲欢离合，最后感慨"无才可去补苍天，枉入红尘若许年"，带着无才补天的遗憾，重回青埂峰下。这块石头的经历成为《红楼梦》的重要线索。

石头有如此重要的作用与满族的尚石习俗有关。

　　萨满教格外崇奉火神，在神话中，火神突额姆把自己身上的光毛火发变成星星，给人类照明，自己却变成赤身裸体，只好住进石头里，所以石头也是火神的栖息处。满族神话《托阿恩都里》中说，火种原来掌握在天神手里，每年只将火种带下来一天让人们使用，多一天都不肯。一个名叫托阿的青年爬上神山诅咒天神，被罚上天打石修筑天宫，他在打石中发现火种可以藏在石中，他便将火种藏进石头里带回了人间，后来他就成为满族供奉的火神，在满语里，"托阿"是火，"恩都里"是神。满族的索伦杆下放的三块石头，称为"神石"。满族的瓜皮帽也寓含崇石的遗风。瓜皮帽的帽顶上缀一个丝绒结成的"算盘解"，黑红不等。在帽檐靠下的地方正中，有用珍珠、美玉、翡翠、玛瑙、猫眼等宝石或用烧蓝、玻璃、银片制成的帽石，这实际上是满族先民灵石崇拜的遗风。①

清代，满族入主中原，宫廷不再办灯会，民间的灯会却仍然壮观。日期缩短为五天，一直延续到今天。这一天凡磨、碾等石制工具都不能动，甚至设祭享祀石头，恐伤庄稼。也称"石不动""十不动"。因此，"在满族的民族心理中，石头有崇高的地位"②。在《红楼梦》中，贾宝玉含玉而生，石——通灵宝玉成了他的命根子，宝玉有了玉，就聪明灵秀，丢了玉，则浑浑噩噩、疯疯癫癫。这个情节，潜含着满族崇石的民俗意识。

《红楼梦》原名《石头记》，1791 年才改名为《红楼梦》。这块石头幻形入世，投入钟鸣鼎食之家，幻化成宝玉刚出生时嘴中含着的石头。这块石头后来就是宝玉戴在颈上的通灵宝玉，被贾府视为命根子。石头的隐现决定了贾府的兴衰。每次通灵宝玉有闪失，或丢失，贾府上下都慌作一片。石头在，宝玉就聪明灵秀，石头不在，宝玉就疯疯癫癫，最后归于青埂峰下。这都和满族的崇石风俗有关。

风月宝鉴是《红楼梦》的又一重要线索和情节，也和满族的风俗有关。《红楼梦》还有一个名字叫《风月宝鉴》。《红楼梦》第一回写道："东鲁孔梅溪则题曰《风月宝鉴》，在第十二回又点明《风月宝鉴》的出处。"故甲戌本《凡例》说《红楼梦》又曰《风月宝鉴》，意在告诫世人：戒妄动风月之情。甲戌本第一回脂砚斋评语说曹雪芹旧有《风月宝鉴》一书。曹雪芹先写有《风月宝鉴》，后又把《风月宝鉴》融入了《红楼梦》中。整部小说就如同风月宝鉴。

小说第十一至十二回，贾瑞见王熙凤美貌如仙，便起了淫心，想勾引王熙凤。王熙凤两次设相思毒计，弄得贾瑞梦魂颠倒，惊怖异常，得了邪症。这时一个跛足道人给贾瑞一面宝镜，称为"风月宝鉴"，告诉贾瑞，天天照镜，可以保命，但万万不能照正面，只能照背面。

---

① 王宏刚、富育光：《满族风俗志》，中央民族学院出版社 1991 年版，第 18 页。
② 同上书，第 23 页。

古代称镜子为鉴，因为古代的镜子是用铜做的。镜子是满族萨满教中最重要的神具。萨满治病离不开镜子。有神镜就能有法术，没有神镜就没有法术。镜子在小说中的重要作用是受满族的风俗影响。

在《红楼梦》中，宝黛爱情也是一个重要线索。宝黛爱情悲剧也和满族的风俗有关。满族的旧婚俗导致了宝黛的爱情悲剧。古代满族家族通婚习俗不以恋爱男女的意志为转移，不管成婚的人是否愿意，男女之间的感情被排斥在外，儿女的婚姻以家族的利益为出发点，合二姓之好，生儿育女，传宗接代，使家族后继有人，家族的财产能有人继承，家族永久延续发展。家长是家族利益的决策人，家长对子女的婚姻有绝对的决定权。因此，满族旧的婚俗造成了许多青年男女的爱情悲剧，从而导致了人物的悲剧命运。

在《红楼梦》中，宝玉和黛玉情投意合，真心相爱，但按满族的婚俗，有"姑血不倒流"的严格规定。舅舅的女儿，可以嫁给姑姑的儿子，俗称"姑做婆"；但姑姑的女儿，却不能嫁给舅舅的儿子。按满族婚俗，《红楼梦》中的贾琏凤姐可以结亲，但宝玉黛玉却不可以结亲。因此造成了宝黛的爱情悲剧。满族的婚俗造成了二人的悲剧命运。二人的爱情悲剧当然还有其他的复杂原因，这里姑且不提。

（二）作品情节与满族风俗

满族风俗构成了《红楼梦》的重要情节。没有满族的风俗，《红楼梦》的一些重要情节也就无从展开。"在文艺作品中将民俗生活中的矛盾斗争贯穿于情节开端、发展、高潮的全过程，把期间人物与风尚习俗的纠葛作为矛盾冲突发展和交流的主轴，这样的情节结构，新颖、独特、深沉，可以更深刻地显现人物之间的冲突，并不是个人之间的恩怨和性格的反差，而是具有深层的社会生活的意蕴。"[1]

满族妇女天足是《红楼梦》情节的根基。情节必须有人物的活动，大观园中的妇女，若裹足，无法出行，也就没有了情节。中国汉族历史上宋元明清四

---

① 陈勤建：《文艺民俗学导论》，上海文艺出版社1991年版，第8页。

朝都有女子裹足的习俗。尤其是明清两朝，裹足盛行，不裹足的女孩子是嫁不出去的，这在中国的古代小说中都有描述。如《水浒传》《喻世明言》《西游记》《老残游记》《官场现形记》《拍案惊奇》中都提到女子裹足。唯独《红楼梦》中的女子不裹足。

依据满族的习俗，女子不裹脚，即天足，以大脚为美。满族的天足习俗促成了《红楼梦》的情节，这是其他古代小说中少有的。没有满族的天足，贾府中的女子只能大门不出，二门不入，《红楼梦》中也就不能有什么情节了。贾母的粗使丫头傻大姐，就说她"一双大脚，做事麻利"。因此，她才能在假山石那儿拾到春囊。没有天足，不可能有宝钗扑蝶。第四十九回写湘云穿的"鹿皮小靴"，这是满族女人天足的特有服饰。否则，史湘云不可能独自一人走到芍药园，并醉卧芍药园。第49回写黛玉穿的"掐金挖云红香羊皮小靴"，也是满族女性的专利。假如林黛玉裹了脚，那估计她从潇湘馆走到怡红院都成问题，黛玉也不可能站在地上一口气把《西厢》16回看完（第23回），也不可能和贾宝玉一同踏雪前往稻乡村，更不可能有黛玉葬花的情节了。王熙凤若不是天足，也不能有如下的举动。第二十五回"魇魔法叔嫂逢五鬼"，写凤姐"手持一把明晃晃的刀，砍进园来，见鸡杀鸡，见犬杀犬，见了人，瞪着眼就要杀人"，这都不是三寸金莲所能为的事。

春囊是满族风俗中的一个用具。正是春囊引起了抄检大观园，从此，贾府走向了衰落。春囊又叫香荷包。满族先人在狩猎时，缝制皮囊挂在腰间。皮囊最早是用来装零散物件的，如钱物、烟末、香料等，后来成为满族贵族男子腰带上必要的装饰品，并且成为互相表赠的礼物之一。以后带皮囊的习惯延续下来，皮囊变成了荷包，越变越小，越来越精细，只装香料、定情物等。香荷包的制作是十分讲究的。首先是形状各异，裁剪精细，香荷包的形状非常多，有圆形、长形、瓶状、葫芦状等各种几何图形。其次是用料十分考究，一般用绸布或大绒做底子；此外图案生动，绣工出众，颜色搭配十分巧妙。2002年辽宁省"十佳"旅游纪念品，满族的香荷包系列就名列其中。

女方往往亲手缝制春囊送给恋人。在《红楼梦》中，主子可以胡搞，仆人却没有谈恋爱的自由，因此傻大姐拾到绣春囊才能引起贾府上下乱作一团。第七十三回中，傻大姐拾到一个绣春囊，恰好被从这里经过的尤氏看见，尤氏很害怕，向上禀报，导致了抄检大观园。由此，司棋死了，晴雯死了，入画被撵，芳官被逐。抄检大观园成了贾府衰败的转折点。一个小小的春囊竟引起了这样的滔天大祸。

从形式上看，满族的语言技巧，构成了《红楼梦》特有的形式。《红楼梦》中大量使用了满族语言。据学者统计，《红楼梦》中的许多语言都是满族语言，如"罢了"，"行当儿上的"，"白"，"身上好"，"巴不得"。满语"克什"一词，出现在《红楼梦》第一百十八回中。《红楼梦》中的称谓有许多是满语。小说中的小姐的称谓都是姑娘：林姑娘，宝姑娘等。"姑爷"（女婿）、"姑娘"（女儿）等，都来源于满语。满语嬷嬷指奶娘、乳母。《红楼梦》中嬷嬷一词多有出现，如老嬷嬷、李嬷嬷等。满语"劳什子"意指令人讨厌、厌烦。卷三："宝玉听了，登时发作起狂病来，摘下那玉，就狠命摔去，骂道：'什么罕物……我也不要这劳什子。'吓的地下众人一拥争去拾玉。"满语副词"忽喇巴的"意为忽然、凭空。卷十六："凤姐听了笑道：'我说呢，姨妈知道你二爷来了，忽喇巴的反打发个房里人来了，原来你这蹄子闹鬼！'"。满语"巴巴的"意为那个、特地、偏偏。卷二十二："我巴巴的唱戏摆酒为他们不成！"卷三十五："巴巴的想这个吃了。"满语"纳罕"意为嗟叹、叹惜。卷四十九："宝玉看着，只是暗暗的纳罕。"满语"哈什"意为哈气声。卷五十一："麝月翻身打个哈什。"满语"散荡"意为消遣、解忧、悠闲。卷八十："姑娘唯有背地里淌眼泪，只要接了来家，散荡两日。"满语"乍乍的"意为刚刚的。卷八十："迎春道：'乍乍的离了姊妹们，只是眠思梦想。'"满语"警幻"意为光洁、华丽。卷五："又听警幻笑道：'你们快来迎接贵客！'"满族语言使《红楼梦》具有了独特的满族语境。

（三）生活相与满族风俗

满族生活习俗成为《红楼梦》重要的生活相。生活相是《红楼梦》的创作源泉。民俗生活相具有超稳定的时空传承，超一统的法约功能。多姿的民俗生活相使《红楼梦》的题材异彩纷呈。

满族风俗的描写贯穿了整个《红楼梦》。如对岁时、礼仪、服饰、饮食、生育、婚娶、住宅、医药、器用、巫术等都有生动的描述。

《红楼梦》中有对满族发式的描写。"削发垂辫"是满族男子的特有发式。满族发式即将头发四周剃去寸许一圈，留脑后头发编成辫子。官吏富户，常垂于背。平民百姓，平时将辫子盘起藏入帽内，若遇婚丧事或出门做客、上堂见官，必须将辫子放出拖于背后，否则被视为无礼。第七十一回"嫌隙人有心生嫌隙，鸳鸯女无意遇鸳鸯"中写道：因为给贾母庆八旬大寿，"凤姐并族中几个媳妇，两溜燕翅，站在贾母身后侍立……台下一色十二个未留头的小丫头，都是小厮打扮，垂手侍候"。文中所涉及的"小厮打扮"、"未留头的小丫头"，即指剃掉周围头发，只留脑后发的男装打扮的女童。第六十一回："那柳家的笑道：'好猴崽子……别讨我把你头上的杩子盖……捋下来！'"杩子盖，"杩"应作"马"；马子即马桶，把头发四周剃去，顶上留短发式，就像"马子盖"。"马子盖"就是满族的发式。

在社会生活的各种民俗事项中，服饰处于最显著的地位。服饰最能体现社会的物质文明水平和人们的审美情趣。不同的民族有不同的服饰，服饰也最能显示民族的审美特色。在《红楼梦》中满族服饰形成了一道独特的景观。《红楼梦》中对满族特有的服饰有大量的描写。如箭袖、八团、一裹圆、兜肚、袄、裙、褂、箭袖、披风、袍、坎肩、裤、斗篷、蓑衣、箬笠、袜、鞋、靴、屐等都是满族服饰。

宝玉第一次亮相时穿的是满族服饰。宝玉"头上戴着束发嵌宝紫金冠，齐眉勒着二龙戏珠抹额，一件两色金百蝶穿花大红箭袖，束着五彩丝攒花结长穗宫绦，外罩石青起花八团倭缎排穗褂；脚蹬青缎粉底小朝靴……"这里的"箭袖"、"靴"等都是满族的典型服饰。另外，宝玉穿的狐狸皮袄、海龙小鹰膀褂子、狐腋褂、茄色哆罗呢狐狸皮袄、红绫短袄、沙棠履、青缎粉底小朝靴、棠木屐；凤姐穿的紫羯绒褂、缕金百蝶穿花大红云缎窄袄、五彩刻丝石青银鼠褂、桃红洒花袄；李纨穿的哆罗呢对襟褂子；薛宝钗穿的莲青斗纹锦上添花洋线番羓丝的鹤氅；黛玉穿的掐金挖云红香羊皮小靴、大红羽绉面白狐狸皮的鹤氅；史湘云穿的靠色三厢领袖秋香色盘金五色绣龙窄小袖掩衿银鼠短袄、雪褂子、鹿皮小靴；袭人穿的桃红百花刻丝银鼠袄、青缎灰鼠褂等都是满族的服饰。

《红楼梦》中还有许多对满族生活相的描写。小说中介绍过"打围"（打猎）、"割腥啖膻，烧烤鹿肉"，都是对满族生活相的描写。《红楼梦》里写怡红院的丫头在炕上"欻（chua，三声）子"，即玩"嘎拉哈"。"嘎拉哈"是满语，指动物腿上的膑骨（据说这种游戏和萨满教的某种仪式有关）。满族习俗有欻子游戏，也叫"欻嘎拉哈"。即用羊或猪的骨关节来玩儿的游戏。在岁时的风俗描写中，小说对每个节令的内容描写都生动活泼，丰富多彩。如元旦吃年酒、年茶，元宵社火、花灯；清明植树；芒种节的饯花会；七月七乞巧；中秋赏月、焚斗香；重阳持螯赏桂；除夕贴春联、换门神、祭宗祠、辞岁、守岁。《红楼梦》中还提到一些民俗器物，如满族萨满教的全套祭器、银锁、手炉、拂尘等。对民俗事象的描写最能反映民族独特的审美心理。

正是满族风俗使《红楼梦》具有了超越时空的文本建构，并使《红楼梦》散发出永久的魅力。

三　满族民俗在作品中的表现

满族的民风民俗是在日常生活实践中培养形成的，是有一定的社会历史渊源的，其形成原因往往和某一生活事件有关。满族文学艺术往往涉及大量的民俗以及民俗的源起。如满族独特的冰上钓鱼习俗、烧包袱习俗、供狐仙习俗、丧葬习俗、供奉乌木主习俗、鬼节来历等都在作品中有大量表现。

满族的历史习俗在文学艺术中得到表现。满族文学艺术传承历史并不是直接对历史进行客观描述，而是通过民间说唱艺术中的情节、场面、人物对话等间接的反映。例如满族的妇女殉葬习俗在满族说部中就有详细的记载。"早先，宁古塔有一种坏风俗，哪家的男人生老病死，临终前要是舍不得的女人，只要说一句'让她跟我走'，或者是'我离不开她'，那么，等这个男人一咽气，这个女人就得作殉葬品。家人先是把这个女人装扮得漂漂亮亮的，就跟新娘似的。然后让她坐在西炕上，给她摆上供品，全家人都得给她行大礼，三拜九叩。最后就传一个箭法高超的小阿哥，朝她脑袋、胸前，'嗖嗖嗖'连射三箭，活活把人射死，再把她和自己的男人埋在一起。"① 这种落后的殉葬习俗显然和汉族是不一样的，这正是清朝满族历史的一个真实写照。

满族鬼节的由来是因为劾里钵在回来的路上走错了，忽然闪出一座阴森森的城池，鬼哭狼嚎声音瘆人，无数的披头散发张嘴獠牙的人将劾里钵围住，有的索要性命，有的要钱，土地佬赶来解围，命令披头散发张嘴獠牙者闪出路来，当天是七月十五日，劾里钵承诺自此每年七月十五日都给鬼金银纸钱，从此，"鬼节"即七月十五日，延续至今。

满族烧包袱习俗和女真乌雅贤的死有关。乌雅贤领着大队人马去辽国交换实物，马队驮了很多貂皮、鹿茸、鹿胎、虎骨、大马哈鱼、鳇鱼、白鱼、人参等贵重实物，还有保护交换的护卫武装人员。大队人马向辽国进发。这时候，乌雅贤已和辽国有了频繁的接触关系，不过乌雅贤属生女真，还没有直接受辽国控制。这天乌雅贤领着大队人马来到金山，突然从山谷中连射出数箭，都是对准乌雅贤射的，其中一箭，正好射在乌雅贤心上。当时，乌雅贤栽落马下而亡，武卫队进山搜寻追赶射箭之人，由于山路不熟，没有追上，只能将乌雅贤尸体运回。尸体运回后，举行了追祭仪式，将已瘫痪的赧姑剜心祭灵，随后安葬。因为乌雅贤已托梦于家，但等乌古迺将来报仇。真姬按照乌雅贤托梦所嘱，买些纸钱、叠包袱、装上纸钱、在烟囱根底下焚化，并哭叫三声：给你送钱来啦，给你送钱来啦，给你送钱来啦！从此，在女真族留下烧

---

① 谷长春主编：《满族口头遗产传统说部丛书——萨布素将军传》，吉林人民出版社 2007 年版，第 104 页。

包袱的风俗。后来发展到除在烟囱根底下烧外，上坟也烧包袱。这就是满族烧包袱习俗的由来。

第五节 场域对满族作家创作的影响
——以《科尔沁旗草原》为例

布迪厄的"场域"对满族作家端木蕻良的《科尔沁旗草原》的创作产生了巨大的影响。法国皮埃尔·布迪厄的场域理论影响越来越大，本节从场域理论的全新视角分析端木蕻良的作品《科尔沁旗草原》。场域在端木蕻良的作品《科尔沁旗草原》中具有重要的作用。场域是各种位置之间存在的客观关系的网络或构型。场域是"处在不同位置的行动者在惯习的指引下依靠各自拥有的资本进行斗争的场所"[①]。

一 场域中的象征资本

布迪厄认为场域中的资本有四种形式，即经济资本、文化资本、社会资本、象征资本（符号资本）。场域制约资本。资本的价值取决于资本能够发生作用的场域的存在。如果资本在场域中没有效用，资本也就不起作用。场域是资本竞争的结果。资本要想起作用必须和场域有关，反过来资本也通过生成的权利制约场域。

《科尔沁旗草原》中人物的发家是靠着占有象征资本而成为场域的控制者。作品人物在场域中通过象征资本获取了经济资本，或者说，在不知不觉中，丁家人把象征资本兑换成了经济资本。对权力或资本的占有意味着对场

---

① 宫留记：《布迪厄的社会实践理论》，河南大学出版社 2009 年版，第 48 页。

域的特殊利润的控制。象征资本"是用以表示礼仪活动、声誉或威信的积累策略等象征性现象的重要概念"①。在端木蕻良的作品中，作品人物巧妙地利用自己的象征资本，改变自己的命运，发家发迹，从此家运兴旺，过上锦衣玉食的生活。在《科尔沁旗草原》中，两百年前山东闯关东的灾民中出现了瘟疫，当瘟疫肆虐，人们面临着生命的威胁，丁家先人通过民俗中的巫术手段，治疗灾民的病痛，被人们认为是真灵官派来救百姓的，成为人们的精神领袖，被人们称为丁半仙。人们都认为自己的命是丁半仙给的，都竭力运用自己的劳力取得丁半仙生活的安适优越，丁半仙通过摇串铃等常人少有的仪式手段而发家。人们生病本来应该求助于医生，但东北特定场域的民俗使当时的百姓只能求助于巫医。丁半仙死前在有"藏龙卧虎格的风水"的地方为自己选了坟地，这奠定了一个东北大地主成功的开头。在这场劫难当中丁家先人充当了救世主的角色。"就在这时候，忽然，眼前一亮，人群中钻出一个人来。看那模样：三络黑胡，黄净面皮，手里倒提着一把白蝇甩，简直就是那背葫芦的吕洞宾。我们的苦日子有头了，劫数够了，有能人来了。"②丁家先人告诉灾民应该有七七四十九天的劫数，他是来救大家的。灾民也认为他是真灵官派来的救世主。"老人成了这一群的精神的中心。每个年轻的母亲，都向老人亲亲热热地叫爹爹，把自己认为最细致的食物贡献在老人的面前。青年的头子们，都感觉到自己的生命，是老人给保存下来的，所以便竭力地运用自己的劳力去取得老人的安适。老人的生活，从此竟优越起来。"③通过治疗灾民的病痛，老人获得了声誉和威信，"老人的农场和他们的威信成正比地加强着，一点都不受什么波折的摧毁"。这些声誉和威信就属于象征资本。"象征资本是用以表示礼仪活动、声誉或威信的积累策略等象征性现象的重要概念。"④象征资本加强了丁家先人的信誉和影响力。象征资本

①　宫留记：《布迪厄的社会实践理论》，河南大学出版社2009年版，第137页。
②　端木蕻良：《科尔沁旗草原》，人民文学出版社1981年版，第11—12页。
③　同上书，第13页。
④　宫留记：《布迪厄的社会实践理论》，河南大学出版社2009年版，第137页。

通过无形的看不见的方式获得了经济资本，因此，象征资本实际上是一种隐蔽的、无形的经济资本形式。象征资本使得丁家拥有了大量的财产，当丁家产业传到丁四太爷的时候，全城的土地，除了王爷和几个贵族的之外，都在丁家的掌握之中了。可见，象征资本通过信誉作担保，起到了经济资本起到的作用。丁家人通过象征资本使自身正当化，使他人相信丁家统治的合法性。

《科尔沁旗草原》中的首富丁家正是利用民俗而发家的。人们在强大的民俗生活场域中，丧失了自主的判断能力，人们的思维都取决于特定的民俗生活场域。丁半仙顺应着利用着民俗场域中的民俗，利用大众信奉民俗的心理，用民俗把自己笼罩上绚丽的魅影，使别人在不知不觉中认同了丁半仙的权威性。可见丁家正是利用象征资本改变了自己的命运，丁家的发迹兴旺正是由象征资本带来的，象征资本的根源是经济资本。"行动者在场域中的位置是由资本的质量和数量的分布来界定的，依其资本的类型和总量，存在着支配和服从之分。"[1]

象征资本的重要策略之一就是与有名望的外姓联姻，以便为家族带来象征利润。丁宁的母亲宁可毒杀怀着丁宁骨肉的女仆，也不愿意让丁宁娶一个不能为丁家带来象征利润的下人。无论女仆的感情有多纯真，只要一和家族的象征利润来比，就显得微不足道了。

二 场域中的情节冲突

布迪厄的场域理论充满了冲突性，因为场域是充满着旨在维护或者改变场域中的力量格局的斗争的场所，是一个争夺珍贵资源的控制权的竞技场。场域的冲突构建了作品的情节冲突。

在科尔沁旗草原特有的场域中，贫富的悬殊和对立构成了最主要的情节冲

---

[1] 宫留记：《布迪厄的社会实践理论》，河南大学出版社 2009 年版，序第 51 页。

突。丁家人通过象征资本取得了经济资本，又通过经济资本改变了场域的格局，取得了统治地位的合法性。象征资本可以成为小说人物战胜对手、统治百姓的工具。《科尔沁旗草原》中鹭鹭湖畔的人们有一个风俗：相信仙姑能通神灵，所以都信奉仙姑的话。丁四太爷通过做道场仪式，借仙姑的口愚弄百姓，让民众相信，丁家的作威作福是上天注定的，有神仙保佑的，让人们相信一切都是命运安排，心甘情愿地受人欺压。在北天王被控告神道设教，图谋不轨时，丁四太爷为了能称心如意地做大地主的盟首，与北天王对抗，丁四太爷请仙姑跳大神，通过四太爷传话给仙姑说："记住告诉她，说北天王是恶贯满盈，天罚的，你懂吗？咱们是仙财，多说点……前世的……听见了吗？"① 意在通过仙姑的口赞颂丁四太爷："咱们府上是命，风水占的，前世的星宿，现世的阴隲，家仙的保佑，阴宅生阳，阳宅生阴，阴阳相生……"② 他还通过巫婆的口说出丁四太爷是仙财，北天王恶贯满盈，是天罚的。在这里，萨满教跳神习俗成为推动小说情节发展的重要因素。利用人们对神灵的敬畏，借用萨满习俗，壮大自己，打击对手，笼络人心。巫婆说丁四太爷发的财都是借她的光。群众议论丁四太爷发了狐仙的财。从此，丁四太爷家更是财运亨通了，也可以有恃无恐地剥削穷人。再后来，人们也不明白，"为什么北天王的不能推行的残虐，还要在丁四太爷的宗族里有保护地进行着……这一切他已不能明白，他给挤在阒无人烟的一角，作成一个被遗忘的人了。"③ 人们在民俗生活场域中，没有自主的理性判断，他们的思维被民俗场域的惯习所支配，一切都按照民俗的潜规则展开行动。大山指责丁宁："你家是世袭的小汤锅，穷人在你们的地上，就像落在菜碗里的苍蝇！光你太爹那一辈你就逼死了多少人，抢了北天王的财产，还造出了狐仙来搪塞，这是我爷爷躺到床排子上才告诉我爹的！"④ 东北民俗推动了情节的发展，民俗的延展本身就构成了情节，民俗也预设了情

① 端木蕻良：《科尔沁旗草原》，人民文学出版社1981年版，第26页。
② 同上。
③ 同上书，第18页。
④ 同上书，第207页。

节如何进一步推进。

场域中的结构由于不平等总要遭到挑战和反抗。"每一个场域都有它的支配者和被支配者。此外，在每个场域里，等级制总是不断遭到抵抗，而且维系并增强场域结构的那些原则本身也可能遭到挑战和反抗。而支配的无所不在也并不排除相对民主化存在的可能。"① 在《科尔沁旗草原》中，支配者和被支配者，统治者和被统治者的对立构成了小说最基本的情节冲突。丁家"大爷"刚一回头，看见一个小孩"举起一只峥嵘的小拳头，咬着牙，在对着他的脊背比试。大爷看了立刻全身都浸在冰里，从前心一直凉到了后心。穷人真是要不得的呵，一点儿也不要让他们得脸呵，他一得势，富人便没活路了，除非让他们从早起忙到晚上，脑子里啥也来不及想，那他就老实了，贱种嗬，主贱"②。场域具有社会生活的冲突性。富人想维护场域中的力量格局，穷人想改变场域中的力量格局，这就引起了作品中情节的冲突。在场域中处于支配地位的行动者往往采取保守性的策略，处于被支配地位的行动者往往采取颠覆性策略。

在《科尔沁旗草原》中，富人和穷人的冲突贯穿作品始终，他们为了维护或改变场域中的社会地位而抗争着。"作为一种场域的一般社会空间，一方面是一种力量的场域，而这些力量是参与到场域中去的行动者所必须具备的；另一方面，它又是一种斗争的场域；就是在这种斗争场域中，所有的行动者相互遭遇，而且，他们依据在力的场域结构中所占据的不同地位而使用不同的斗争手段，并具有不同的斗争目的。与此同时，这些行动者也为保持或改造场域的结构而分别贡献他们的力量。"③ 地主、农民、土匪、商贩等搅在一起，他们都为各自的立场、社会空间而斗争。

场域并不是固定的，而是变动不居的，科尔沁旗草原风云突变的形势印证

---

① [法]皮埃尔·布迪厄、[美]华康德：《实践与反思》，李猛、李康译，中央编译出版社 2004 年版，第 55 页。

② 端木蕻良：《科尔沁旗草原》，人民文学出版社 1981 年版，第 51 页。

③ 高宣扬：《当代法国思想五十年》（下），中国人民大学出版社 2005 年版，第 514 页。

了场域的流变性，越随着时间的推移，穷人的斗争觉悟越高。"老北风，起在空，官仓倒，饿汉撑，大户人家脑袋疼!"① "场域不等于某个固定的社会结构，也不等于某个现成的社会关系，同样也不等于不同的社会地位所构成的框架，场域的灵魂是贯穿于社会关系中的力量对比及其实际的紧张状态。场域始终都是具体的实际活动的场所，而且始终是作为实际活动的动力和基础的力的相互关系。"② 作品人物在场域中是行动者，不是静止不动的，人物的行动策略取决于他们在场域中的位置。

三　场域中的惯习

惯习是布迪厄最重要的基本概念之一。布迪厄认为：惯习是"人们在社会世界生活或存在的各种习性的总和"，"惯习是行动者过去实践活动的结构性产物，是人们看待社会世界的方法，也是人们在各种社会评判中起主导作用的行为模式"。③ 场域规定了《科尔沁旗草原》独特逻辑的社会空间。作品中人物的社会地位是他的惯习与所处的场域中的位置之间相互作用的结果。惯习和人物的社会位置是相协调的。社会背景及经济、政治和文化使作品人物形成了内在化的惯习。东北科尔沁旗草原场域形成了作品人物特有的惯习。

布迪厄认为社会结构以"初级的客观性"和"次级的客观性"两种方式存在着。初级客观性包括各种物质资源的分配，以及运用各种社会稀缺物品和价值观念的手段。次级客观性则体现为各种分类体系，体现为身心两方面的图式，在社会行动者的各种实践活动，如行为、思想、情感、判断中，这些分类系统和图式发挥着符号范式的作用。常人方法学最为充分地表现了"次级客观性"的立场。用布迪厄的话说，常人方法学又译作"民俗学方法论"或"本土

---

① 端木蕻良：《科尔沁旗草原》，人民文学出版社 1981 年版，第 411 页。
② 宫留记：《布迪厄的社会实践理论》，河南大学出版社 2009 年版，序第 50 页。
③ 同上书，序第 145 页。

方法论"。① 民俗学方法论最为充分地关注"次级客观性"的主观主义或建构主义。次级客观性的结构就是惯习，惯习就是具有初级客观性的结构在身体层面的体现，因此，民俗学方法论最为关注的就是惯习。"在一个特定的场域中，占有相似或相邻位置的行动者，会被分配在相似的状况与限制条件下，他们有可能产生相似的惯习和利益，从而产生相似的实践活动。"②

由于惯习来自行动者长期的实践活动，因此一旦经过一定时期的积累，经验就会内化为人们的意识，去指挥和调动行动者的行为，成为行动者的社会行为、生存方式、生活模式、行为策略等行动和精神的强有力的生成机制。在这个意义上，也可以说，惯习是行动者在场域里的社会位置上形成的对客观位置的主观调适，是外在性内在化的结果，是"结构化了的结构"和"促结构化的结构"。惯习决定了百姓的行为。《科尔沁旗草原》中的百姓为了求得平安，避免胡子的骚扰，依据当地惯习，修鬼王庙，胡子犯忌讳，往往搬走匪窝"幸而，近年来，这儿新修了一座鬼王庙，胡子犯忌讳都挪了窝了，挪到大菜园子那边闹去了，要不然早年这地方都是窝处，少爷有几个命，也拿不回去！"③可见，作品的主人公通过"惯习"指挥调动自己的行为。惯习来自长期的实践活动，长期经验积累使得人们认识到了对付胡子的最佳方式，不是采用大多数地方的人们对付土匪的方式——或躲避，或反抗，而是通过修鬼王庙赶走了土匪。惯习使得既往经验有效地发挥作用，行动者依靠惯习应对其遭遇的特定境遇，预料世界的内在固有的必然性。

"惯习暗含了'对自己所在位置的感觉'以及'对他人位置的感觉'……行动者依据他们的惯习选择能够相互搭配，能够同他们自身协调，具体地说，能够和他们的位置相配的各种事物，并因此分类了自身，也使自己接受了分

① ［法］皮埃尔·布迪厄、［美］华康德：《实践与反思》，李猛、李康译，中央编译出版社 2004 年版，第 9 页。
② 宫留记：《布迪厄的社会实践理论》，河南大学出版社 2009 年版，序第 52 页。
③ 端木蕻良：《科尔沁旗草原》，人民文学出版社 1981 年版，第 193 页。

类"①。《科尔沁旗草原》中的"三姥姥"说："你说什么，钱是淌来之物，这就不对了，人有几分命，就有几分财……四两骨头四两筋，少年不足老来贫。"② 尽管穷人不安于自己的命苦，但穷人已经习惯了自己卑贱的命运，有了对于自己所在位置的感觉。作品人物依据自己的社会空间位置，有了自己的行为方式衣着举止。这是由于惯习的作用，惯习有时使人物具有了对自己所在位置的感觉和对他人位置的感觉。

《科尔沁旗草原》中的人物就是依据惯习选择和他们的位置相配的事物和相应的物品。布迪厄的场域理论使我们可以用全新的视角审视文学作品，研究过去未曾研究的问题，未曾思考的问题。

第六节　满族文学艺术与其他艺术的融合流变

满族文学艺术的流变有显性存在和隐性存在。由于满族文学艺术是非主流艺术，相当长一段时间不被重视，因此，有些满族民间说唱艺术的发展流变少有记载，有些甚至断代，无从查考。

一　满族文学艺术流变过程

关于八角鼓的流变。据研究，八角鼓原是满族人昔日在猎居时期，被用于民间歌舞的伴奏。在满族人关前，八角鼓先被传入北京。八角鼓从北京地区传向其他地区。明代沈榜著的《宛署杂记》（1593）就对八角鼓有记载。

据研究，八角鼓流传是在清中叶，在平定金川之乱后，乾隆帝命令八旗子弟排练八角鼓，满族人争相演习，八角鼓才开始普及。

---

① 宫留记：《布迪厄的社会实践理论》，河南大学出版社 2009 年版，序第 52 页。
② 端木蕻良：《科尔沁旗草原》，人民文学出版社 1981 年版，第 64 页。

康熙时，黑龙江开始有八角鼓。黑龙江的八角鼓是从北京流传过来的。北京八角鼓以前很有名。《萨布素将军传》中，描述了京兵到黑龙江表演八角鼓的场景。射箭"比赛完了，是酉时初了，掌上灯，点上火把，开了一次盛大的宴会。一直跳舞，京兵还带了八角鼓舞，大家没看到过，这就一个劲儿地要八角鼓舞。这些人也忘了一天的累了，就演起了八角鼓舞，东北兵一看京兵五人一拨，弹起琵琶、三弦。还打杂板——就是两块儿板，满族人叫'恰拉气'，很有节奏。唱着很好听的歌曲，大家听一遍也不过瘾，大伙轮番唱，第一天就这样结束了"①。可见这个时期，黑龙江一带还没有八角鼓。到康熙朝时，黑龙江地区已经有了八角鼓。满族说部《萨布素将军》记载：萨布素的部队已经会演出八角鼓了。萨布素将军被康熙帝晋升为黑龙江将军，各旗开了欢庆会，全军庆祝。"萨布素把皇上赐给的一千两银子拿出来作为这次庆祝大会的费用，这一来上下都准备起来了。有准备秧歌的，有准备八角鼓的，准备了各种节目。"② 最初萨布素将军的部队没有人会演八角鼓，由于京兵的表演示范，后来在康熙时期，萨布素的部队也会演八角鼓了。可见，康熙帝时，黑龙江已经有了八角鼓演出。

20世纪辽宁仍有八角鼓演出。满族人出征时演唱八角鼓。如1992年由丹东田文普、崔德祥提供的，田歧佳、崔勇搜集的，李玉萍记谱的满族《出征歌》唱道："八角鼓哇响啊叮当，八面大旗插四方。大旗下，兵成行，我的丈夫我的丈夫在当央。去出征啊打呀胜仗，为国为民保家乡。离家园，把心放，临别的话儿心中装。"③ 从歌词的内容看比较新，说明在丹东20世纪仍有八角鼓存在，只是具体时间难以确定。

沈阳博物馆藏有清光绪四年（1879）沈阳老君堂的"江湖行祖师碑"，拓片上

---

① 谷长春主编：《满族口头遗产传统说部丛书——萨布素将军传》，吉林人民出版社2007年版，第257页。

② 同上书，第409页。

③ 丹东市民族事务委员会民族志编纂办公室编：《丹东满族志》，辽宁民族出版社1992年版，第258页。

首行记载了沈阳当时有五个曲种，包括评词、彩变、八角鼓、大鼓、弦子书。

20世纪70年代吉林八角鼓唯一的传承人程殿选（1885—1972）说满族八角鼓在扶余流传一百多年了，因为八角鼓从北京传来，所以把八角鼓叫"京八角鼓"。

清朝晚期，随着北京满族官员外调，八旗军驻防，八角鼓逐渐流传到全国各地。东北三省、河北、山东都有关于八角鼓的记载。如内蒙古呼和浩特、河北清苑县、山东聊城、胶州等地都有八角鼓。

逆旅过客在《都市丛谈·八角鼓》中写道："八角鼓者，相传为前清定鼎时凯歌之词，后以三弦随之，名为岔曲……由岔曲内又加添各种杂调，是为单弦儿。"以后，八角鼓消失了，但单弦仍然存在。

据比较明确的文字记载，1956年，吉林省会八角鼓演唱者仅程殿选（1885—1972）在世。1972年程殿选因病去世。

关于子弟书的流变。子弟书是满族说唱艺术，由于是八旗子弟创造而得名。子弟书最初产生时间未详，有文献记载，子弟书盛行于乾隆年间。嘉庆二年（1797），李镛为顾琳的《书词绪论》写的序文中记载："辛亥夏，旋都门，得所谓子弟书者。"乾隆五十六年（1791），子弟书已经在北京流行了。据张菊玲研究，嘉庆中期，子弟书又传到沈阳，子弟书遂在东北地区流传开。

丹东满族宽甸有汉军八旗神歌集成的《香卷》，汉军镶黄旗杨希春家中有杨门《香卷》12卷。

宽甸较有名气的单鼓艺人有杨希春、刘喜春、庞显文、邱金堂、朱学堂、姜老五、孙殿荣、汤义贤、于庆德。

二　满族文学艺术流变特点

（一）由敬神敬祖转向娱人

满族最早的民间说唱艺术是萨满神歌。早在母系氏族社会的中期，萨满教就已产生了。满族信奉萨满教，萨满教分大萨满和家萨满。"当初民身处以各种努力克服大自然的威力的斗争中，产生了原始宗教信仰；一面向冥冥无知的神灵屈服，一面产生了将自然界和社会人格化的神话，披着神的外衣表现了人的斗争。宗教节目的举行也往往是配合渔猎活动或不同季节的农业生产活动。萨满教中的萨满神歌最初是歌颂膜拜自然界的神灵。而在萨满教的跳神、诵诗的歌舞中，又由娱神逐渐演变为娱人，令人也不难发现诗歌、故事和舞蹈的最初的萌芽和雏形。"①

满族是个求本寻根的民族，对祖宗有着深深的敬意。满族往往通过"说古"、"唱颂根子"、"说史"来追本溯源。在金代满族讲古就已经很盛行。满族把讲古、说史、唱颂根子的"乌勒本"推崇到神秘、肃穆、崇高的地位。满族的"乌勒本"是为了敬祖宗敬英雄神。满族讲古和满族的萨满教有关，萨满教持万物有灵论，在萨满教崇奉的神灵中包括祖先和英雄神祇。满族向祖宗英雄神灵祈祷膜拜，希望祖宗神灵能够保佑族众，荫庇子孙，因此满族在讲古时，充满了敬意。后来，随着时间的推移，人们对说部不断地润色加工，修改完善，进行艺术再创造，满族讲古娱乐的因素越来越多，满族的讲古成为民间重要的娱乐活动，一到年节农闲时，满族人就用讲古为人们带来精神上的快乐。

(二) 由庄重严肃转向轻松

满族民间说唱艺术由庄重转向轻松主要体现在演出方式由严肃转向轻松。

萨满神歌是我们所见的最早的满族民间说唱艺术。萨满祭祀神歌往往有唱无白，庄重严肃，萨满神歌在祭祀活动中演唱，满族人认为萨满神歌中的语言是有神圣力量的，是可以应验的，所以人们对待神歌的态度是严肃庄重的。萨满所唱的神歌，不允许他人随意颂唱，只能师徒相传，小萨满可以随声应合。旁观者不允许也不会伴唱。有的萨满神歌由老萨满一唱到底，不需要伴唱。

传统的满族讲唱"乌勒本"是庄重严肃的。"各氏族讲唱'乌勒本'是非常隆重而神圣的事情。一般在逢年遇节、男女新婚嫁娶、老人寿诞、喜庆丰收、氏族隆

---

① 宋和平译注：《满族萨满神歌译著》，社会科学文献出版社 1993 年版，前言第 1 页。

重祭祀或葬礼时讲述'乌勒本'。讲唱'乌勒本'之前要虔诚肃穆地从西墙祖先神
龛上，请下用石、骨、木、革绘成的符号或神谕、谱牒，族众焚香、祭拜。讲述者
事前要梳头、洗手、漱口，听者按辈分依序而坐。讲毕，仍肃穆地将神龛、谱牒等
送回西墙上的祖宗匣子里。这一系列程序表明有严格的内向性和宗教气氛。不像平
时讲'朱奔'（意为故事、瞎话）那样随便地姑妄言之姑妄听之。"①

　　萨满神歌以后被其他民族吸收改编，由庄重严肃变得越来越轻松愉快，审
美娱乐的作用越来越明显。据研究，民歌《小白菜》一直被认为是河北的汉族
民歌，但实际上《小白菜》与萨满神歌《吆喝杆子》十分相似。由于萨满神歌
在相对封闭的环境中世世代代靠口头传承，有活化石之称，所以萨满神歌不会
模仿汉族的民歌俚曲，《小白菜》实际上是由萨满神歌改编而成。同样的道理，
还有许多其他的民间小调都是由萨满神曲改编，再创造而成。

　　满族民间说唱艺术已经由庄重的娱神转向了民间百姓的娱乐活动。看演出的
观众各行各业，各阶层的都有。演出场地也不讲究，很随意，可见满族民间说唱
艺术的普及程度。而且这种民间说唱艺术已经具有了商业性质。亦赓写的《柳敬
亭》描写了演出子弟书的情景："柳敬亭桌案儿一张在溪边柳下，还有那数条板
凳小凉棚，往来游人齐注目，俱各宁神把书听。也有经商与庄稼汉；也有那僧道
与书生。柳敬亭见座儿上的人齐，慢慢站起，装模作样，顾盼自雄。醒木一拍
腮含笑，掀须咳嗽，顿清了喉咙。未曾开书先有纲领。"② 演出者柳敬亭以此
维持生计。柳敬亭由于避仇流落江湖，休于柳下，可见当时演唱者的落魄。

　　满族民间说唱艺术越来越普及，为百姓所喜闻乐见。子弟书的演出在当时
越来越普及，街边、廊下、树下，庙旁都可以有满族民间说唱艺术的演出。子
弟书《集锦书目》中记载："东廊下游人齐看《女觔斗》，那《石玉昆》《郭栋
儿》《柳敬亭》俱各说书在庙傍。"③

　　八角鼓的演唱也是由严肃到娱乐。最初八角鼓演出，要先由两个人作问

----

① 富育光主编：《金子一样的嘴——满族传统说部文集》，学苑出版社 2009 年版，第 10 页。
② 关德栋、周中明编：《子弟书丛钞》（上），上海古籍出版社 1984 年版，第 239 页。
③ 同上书，第 250 页。

答，说明八角鼓来源，把乾隆中征大小金川武功述说赞扬一回，以"八角鼓是大清国土物"为主题是必须说出的，足令听者肃然动容。这个仪式意在说明八角鼓演唱同先皇基业、宗族身份密切联系，其尊严神圣不可侵犯。八旗子弟演唱八角鼓是一种"专利"，汉人也可唱，但唱得再好，也不被视为"正宗"。听八角鼓，不能用钱买，必须恭敬地"请"。（八角鼓）"斯曲为八旗土产，向无卖钱之说，演者多系贵胄皇族，故称'子弟'，如欲演唱，必须托人以全帖相邀"。以后乾隆时期，命令允许二品以下官员到票房唱岔曲，由于岔曲用八角鼓伴奏，被称为"八角鼓"。以后八角鼓流向民间，成为满族人娱乐的一种形式。

萨满神曲由庄重严肃转向轻松，主要是由于从萨满传承变成了由民间传承。满族说唱艺术在流传中，不断地被加入其他民族的因素，形成了无数变体，成为脍炙人口的小曲小唱。

（三）由民族特色转向民族融合

满族入主中原，满族文化很快融合了汉族文化，满族民间说唱艺术也吸收了汉族艺术因素，民族民间说唱艺术逐渐成为满汉合璧的艺术。

但满族民间说唱艺术无论怎样发展变化，满族的渔猎文化一直占据主导地位。满族民间说唱艺术中最主要的题材仍然是狩猎渔业、金戈铁马。

许多满族的民间歌曲在与汉民族文化的融合中，变成了东北著名的民歌。如《边关调》《月牙五更》《摇车曲》《小拜年》《送情郎》《丢戒子》等都是渊源于满族民歌。

杨锡春认为"二人转"继承了女真人"倒啦"的传统。"二人转"起源于女真人渔猎之余，男女之间互相对唱的山野散曲"倒啦"。二人转在曲调上仍然保持着男女二人对唱的形式，在语言的运用上仍然保持着一些女真人的词汇。东北大秧歌源于满族的莽式舞。莽式舞有男莽式、女莽式。东北大秧歌仍然保持着男女都参加，男女同在一个秧歌队的习俗。在表演形式上仍保持有歌有舞。大秧歌保持了莽式舞"舞毕乃歌，歌毕更舞"[①] 的特点。在唱腔的曲调

---

① 《柳边纪略》卷之四。

上，仍保持着莽式舞中《空齐曲》节奏明快的特点。在选用配乐乐器上仍保持着以打击乐，特别是鼓为主要配乐乐器的特点。据赵志忠教授研究，《红楼梦》子弟书《悲秋》《露泪缘》等在京韵大鼓、河南坠子、莲花落以及东北二人转中均有流传。南方的一些曲艺也受影响，贵州《红楼梦弹词》的十三出细目与《露泪缘》子弟书的十三回完全相同。

在漫长的历史发展中，满族民间说唱艺术不断吸取其他民族的艺术特点，使满族民间说唱艺术在融合中不断发展。

三　《红楼梦》对满族神话传说的继承

满族崇拜自然神祇，动植物神祇，并有浓厚的英雄崇拜情结。其中石、植物、女性都是满族崇拜的对象。《红楼梦》对于石、植物、女性同样具有崇拜情结。这说明《红楼梦》对满族神话有一种继承关系。

《红楼梦》是中国小说创作的巅峰之作，人们从各个角度研究《红楼梦》，已取得了丰硕的成果，但由于《红楼梦》文本的丰富性，可研究的问题仍然很多，几乎没有人从满族神话传说的角度研究过《红楼梦》。

文康之所以写《新儿女英雄传》，其创作动机之一就是对曹雪芹的《红楼梦》不满，认为曹雪芹笔下的旗人世家不曾留得一个完人，道着一句好话，于是决意创作与《红楼梦》相反的作品，以长旗人志气。其实，《红楼梦》继承并发扬了满族文化传统，《红楼梦》和满族神话传说是一脉相承的，对于满族的文化艺术传承有深远的意义。满族神话传说的重要内容在《红楼梦》中有突出的表现。

（一）《红楼梦》与满族的植物崇拜

满族素有植物崇拜的习俗。满族先人在林海中生活，植物成为满族人的衣食来源。因此，满族尊植物为神。满族萨满教创世神话《天宫大战》中第九层天宇中有柳芍银花女神 30 位。

满族崇拜柳树。满族有祭佛陀妈妈的柳树节，柳树节在冬九九后第一天。

满族的佛陀妈妈就是柳枝祖母，她是满族的始祖母神。由于译音不同，佛陀（fodo）妈妈也被叫作佛多妈妈，含义是"求福跳神竖立的柳枝"。满族为祈求家业兴旺，子孙繁多，在孩子的成长过程中，有用柳树枝祈福的仪式。佛柳妈妈寓意家族兴旺，子孙繁盛。

柳是满族人丁兴旺的象征。满族关于柳叶生人，柳枝、柳树与人结合而生人的神话表明，佛多妈妈是满族先祖生命的创造者。"佛多妈妈的形象也是一棵柳树，脑袋像柳叶，两头尖尖，中间宽，脸为绿色。尤其她长着两个大乳房，多少孩子也吃不完她的乳汁。这一植物图腾神，后被列入各姓家祭祖先神位，逐渐又被赋予了养育子孙，保人丁平安兴旺的专职。此神极为古老，在野女真后裔乃至通古斯语族的别个支脉中，也有此神，可以推论，它是满族诸部统一之前就存在的古老神祇。"[①] 满族神话《柳树讷讷》中有个木头人，"人们说，木头人是柳树做的，柳树是神树，是不怕火烧的。从这以后，满族人便崇拜起柳树来了。称柳树为柳树讷讷……在满人家里柳树讷讷便被奉为保佑子孙兴旺，家宅平安的神"[②]。满族有祭佛多妈妈的习俗。《清野史大观》中记载："清俗祀神日于案下设小案，以糕醋，名曰'完立妈妈'。"《满洲源流考》中记载："祭完立妈妈，取袋中锁绠，由堂门引出，系索摩杆上，及献牲已，宰割熟荐，与祭饭板同。"[③] "完立妈妈"就是民间传说的始祖神佛多妈妈。祭祀佛多妈妈时，要用柳枝沾水，往未婚男女身上洒水，意在祈求子孙兴旺，多子多福。

满族有许多关于柳的神话传说。常继刚讲述的《佛陀妈妈的故事》中，老三的媳妇就是柳树变的。柳成为满族祖先。

满族人以柳为美。常继刚讲述的《佛陀妈妈的故事》中，佛陀妈妈"身子

---

① 宋和平、孟慧英：《满族萨满文本研究》，五南图书出版公司、中华发展基金管理委员会1997年版，第295页。

② 张其卓、董明整理，中国民间文艺研究会辽宁分会编：《满族三老人故事集》，春风文艺出版社1984年版，第106页。

③ 王纯信、黄千主编：《满族民间剪纸》，吉林文史出版社2009年版，第77页。

如柳树般苗条，脸像桃花那样红润，皮肤像羊脂油那样的细嫩。咱们纳喇氏祖上许多人都见过佛陀妈妈"①。柳成为满族衡量人物形象的审美价值尺度。

《红楼梦》也喜欢把柳当神物，用柳辟邪。《红楼梦》中花神退位，为花神饯行，要用柳枝举行仪式。"芒种一过，便是夏日了，众花皆卸，花神退位，须要饯行。闺中更兴这件风俗，所以大观园中之人，都早起来了；那些女孩子们，或用花瓣柳枝编成轿马的，或用绫锦纱罗叠成干旄旌幢的，都用彩线系了。每一棵树头，每一枝花上，都系了这些物事。"② "柳枝"成为《红楼梦》辟邪的神物、灵物。

曹雪芹在《红楼梦》的创作中对柳有特殊的感情，他善于把柳和花合并等同起来。《红楼梦》开篇描写了对柳的喜爱："况那晨风夕月，阶柳庭花，更觉得润人笔墨。"③《红楼梦》把人间繁华富贵的贾府描写为"花柳繁华地，人间富贵乡"。太虚幻境中的警幻仙子住的是"柳坞"、"花房"。大观园生活场景中也有柳。宝玉为大观园题诗就有"绕堤柳借三篙翠，隔岸花分一脉香"④。大观园的假山石附近"池边两行垂柳，杂以桃杏遮天，无一些尘土"⑤。

曹雪芹在《红楼梦》中善于用"柳"形容女子，这和满族的佛柳妈妈相印合，因为满族有拜柳习俗。汉族中很少有用柳形容女子的。元妃省亲时想起大观园中的景象，"况家中现有几个能诗会赋的姊妹们，何不命他们进去居住，也不使佳人落魄，花柳无颜。"⑥ "佳人"与"花柳"相对。怡红院中的丫鬟都是"擦胭抹粉、插花带柳的"⑦。

柳成为满族入诗的雅物。《红楼梦》第七十回"林黛玉重建桃花社，史湘云偶填柳絮词"中，众人以柳絮为题写各色小调，寄托自己的情志。探春写柳

---

①　谷长春主编：《满族口头遗产传统说部丛书——八旗子弟传闻录》，吉林人民出版社 2009 年版，第 1 页。

②　曹雪芹、高鹗：《红楼梦》，人民文学出版社 1980 年版，第 315 页。

③　同上书，第 1 页。

④　同上书，第 190 页。

⑤　同上书，第 194 页。

⑥　同上书，第 265 页。

⑦　同上书，第 288 页。

絮为："空挂纤纤缕，徒垂络络丝。也难绾系也难羁，一任东西南北各分离。"黛玉写柳絮为："粉堕百花洲，香残燕子楼。一团团、逐队成球。漂泊亦如人命薄：空缱绻，说风流！草木也知愁，韶华竟白头。叹今生、谁舍谁收！嫁与东风春不管；凭尔去，忍淹留！"宝琴写柳絮为："汉苑零星有限，隋堤点缀无穷：三春事业付东风，明月梨花一梦。几处落红庭院，谁家香雪帘栊：江南江北一般同，偏是离人恨重！"宝钗写柳絮为："白玉堂前春解舞，东风卷得均匀。蜂围蝶阵乱纷纷：几曾随逝水？岂必委芳尘？万缕千丝终不改，任他随聚随分。韶华休笑本无根；好风凭借力，送我上青云。"

人物、植物、神合一，这种创作在古今艺术作品中是少见的。《红楼梦》可以说是古今崇拜植物第一书。林黛玉本身就是植物神，是仙界的绛珠仙草。黛玉的生日是阴历二月十二日，正是民间百花神的生日，也就是说黛玉是掌管植物的百花之神，用林黛玉自己的话说，她是个"草木人"。宝玉听说黛玉死后，恍惚中走上阴司泉路，听人说黛玉生不同人，死不同鬼，无魂无魄。黛玉死后，众人把黛玉当作花柳神看待，认为黛玉死了是去成神登仙了。第一百二回"宁国府骨肉病灾祲，大观园符水驱妖孽"中，由于花朝月夕没有人祭奠，园中闹鬼，尤氏从院中走过后就病倒了，随后一家人都病倒了，人们都说是大观园中花妖树怪做的鬼。这说明人们要祭拜植物神，否则，就要遭厄运。贾宝玉两次提到听说林黛玉死时远远的天上有音乐声，黛玉死时有仙乐相伴。探春也说黛玉死的那夜很怪，听见的音乐声不像普通人家的鼓乐声。第一百九回中，宝玉说梦话，宝钗认为宝玉的梦话是为了黛玉，招了花妖柳怪。宝钗的花妖柳怪指的就是林黛玉。黛玉死后归入太虚幻境，成为总花神，端坐宫中。可见《红楼梦》也有植物崇拜情结。

（二）《红楼梦》与满族的石崇拜

满族自古就有灵石崇拜的习俗。满族的石饰非常丰富，而且石饰也越来越精湛。在萨满教中，石神卓禄妈妈和卓禄玛法都是重要的神祇。由于萨满教崇奉火神，传说火神突额姆把自己耳上的光毛火发变成星星，给人类照明，自己却赤身裸体，只好住进石头里，石头变成了火神的栖息处。因此满族民俗崇石。满族对石头有特殊的感情。满族民间有许多关于石头的神话传说。满族萨满创世神话《天宫大战》中的天神阿布卡赫赫为了打败恶魔，要吃石补身，石头成为天神战胜恶魔的重要资源。满族祖先英雄神中就有"石神"。满族有许多颂石神话，如《玉石阿玛》《丹凤和石人》《泪滴玉杯》，满族拜石习俗主要有如下原因：

第一，石头是满族重要的生产工具，满族人的生产劳动离不开石头。满族神话《女真定水》中完达的妻子女真就是以石头为定水的工具，为人们治理了水害。

第二，石头是满族先人打猎战斗的武器。《孔子家语》卷四记载：原始社会春秋战国时期，肃慎以"楛矢石砮"上供给周天子。"砮"就是可以做箭镞的石头。

第三，石头生育了满族的先人。满族神话《石头儿子》描写了满族姑娘凤丹和石头生育石头儿子的故事。常继刚讲述的《佛陀妈妈的故事》中，三兄弟中老大的媳妇就是人形石头变的。以后，老大和石头变的媳妇生育了众多的子孙。

第四，石头是满族崇拜的灵物。满族神话《泪滴玉杯》描写了一个小伙子布阿里变成了有灵性的玉杯，这个玉杯"绿莹莹的，透明、晶亮"①。满族崇拜的神是石头。苏木哈拉供的一位祖先神，是石头蛮尼。咸丰年间苏木哈拉的大萨玛被称为石头蛮尼。满族的胡姓、赵姓萨满神谕记载，鹰神从火中叼出一个石蛋，生出了一位女萨满。满族关于石头的神话故事传说很多。满族神话《神石》中，那木都鲁人为了纪念传授石阵的老人，按照老人的形象捏制成一尊石头神像，年年祭祀，月月烧香。都尊敬地称他为"石头玛发"或者"石头公公"。"人们为了镇妖除邪，都到贝勒王山上取回几块神石，放在院心里。神石、石头玛发成了这一带满族先民祭祀的祖先神了。"②《满族民间故事选》的《石头人的传说》中，歌颂了石头人帮助勤劳讲究孝道的人，惩罚懒惰贪婪的人。石头人充满了正义感。

---

① 张其卓、董明整理，中国民间文艺研究会辽宁分会编：《满族三老人故事集》，春风文艺出版社1984年版，第237页。

② 傅英仁搜集整理：《满族神话故事》，北方文艺出版社1985年版，第84页。

满族神话和《红楼梦》都有开天辟地的玉石。满族神话《玉石阿玛》中有一块玉石阿玛是"开天辟地"时留下的:"有一块透绿的玉石,开天辟地的时候,世上留下了它。不知经过多少万年的日月精华,它渐渐有了灵气。"① 玉石为了救被遗弃的孤儿,变成了被遗弃孤儿的阿玛,在半夜张着嘴,从嘴里一块一块往外吐玉石。

《红楼梦》也蕴含着满族崇石的民俗意识。《红楼梦》是石崇拜的典型作品。《红楼梦》又叫《石头记》。《红楼梦》开篇写道:"却说那女娲氏炼石补天之时,于大荒山无稽崖炼成高十二丈、见方二十四丈大的顽石三万六千五百零一块,那娲皇只用了三万六千五百块,单单剩下一块未用,弃在青埂峰下。谁知此石自经锻炼之后,灵性已通,自去自来,可大可小;因见众石俱得补天,独自己无才,不得入选,遂自怨自愧,日夜悲哀。"② 整个故事情节以石头的经历为线索。《红楼梦》描写了女娲补天剩下的一块石头,被弃在青埂峰下,后幻形入世,被那茫茫大士渺渺真人携入红尘。石头来到警幻仙子处,成为赤霞宫神瑛侍者。石头后来下凡又成为贾府的贾宝玉。《红楼梦》正是描写了石头在人间的奇妙经历,因此叫《石头记》。《红楼梦》第九十四回"宴海棠贾母赏花妖,失宝玉通灵知奇祸"中,这块宝玉降生时所含之石丢了,成为贾府衰败的转折点。宝玉丢失了石头,厄运就来临了:宝玉变得呆傻,黛玉抱恨而死,探春远嫁,凤姐病重,迎春死了,宁国府被抄,贾母去世,鸳鸯上吊,妙玉遭劫,祸事接二连三,从此,贾府再也没有了昔日的荣华富贵。

(三)《红楼梦》与满族神话中的女性

女性崇拜是满族母系氏族社会的产物。据《后汉书·东夷列传》等史料记载,满族在商周秦汉时期,还处于母系氏族社会向父系氏族社会过渡的阶段。满族的民俗"绕帐求宿"就是满族母系氏族社会在满族民俗生活中的遗存,是满族母系氏族社会时代男子走访婚的遗风。满族女性的崇高地位一直对后世有

---

① 张其卓、董明整理,中国民间文艺研究会辽宁分会编:《满族三老人故事集》,春风文艺出版社1984年版,第37—38页。

② 曹雪芹、高鹗:《红楼梦》,人民文学出版社1980年版,第1页。

深远的影响。

满族萨满最初也是以女萨满居多，男性当上萨满，也要装扮成女萨满模样，从头饰、服装、声音上都要模仿女性。传统的习俗认为，只有女性萨满才是正宗的法力巨大的萨满。

满族有女性崇拜的习俗。满族神话中的女神之多，地位之高令人惊叹。满族有众多的女神形象，几乎生活的每一个领域都有女神存在。如畜牧女神、缝织女神、渍菜女神、歌舞女神、百花女神等。满族萨满教创世神话《天宫大战》中的古代女神有天地神、生命神、太阳神、月亮神、百草神、花神、护眼神、迎日神、登高神、大力神、西方神、东方神、北方神、南方神、中位神、门神等共三百女神。满族萨满神话《乌布西奔妈妈》中保留了古代三百女神的神话。《乌布西奔妈妈》中同样讲述了三百女神的神位神讳。在乌苏里江流域流传的神话《乌布西奔妈妈》中，三百位女神得到了印证。《东海沉冤录》描述记载了上百位萨满教女神。满族神话传说中女神数量多、谱系庞大的特点十分突出，而且满族女神力量过人，本领超群。值得注意的是，在《乌车姑乌勒本》神话中，有掌管植物的女神。满族的始母神是佛陀妈妈和天女佛库伦。即使是满族的男萨满，在祭祀时也必须身穿女性的裙装，模仿女性的声音和舞姿，甚至有的男萨满胸前挂两个类似乳房的东西。女性在满族神话中有至尊的地位。

满族萨满教创世神话《天宫大战》中讲述了男人为浊物的由来。"巴那姆赫赫身边有个捣乱的敖钦女神不得酣睡，姐妹又在催促快造男人，她忙三叠四不耐烦地顺手抓下肩胛骨和腋毛，和姐妹的慈肉、烈肉，搓成了一个男人，所以男人性烈、心慈，还比女人身强力壮，因是骨头做的，不过是肩骨和腋毛合成的，所以男人身上比女人须发髯毛多。肩胛骨常让巴那姆赫赫躺卧压在身下，肩胛骨有泥，所以男人比女人浊泥多，心术比女人叵测。"①

《红楼梦》对于满族萨满教中男人是浊物的描写有了继承和进一步的发挥。

---

① 王宏刚：《满族与萨满教》，中央民族大学出版社 2002 年版，第 28 页。

《红楼梦》不同于以往封建社会对于女性的描写，把女性置于至高无上的地位，独放异彩。用贾宝玉的话说就是："女儿是水做的骨肉，男子是泥做的骨肉，我见了女儿便清爽，见了男人便觉浊臭逼人！……这'女儿'两个字极尊贵极清净的，比那瑞兽珍禽、奇花异草更觉稀罕尊贵呢！"[1] 宝玉认为："天地间灵淑之气，只钟于女子，男儿们不过是些渣滓浊沫而已。因此把一切男子都看成浊物，可有可无。"[2] 当鸳鸯因为贾母死而自尽后，宝玉再次想到："实在天地间的灵气，独钟在这些女子身上了！他算得了死所。我们究竟是一件浊物，还是老太太的儿孙，谁能赶得上他？"[3] 第一百十五回中，贾宝玉见了甄宝玉后认为："这个人果然同我的心一样的，但是你我都是男人，不比那女孩儿们清洁，怎么他拿我当作女孩儿看待起来？"[4] 这些话在封建社会可谓惊世骇俗，独树一帜，这和汉族的重男轻女观是格格不入的。大观园中有灵异的"女儿棠"，俗传又叫"女儿国"，开得繁盛。《红楼梦》和满族神话中的女子有很多相似之处，她们都有崇高的威望，至高无上的地位。都精明能干，善于持家理财。

从石崇拜、植物崇拜、女性崇拜的角度看，《红楼梦》对满族神话传说确实有一种继承关系。满族神话传说对《红楼梦》产生了深刻的影响。

---

① 曹雪芹、高鹗：《红楼梦》，人民文学出版社 1980 年版，第 19—21 页。
② 同上书，第 235 页。
③ 同上书，第 1426 页。
④ 同上书，第 1472 页。

第二章　满族文学艺术风格特点

一　满族文学艺术创作风格

1. 自然清新

满族文学艺术感情真实，简洁流畅，清新刚健，天然去雕饰，少做作。纳兰性德的语言艺术自然清新。王国维在《人间词话》中评价纳兰性德说："纳兰容若以自然之眼观物，以自然之舌言情。此由初入中原，未染汉人风气，故能真切如此。北宋以来，一人而已。"

满族文学作品感情自然率真，不矫情，不做作，往往直抒胸臆。玉麟在《澄悦堂诗集后跋》中评价其祖父国梁诗集为"抒写阅历，陶镕性真也"。阿桂在《西林遗稿序》中评价鄂尔泰的诗为："盖公之诗，本于性情，发于忠诚，系于朝常。"与之相对的汉族作品往往含蓄蕴藉，典故很多。满族作家的文学作品典故很少。

满族有许多关于创作要自然的文论。铁保在《白山诗介》中论述了作品要真实自然："诗贵真，名随其性之所近，不可一律相绳，李杜文章光焰万丈，而元轻、白俗、鸟瘦、郊寒，亦不妨各树一帜。故宋元人之诗，不必学唐，而未始不如唐，明人之诗，有心学唐，而气骨转逊于宋元，真不真之分也。是集之选，就当时之际遇，写本地之风光，真景实情，自然入妙，不但体裁不拘一格，即偶有粗率之句，亦不妨存之，以见瑕瑜不掩之意。"① 铁保认为："于千百古大家林立之后，欲求一二语翻陈出新，则唯有因天地自然之运，随时随地，语语纪实，以造化之奇变，兹文章之波澜，话不雷同，愈真愈妙。我不袭古人之貌，古人亦不能囿我之灵。言诗于今日，舍此别无良法矣。"②

满族艺术语言自然清新，毫无斧凿痕迹。满族崇尚自然导致了其自然清新的特点。满族的神话充满了对自然的亲和，万物几乎都是神的化身。

满族文学的创作具有真实、自然、清新的特点。在充满危险变数的渔猎生活中，满族人需要感情真实、自然、坦率、直露、无遮无拦、直抒胸臆，这影响了满族作家的创作。

满族文学率真自然风格的形成与满族的渔猎文化有密切的关系。渔猎文化和农业文化不同，农业文化是稳定的、程式化的。渔猎文化是变动不居的、充满危险的。恶劣的自然环境和艰苦的生产方式塑造了满族人坚强、勇敢、豪爽、直率的性格。满族渔猎生活充满潜在的危机。冰天雪地挑战人的生理极限，为了驱寒，满族人养成了大碗喝酒、大块吃肉的饮食方式，这种生活方式养成了满族人粗犷豪放的性格特点。进山捕猎随时可能出现险情，凶猛的野兽猎物不知何时出现，这种情况使人必须迅速地、直来直去地作出判断，既不能使用模糊委婉的语句，也不能拖延时间。孟德斯鸠认为："人们在寒冷的气候下，便有较充沛的精力。心脏的跳动和纤维末端的反应都较强，分泌比较均衡，血液更有力地走向心房；在相互的作用下，心脏有了更大的力量。心脏力量的加强自然会产生许多效果，例如，有较强的自信，也就是说有较大的勇气，对自己的优越性有较多的认识，对自己的安全较有信心，较为直爽，较少猜疑、策略和诡计。"③ 因此，满族人养成了率真直爽的性格。满族的渔猎文化影响了满族作家的审美心理、艺术构思、表现技巧、审美标准。因此，满族文学艺术，特别是满族早期的文学艺术风格具有清新、自

---

① 铁保：《白山诗介》凡例第五条。
② 《续刻梅庵诗抄自序》。
③ 王海亭：《中国人性格地图》，中国书店出版社 2007 年版，第 13 页。

然的特点。

因此，满族文学创作都具有纯情不羁、率性而行的特点。满族文学总体特点就是自然纯真、简洁流畅、清新刚健、雄浑疏放、天然去雕饰、少做作。满族崇尚自然导致了满族文学有自然清新的特点。

2. 雄浑豪放

满族民间说唱艺术表现征战围猎的作品总体特征是慷慨磊落，纵横豪爽，情调恢宏雄肆。

满族文学艺术的雄浑豪放特点和它的描写对象有关。满族文学艺术侧重于描写广袤的荒漠，壮阔的草原，雄浑的高山。满族女子也具有雄浑豪放的特征，这一点是汉族妇女少有的。"鞍马鞲鹰锦绣妆，天家羽猎出长杨。明光美女三千骑，尽著绒衣换舞裳。"① 纳兰性德《菩萨蛮》的"冰合大河流，茫茫一片愁"，"塞马一声嘶，残星拂大旗"。

3. 情感强烈

总体上，东北的大野气息与黑土激情贯穿了满族文学艺术。没有激情就不能表现战胜恶劣奇寒的自然的作品。常年的戎马生涯和战胜对手的雄强个性必然潜伏涌动着强烈的激情。

清朝末期的旗人衰颓又使满族的子弟书、八角鼓、岔曲等充满了感时伤怀的浓郁情感。

二　满族文学艺术特点

满族文学艺术和汉族文学艺术有一致的地方。满族入主中原后，满族文化就日益融入汉族文化中。满族文学艺术中表现出了认同意识，主动与汉族文化认同。这主要是由于满族的游牧文化难以在汉族的农业文化场域继续留存。顺治二年的统治策略"一切政治，悉因其俗"为满族文学的认同意识提供了制度

① 辽阳、杨钟义集，吴兴、刘承干参校：《雪桥诗话续集》，北京古籍出版社 1991 年版，第 140 页。

保证。有的满族学者把汉族的经典古代文学译成了满文。如《清文三国志》《清文聊斋志异》《清文西厢记》《清文大学中庸》《清文左传》等，满族的认同意识迅速地促进了中华民族多元文化的融合。

但满族毕竟有自己的传统习俗，满族有自己的语言文字、民族心理、文化习俗，这些都导致满族文学和汉族文学具有明显的不同。

满族作家非常多，其中"国初第一词人"纳兰性德、曹雪芹、沈德潜等都卓有成就。

1. 武重于道

满族在入关前的女真人时期，崇尚骑射文化，很少受儒家伦理道德思想的影响，到皇太极时期，才开始倡导学习儒家理论学说。"三人渤海当一虎"的谚语形象地说明了渤海人骁勇善战的特点。

正如成氏谱书所写的：满族僻处东陲，文化晚进，竞尚武功。满族入主中原后，尽管清朝在法律上以儒家为正宗，尊孔子为圣师，但满族文学对于儒家的学习接受毕竟是后学，由于文学具有相对的独立性，文学的发展并没有随着政治的倡导而马上随之全面转变。满族文学的传统并没有表现出浓厚的儒家思想。满族文学特别追求诗意的创造。

相对汉族来讲，满族人比较自由开放，以前每年正月十六晚上满族民间要举行娱乐活动打花泥，无论男女老少，可以往别人脸上涂抹锅底灰，满族人可以尽情尽兴而为，没有了辈分之别，没有了男女之分，较少受到礼教的束缚，这实际上是满族男女自由恋爱的一次机会。与打花泥同时相伴的还有偷婚习俗，无论偷别人家的什么，甚至偷别人家的妻室，也不是犯罪。① 早期，满族可以"女行歌于途以求婚"，女子可以在道边唱歌，大胆地推荐自己，寻找伴侣，如男方同意娶她，就可以把姑娘带回家中，过后再补礼求婚。这和汉族封建社会父母之命，媒妁之言的包办婚姻截然不同，在封建礼教中女子自己找爱人会被看成是大逆不道的。

---

① 杨丰陌：《御路歌谣——满族民俗传说》，辽宁民族出版社 2005 年版，第 157—158 页。

李辅写的《全辽志》中描写了保守汉族对满族先民习俗的评价："若穷乡僻址每征召饮食，男女则聚会无别。坐情窦之姿荡无防检，往往触禁伤理而恬不知怪，此所谓侏售傜左衽之所遗也。"① 从这可以看出男女之间无拘无束的自由交往。

皇太极为了让下属读书明道，曾下令："自今凡子弟十五岁以下，八岁以上，俱令读书"。（《清实录·太宗文皇帝》）皇太极之所以下这样的命令，就是由于满族狩猎骑射世代沿袭成风，因而，满族传统注重骑射，其他方面相对就有所忽略。

满族受封建礼教的约束比汉族要少，满族艺术追求大胆，少有禁区。如《乌布西奔妈妈》中："裸身舞女巧涂杂色，忽如海岛花莲，忽似独枝摇曳，忽似海葵吐蕊，一客突来，众女哑然作舞，束手就擒。"② 这些妖艳的女子以裸体跳充满魅惑的生殖舞蹈，把性诱惑作为制服敌人、打击敌人的武器，这种行为在汉族是不可想象的。《乌布西奔妈妈》中描写了一段以女色作为治敌的手段："突然数百裸体小女，妙龄不过八、九，身披藤叶、花卉，头缠彩羽，宛若天童入世，众女手中各束一缕花卉，其香扑鼻，岛上特产的'塔布乐花'，烟可迷人，嗅后产生的幻境，异客在浓香中，昏醉痴呆……岛魔借哀哭的童声痴舞，将方圆百里游客的异人诱引，坐食其利。"③ 这说明了满族艺术较少受封建礼教的影响。在满族先民和其他一些北方少数民族先民看来，未婚而育的女子不但不被歧视，反而受到尊敬，因为未婚而育的女子有较强的生育能力。

满族较少地受到传统封建伦理道德的约束，主要原因如下：第一，满族生活地理位置偏僻，比较闭塞。第二，人为因素造成满族相对封闭的生活状态。第三，满族独特的自由奔放的习俗。满族讲究先民"妇贞女淫"。女子婚前可以性自由，婚后要守妇道，守贞操。第四，满族的渔猎习俗造成了满族重武不重道。

① 李辅撰：《全辽志》卷4，《风俗》。
② 王宏刚：《满族与萨满教》，中央民族大学出版社2002年版，第114页。
③ 同上书，第116页。

2. 新重于仿

满族善于学习，但绝不故步自封，而是在文学艺术上有自己的追求和创新。

满族文学艺术很少有固定的传统审美意象，善于不断地创造新的意象。满族的八角鼓、岔曲、子弟书、满族说部、萨满神曲都是独具特色的文学艺术，如果只是故步自封，绝不会有这些具有民族特色的文学艺术。

满族文学非常注重艺术创新，这主要表现在内容创新和形式创新两个方面。

在内容创新上，满族作家赋予广为人们熟知的意象以一种新的意蕴，这种意蕴是以往的作家没有写过的。在中国的诗词中，"月"从来都具有相思的含义，纳兰性德在此基础上赋予"月"以哀悼的含义。这是一种内容的创新。纳兰性德认为："诗之学古如孩提不能无乳母也，必自立而后成诗，犹之能自立而后成人也。明之学老杜、盛唐者，皆一生在乳母胸前过日。"[①] 作诗需有所继承，但只继承而没有创新，就永远是邯郸学步，不能有所成就。

在形式创新上，满族善于进行大胆的文学创新，创造了许多新的文学艺术样式。其中子弟书、岔曲等艺术样式新颖而独特，对其他艺术影响很大。

满族有许多关于创新的文论。铁保认为："于千百古大家林立之后，欲求一二语翻陈出新，则唯有因天地自然之运，随时随地，语语纪实，以造化之奇变，兹文章之波澜，话不雷同，愈真愈妙。我不袭古人之貌，古人亦不能囿我之灵。言诗于今日，舍此别无法矣。"[②]

满族作家对于艺术技巧也进行了宝贵的创新。如在诗词的关系上，满族的八角鼓、岔曲、八旗子弟书、萨满神曲等，都是追求艺术创新而产生的艺术类型。

3. 情重于理

满族文学非常注重情感的表达。八旗子弟书基本上是围绕"情"字来进行创作的。满族作家大都是性情中人，毫不隐晦，直抒胸臆。

---

① 纳兰性德：《渌水亭杂识》四。
② 《续刻梅庵诗抄自序》。

著名的满族大家纳兰性德集中体现了满族作家的特点，"以风雅为性命，以朋友为肺腑，以道义相砥砺，以学问相切磋。"纳兰性德的悼亡词，却写得声声凝泪，字字带血。

满族作家即使写儒家、道家创始人，也都是写情，并不表现儒家之学，道家之理。八旗子弟书写儒家创始人孔子时，写的不是儒家理论，而是《子路追孔》论语小段。《子路追孔》描写了子路看重师徒情，劝孔子出仕忠君救百姓。写道家代表人之一庄子，满族作家写的不是道家理论，而是写《蝴蝶梦（一）》《蝴蝶梦（二）》，鞭挞了庄子妻子背叛爱情、水性杨花的丑恶行径。从《鞭打芦花》《蝴蝶梦》等作品来看都是鞭挞了违背亲情、背叛爱情的种种行径。

满族对于情感的表达比汉族更大胆直白。《一顾倾城》敢于大胆表白未婚男女的一见钟情。这和汉族父母之命，媒妁之言的婚姻爱情观是截然不同的。[①]

4. 功重于考

满族文学颂扬骁勇善战的英雄。满族文学作品喜欢歌颂立下战功的英雄，这一方面是由于满族崇文尚武；另一方面是由于满族求取功名利禄的途径和汉族不同。

汉族要通过科举考试求取功名。在汉族的文学作品中，为求取功名而赴京赶考的书生比比皆是。《西厢记》《聊斋志异》《儒林外史》中都有，汉族认为"书中自有颜如玉，书中自有黄金屋"。

满族求取功名利禄的途径和汉族不同，满族求取功名的途径比汉族要多，满族可以通过立军功而取得赏赐人口财物。满族入关前，依靠立军功而取得功名；入关后，既可通过立军功也可通过科举考试而取得功名。满族可以通过军功而一步登天，取得功名利禄，享有特权，而且军功和特权是成正比的。

---

① 张寿崇主编：《满族说唱文学——子弟书珍本百种》，民族出版社 2000 年版。

八旗的军功制度建于 1587 年。获得军功"一等子世袭"可以享有特权。有军功，可以免死罪，可以享用太庙，可以获得财物，军功越多，特权越大。

军功可以改变人的命运，带来无上的荣誉，因而，军功成为满族人推崇的目标，奋斗的动力，追求的理想。子弟书《梨园馆》中描写了前辈的功业可以福佑后代："皆因是上代的根基多厚重，愁什么伴驾随龙臣宰的位极。倘若是常日追欢以游荡为事，可不辜负了年轻力壮的时。"① 子弟书《打围回围》中描写妻子盼望丈夫成就功名："但愿你行围进哨多升赏，爷呀你且莫在外思家暗损了神。"② 作品中写满族人成就功名的不是科举考试，而是通过立功加官晋爵。从满族的《摇篮曲》中可以看出满族求取功名的途径。"悠悠扎，巴布扎，狼来了，虎来了，马虎跳墙过来了。悠悠扎，巴布扎，小阿哥，快睡吧，阿玛出征伐马啦，大花翎子，二花翎子，挣下功劳是你爷俩的。"③

满族人的功名往往以在战争中的表现来衡量。萨布素将军"在卜魁时，已没有什么战争，只是开荒种地，修路建堤，秋围巡边。打仗时人们不计功名富贵，战争结束评功论赏，分土地，争功名计较没完，曾有兄弟两为争功名打到官府"。④ 从这段描写中可以看出，满族寻求功名利禄的出路可以通过战争来实现，立功越多，奖赏越多。满族可以不通过科举考试，就求得功名利禄。

满族通过家谱记载人丁的官职爵位，以此作为承袭的凭证。如八旗左领的世管左领和勋旧左领都属于世袭。八旗世爵也通过以家谱为凭证而得以世代承袭。

满族也学习诗书，但他们往往出于爱好。纳兰性德出身豪门，钟鸣鼎

---

① 张寿崇主编，北京市民族古籍整理出版规划小组辑校：《满族说唱文学——子弟书珍本百种》，民族出版社 2000 年版，第 384 页。
② 同上书，第 385—386 页。
③ 戴月琴、匡国良编著：《满族民间艺术》，京华出版社 2009 年版，第 16 页。
④ 谷长春主编：《满族口头遗产传统说部丛书——萨布素将军传》，吉林人民出版社 2007 年版，第 535 页。

食，遍读诗书，勤习武艺，精于骑射，"射无不中"，顾贞观评价他"其以世味也甚淡，直视勋名如糟粕、势力如尘埃；其以道义也甚真，特以风雅为性命，以朋友为肺腑，以道义相砥砺，以学问相切磋"。纳兰性德醉心文人雅事，道德文章。

第三章　满族文学艺术的民族心理和审美思维

满族的民族心理决定了满族的语言、思维、信仰、习俗等，和其他民族是不同的，这导致了满族民间说唱艺术的创作与汉族不同。

一　满族文学艺术中的民族心理

1. 满族文学作品中表现出了民族自主意识

满族文学作品中表现了入主中原、建立清朝的自豪感，而汉族的诗词往往表现故国之思、兴亡之感，明末清初的汉族作家有这种心态的很多。清朝满族诗人吴兰雪写道："边墙踏破中原定，帝铭肜弓拜家庆。箭传三尺六寸长，百石能开猿臂强。"[①] 这首诗充分表现了满族入主中原的自豪感。"清以异族入主中原，汉人多有家国陆沉之痛。"[②] 明末清初，明代遗民人数众多，有关文献资料较为丰富。如顾炎武、黄宗羲、王夫之等明末清初三大遗民思想八大山人等遗民画家以画喻时言志，都表现出了兴亡之感。钱谦益的《投笔集》系晚年之作，多抒发反对清朝、恢复故国的心愿。乾隆时，他的诗文集遭到禁毁。这正从一个侧面反映出钱谦益"文化遗民"的面目。

2. 满族文学作品在继承汉族文学作品时，以满族的民族心理为创作的依

---

① （清）昭梿撰，何英芳点校：《啸亭杂录》，中华书局1980年版，第299页。
② 张佳生：《八旗十论》，辽宁民族出版社2008年版，第5页。

据，修改汉族文学作品的主题，把满汉冲突改成爱情冲突。

从《桃花扇》也可以看出满族和汉族在文学创作中表现出的民族心理差异。汉族作家孔尚任的《桃花扇》用所谓"春秋笔法"，描写了侯方域和李香君的爱情悲剧。当时各省起兵抗清的前后三藩早已平定，孔尚任是借离合之情，写南明兴亡之感。孔尚任在《桃花扇》的结尾写道："渔樵同话旧繁华，短梦寥寥记不差；曾恨红笺衔燕子，偏怜素扇染桃花。笙歌西第留何客？烟雨南朝换几家？传得伤心临去语，年年寒食哭天涯。"① 这种感受不是满族作家所有的。同样是写《桃花扇》，满族作家和汉族作家有着完全不同的心理感受，满族作家只写了爱情的悲剧，而把兴亡感抹掉了。八旗子弟书中写的《守楼》，选自《桃花扇》中的一段，把李香君血染桃花扇的起因改成是由于有人逼婚所致，李香君的死完全没有了兴亡之感，完全抹杀了其中的政治因素。"只因为当朝宰相贵阳的亲戚，田百源他后房思聘一美多娇。久闻令爱多姿色，特恳我在旧院红楼访一遭……他相府的吉时错不得分毫。逼的个香君无可奈，芳心一狠转纤腰。花容碰在楼窗上，晕倒在尘埃血点儿飘……昏沉多会才苏醒，见那素扇洇湿都是血点儿抛。"② 同样是《桃花扇》，汉族和满族处理的方式完全不同，这主要是由于民族心理差异造成的。

对于《孟姜女》故事，汉族和满族创作的民族心理也是不同的。长城是古代中国在不同时期为抵御塞北游牧部落联盟侵袭而修筑的。秦始皇修长城，是因为害怕北方游牧民族的侵略。据史料记载，一个叫卢生的方士，受秦始皇之命出海，回来后，给秦始皇带回了句话，说："亡秦者，胡也。"另外，只有在北方修筑长城，才能抽调主要兵力，用于列国之间的兼并战争和保卫战争，才能完成统一大业。因此，秦始皇动用了全国的国力。让多少老百姓流离失所，妻离子散。这样才产生了汉族的民间故事《孟姜女》。而在满族创作的关于孟姜女的《满汉合璧寻夫曲》中，省略了抵御北游牧部落的

---

① 孔尚任：《桃花扇》，人民文学出版社 1982 年版，第 261—262 页。

② 张寿崇主编：《满族说唱文学子弟书珍本百种·守楼》，民族出版社 2000 年版，第 370 页。

起因，"吕不韦妻怀贪种贪秦业，贪根子生出贪种作贪贼。孟子说固国不以山溪为险，秦始皇偏筑长城白骨成堆。害尽苍生天地惨，毒流四海鬼神悲"①。可见，在满族文学作品中，潜在的民族创作心理改变了修长城的起因。满族的文学创作趋向于满汉融合。

3. 表达满族与各族人民团结友善的愿望

在《萨布素将军传》中，萨布素将军不仅对满族民众爱护，对汉族、赫哲族等其他少数民族也都是平等对待，爱护有加。

二　满族文学艺术审美思维

满族文艺注重无形心意民俗生活相，满族的审美思维受制于无形心意民俗生活相。无形心意民俗生活相主要包括兆、占、卜、崇拜、信仰、禁忌、宗教、迷信等。无形心意民俗生活相是人类精神生活中的民俗形态，是某类人独特的心态思考。无形心意民俗和事物的客观发展规律不一定符合，但它却决定了人物行为，从而决定了作品的情节发展脉络。无形心意民俗生活相往往和有形心意民俗生活相交织在一起，构成复杂的生活图景。

满族的卜术形态丰富多样。"卜异兆或异候、异象，是满族萨满较原始的观验性征候法。它主要凭借着人的视觉、嗅觉、触觉对某一客体的观察检验，依据平常的一般性特征来鉴别其偶发性的异态、异征、异候、异象，确定事物的反常和吉顺凶险。"②满族的卜术常常来源于生活实践的经验，如鱼群浮于水面上，根据卜术可以判断此为凶地，水有沼毒，不能饮用。对于没有掌握其客观规律的事物，满族的卜术往往是非逻辑性的。如骨卜用火灼烧各种兽类或牛、羊、猪的肩胛骨，根据骨片出现的裂纹占卜，这种骨卜往往是非逻辑性的。

---

① 张寿崇主编：《满族说唱文学子弟书珍本百种·守楼》，民族出版社 2000 年版，第 47 页。
② 王宏刚：《满族与萨满教》，中央民族大学出版社 2002 年版，第 96 页。

1. 前世的因缘

满族看重前世的因缘。在满族作家作品中非常喜欢写三生石畔的前世因缘。在《满族说唱文学——子弟书珍本百种》中多次写到三生石畔。三生石畔源自唐代的李源与僧圆观友好，相约死后十二年在杭州天竺寺相会。圆观死后李源到寺前遇一牧童唱道："三生石上旧精魂，赏月吟风不要论。惭愧情人远相访，此身虽异性长存。"此牧童就是圆观再生。三生石畔的前世因缘多次在满族作品中出现。《蓝桥会》描写两个人"北（此）日里萍水相逢三生石畔，蓝桥会幽情早种五百年前"①。《蝴蝶梦（二）》中写道："我小生雅承师母多怜爱，称得起三生石畔旧日的精魂。"②《女真谱评》中乌古逎和金花的姻缘也是前世注定的。

《红楼梦》中就描写过宝黛的三生石畔，灵河岸上的前世因缘，这就是著名的木石前盟。赤霞宫神瑛侍者"常在西方灵河岸上行走，看见那灵河岸上三生石畔有棵'绛珠仙草'，十分娇娜可爱，遂日以甘露灌溉，这'绛珠草'始得久延岁月。后来既受天地精华，复得甘露滋养，遂脱了草木之胎，幻化人形，仅仅修成女体，终日游于'离恨天'外；饥餐'秘情果'，渴饮'灌愁水'。只因尚未酬报灌溉之德，故甚至五内郁结着一段缠绵不尽之意，常说'自己受了他雨露之惠，我并无此水可还，他若下世为人，我也同去走一遭，但把我一生所有的眼泪还他，也还得过了'。因此一事，就勾出多少风流冤家都要下凡，造历幻缘；那'绛珠仙草'也在其中"③。宝玉黛玉的木石前盟成为贯穿《红楼梦》的一条主线。

梦在满族艺术中往往是沟通前世今生、沟通人鬼的一座真实的桥梁。满族艺术在表现前世的姻缘时，往往通过托梦的方式实现，而这种梦往往是真实的。如在《萨布素将军传》中，萨布素在山中打盹时："在他似睡非睡的当口儿，一个衣衫破烂的老头，颤巍巍地走过来，对他哭诉了自己的不幸。原来，

---

① 张寿崇主编：《满族说唱文学子弟书珍本百种·守楼》，民族出版社 2000 年版，第 28 页。
② 同上书，第 25 页。
③ 曹雪芹、高鹗：《红楼梦》，人民文学出版社 1980 年版，第 5 页。

这老头是宁古塔后街老郎家人，三年前进山挖参，死在山里。孤魂在外，思念家人，求萨布素行行好，把他的尸骨带回去，他就住在鬼门谷里一棵老赤柏松下。身旁有一个铜烟袋锅。"① 萨布素听从鬼魂的指引找到了死者的骷髅，用桦树皮将骷髅包好，把死者的遗骸带回了死者的故里。满族的这种艺术描写说明满族作家是充分相信鬼魂的真实存在的，这恰恰是满族独特艺术思维的具体体现。

2. 自然的征兆

满族有事物变化、天示异兆、天时古鉴的观念。满族看重无形心意民俗的征兆，善于把人类社会中发生的事物与自然现象相联系，并通过自然现象来判断吉凶。满族把自然现象的异常变化都看成是某种事物的征兆。在所有自然的征兆中，天象是最重要的判断依据。自然的征兆往往和人的命运息息相关。

（1）天象之兆

满族认为自然现象、天光的明亮、自然色彩的明暗都和人的命运有关，因此特别注重自然天象的变化。天兆往往会决定作品中人物的行动。《满文老档》中每有特殊的天象，都会记录下来。《啸亭杂录》中的《内湖珠兆》篇，写了获得奇宝，"盖天预为之兆，以肇六十重元之盛也"②。"丙辰年大风，都城内各殿之树连根折断，牌楼石柱亦被摧毁。戊午，己未两年，都城内河中流血。此皆非天示灭亡之兆使之做乎？"③ 满族认为之所以"辽东城井中出血，该城被陷。据悉北京城河中流血二次，又各衙门之大树被大风连根拔出，石牌楼折断。此天示之异兆，孰能避之，乃天意也"。这都是明朝灭亡的前兆，是天意，不可避免。满族虔诚拜神。据记载皇上偶然泛舟湖上，"值东北风甚骤，上因念北河若得此风助，庶可竣工，乃即于舟中拈香祷之"，果然奏效。④《满文老

---

① 谷长春主编：《满族口头遗产传统说部丛书——萨布素将军传》，吉林人民出版社 2007 年版，第 79 页。

② （清）昭梿撰，何英芳点校：《啸亭杂录》，中华书局 1980 年版，第 27 页。

③ 中国第一历史档案馆，中国社会科学院历史研究所译注：《满文老档》，中华书局 1990 年版，第 697 页。

④ （清）昭梿撰，何英芳点校：《啸亭杂录》，中华书局 1980 年版，第 28 页。

档》中描写了满军作战时的天兆："出战时，天现吉兆，有白光惯于军中大纛，遂击败乌拉布占泰截路之万兵。克敌凯旋。"① 自然变化也可以预示人的改变："天有光线起自乌拉国，经聪睿恭敬汉宅邸南楼以南，直抵哈兰哈达前。自此或以为布占泰有从善之意，遂观察一年。"② 阿骨打的父亲劾里钵去世时，天昏地暗，日月星辰无光。

满族人出兵打仗要观天象。当年努尔哈赤派舒尔哈奇、褚英、代善等前去迎护来归的家眷和部众，舒尔哈奇为了阻止部队，就想利用天兆。"就在发兵的当天夜里，天气阴沉沉的，却突然发现军旗上有闪闪的光亮，把旗按倒光环就不见了，再竖立起来光亮又如初。大家都觉得很怪异，不知是一种什么现象。这时，舒尔哈奇说：'跟努尔哈赤征战多年，走过很多地方，从未见过这等怪事，恐怕不是好兆头，还是及早还兵为好。'"③ 在《女真谱评》中，阿骨打要兴兵讨伐麻产。在讨伐前，阿骨打夜观天象，见水星闪光，白雾升腾，又听传说龟鱼上树之兆，证明要涨水，遂决定 7 月 16 日兴兵讨伐麻产。阿骨打在讨伐温都部跋惑之前夜观天象："寒风刺骨，群星冻得也直劲儿眨巴眼睛。忽观东南方红光骤起，直上云霄。阿骨打暗自高兴，此乃是我出兵克敌之兆也。"④ 阿骨打之所以娶悬焰为妻，是因为天兆使然。悬焰梦见一位白发老玛告诉她，出头之日到了，让她快乘船顺卢古河去寻少主阿骨打成婚。在梦境的指引下二人成婚。阿骨打在梦中珠儿给他一个有字的皮条，让他与元圆结婚，也正是在这个梦境的指引下，二人成婚。元圆生儿子金兀术时，天有发光之照，象征贵人之兆。

在满族的天象中，不同颜色的天象有不同的含义，黑烟为云，黄烟为怪，白烟为妖，青烟为魂。在《女真谱评》"夜观天象"一章中，阿骨打吃完晚饭，

---

① 中国第一历史档案馆、中国社会科学院历史研究所译注：《满文老档》，中华书局 1990 年版，第 3 页。

② 同上书，第 15 页。

③ 杨丰陌主编：《清前满族群英》，辽宁民族出版社 2008 年版，第 118 页。

④ 马亚川讲述，王宏刚、程迅记录整理：《女真谱评》（上），吉林人民出版社 2009 年版，第 351 页。

独自走出寨外，在荒野之中练一会儿剑法，就坐在土丘上观望天象。"阿骨打仰望天空的四方之主钧天，环视苍天、变天、玄天、幽天、颢天、朱天、炎天、阳天，四面八方环绕于钧天，九大行星，互映互烁。望东方角宿、亢宿、氐宿、房宿、心宿、尾宿、箕宿，构成青龙悬腾翻转，忽明忽暗；望北方斗宿、牛宿、女宿、虚宿、危宿、室宿、壁宿星团闪烁，玄武身穿青衣，披发仗剑，从者手执黑旗，踏在龟蛇上，耀武扬威，闪烁光辉；望西方奎宿、娄宿、胃宿、昴宿、毕宿、觜宿、参宿，构成如猛虎欲腾跃之势，光明耀眼；望南方井宿、鬼宿、柳宿、星宿、张宿、翼宿、轸宿构成如同朱雀展翅，姐妹星暗然，鬼魔星龇牙瞪眼，阿骨打蓦地站起身来，哎呀一声说：'不好！鬼星明，有瘟疫'。"① 阿骨打看见北方一股黄烟冲上云端，认为有瘟鬼降临。这个情节的出现，决定了主人公的行动，主人公连夜骑马访察疫鬼。阿骨打和阿娣往耶懒部北山而去，到耶懒部落已经半夜了，可是家家户户灯光明亮，都没有睡觉，一问方知巫人正在驱逐疫鬼。原来北山一些噶珊均发生瘟疫，病的症状是头天烧，二天泄，三天吐血就死亡。阿骨打和阿娣打死了瘟鬼，原来，瘟鬼是大眼贼，亦称黄鼠，成精后施放毒气。瘟鬼死后，鬼宿星团黯淡无光了，而姐妹星团发光闪亮了。在满族文艺作品中，天象预测是很灵验的，天象成为情节的起因和发展的动力，可以促进人物行动。

阿骨打夜观天象，突然发现西北方向，缕缕青烟冲上云端，阿骨打一怔，这是股冤气。因为，在满族的天象观中，青烟为魂。"阿骨打为验证自己的体验，好奇地向青气处走去，他越走这青气就像在眼前似的，可他往前走，这青气也像往前移动。阿骨打走啊，走。走着，走着，青气没有了。啊，这青气咋没了？往前一瞧！只见前面一块大石头，在夜间闪烁着青灰色的光辉。阿骨打走到石头跟前儿，这光亮又不见了，只是一块三圆四不扁的有几百斤重的大石头。阿骨打在端详石头的时候，听到哗哗流水声，说明这块石头离涞水不远，

---

① 马亚川讲述、王宏刚、程迅记录整理：《女真谱评》（上），吉林人民出版社 2009 年版，第 254 页。

阿骨打在这黑夜之中，对大石头说：'你有何冤枉，何不向我说来？'回答阿骨打的只是远处的哗哗流水声。阿骨打加问数声，沉默的大石头始终不语。阿骨打失望地往回走，他离开石头后，回头一望，这石头又闪出青灰色的光来，他走到跟前儿，这光亮就不见了。阿骨打试了几次，都是如此。阿骨打对石头说：'你有何冤枉不说，我咋会知道？此时不说，你等待何时？'任凭阿骨打再三询问，石头还是块石头。阿骨打无法，回去了。这天夜里，阿骨打做了梦，梦见这大石头飞在天空，就在他头上盘旋，哗啦一声，扔给他一张字条儿，上边写着'石头为啥青辉闪，移开石头便分明'。"[①] 阿骨打在天兆和梦境的指引下，在大石头底下找到了一具男尸和两具女尸，最后查出冤情，平反昭雪。

（2）植物之兆

满族以树为事物之兆，从树的变化可以看出吉祥祸福。永陵中，原皇帝享殿侧，有一株高数十丈的榆树，树枝干诘屈如虬龙，树腰有瘿数百颗。"每帝后上宾时，其瘿自陨一枚，五朝皆然。"[②] 此树被视为国家亿万年无疆之兆。

树兆在《红楼梦》中有大量的表现。《红楼梦》中植物就预示了不祥之兆，贾府人用红布条绑在植物上辟邪。满族认为红布条可以有辟邪的巫术作用。《红楼梦》第九十四回"宴海棠贾母赏花妖，失宝玉通灵知奇祸"中，怡红院里本来枯萎的海棠花突然开了，众人诧异，争着去看。大家认为这花开得古怪，是花妖在作孽，一定是不祥之兆。探春心里想："必非好兆。大凡顺昌者，逆者亡；草木知运，不时而发，必是妖孽。"黛玉过后思量，认为海棠花开不祥，恐有不吉之事。平儿私下告诉袭人说："奶奶说，这花儿开得怪，叫你铰块红绸子挂挂，就应在喜事上去了。以后也不必只管当作奇事混说。"[③] 贾赦要把海棠花砍去，认为是花妖作怪。此兆果然应验，贾府的厄运也正是从此

---

① 马亚川讲述，王宏刚、程迅记录整理：《女真谱评》（上），吉林人民出版社 2009 年版，第 274 页。

② （清）昭梿撰，何英芳点校：《啸亭杂录》，中华书局 1980 年版，第 279 页。

③ 曹雪芹、高鹗：《红楼梦》，人民文学出版社 1980 年版，第 1225 页。

开始了：贾宝玉丢了宝玉，变得神魂失散，痴痴傻傻，元妃突然病亡，黛玉含恨死去，大观园闹鬼等，奇祸接二连三，贾府由此走向了衰败。"草木知运"正是由于草木成为事物的预兆。这正是曹雪芹的满族审美创作思维的具体体现。

《红楼梦》第七十五回"开夜宴异兆发悲音，赏中秋新词得佳谶"中，贾珍等人开夜宴，忽听墙下有人长叹之声。贾珍问是谁，"一语未了，只听得一阵风声，竟过墙去了。恍惚闻得祠堂内槅扇开阖之声，只觉风气森森，更觉凄惨起来。看那月色时，也淡淡的，不似先前明朗，众人都觉毛发倒竖。贾珍酒已吓醒了一半，只比别人拿得住些，心里也十分警畏，便大没兴头"[①]。贾珍众人都以此为不祥的异兆，由此贾府也开始日渐衰落。《红楼梦》第七十七回中，贾宝玉认为阶下的一株海棠花，无故死了半边，要有坏事。宝玉甚至认为孔子庙前桧树，坟前的蓍草，诸葛祠前的柏树，岳武穆坟前的松树，杨太真沈香亭的木芍药，端正楼的相思树，王昭君坟上的长青草的枯干茂盛都是事物的应兆。

（3）动物之兆

满族的动物异样，也是一种预兆。"龟有巡海之能，栖身巨槽便知海汐。偶见其烦躁轰鸣潮水，将木片、鱼骨、石粒衔举。乌布西奔惊诧好奇，命侍人们巡海索骥，验知沉舟、拼鲨、海啸，祸生在不同方向海域。凡有衔物，其域必有灾异。"[②] 有一次，阿骨打打听说西边东城子和西城子都发现乌龟上树，乌龟往树上爬，可快了，眨眼工夫就爬到树梢上去了，它爬到树梢上之后，抻着长脖儿，往涞流水里望，抻着它那长脖子一动不动地望着。"阿骨打站在人群里，看在眼里翻滚在心，暗想，这一定有点说道，不然它不能这样，本是水里的动物，干吗要爬上树呢？这到底是啥预兆！就问别人说：'发现有多少乌龟爬树?，众人回答说：'老鼻子啦，差不多树树都有，不过顶属这个大，它是个

---

① 曹雪芹、高鹗：《红楼梦》，人民文学出版社 1980 年版，第 982 页。
② 鲁连坤讲述，富育光译注整理：《乌布西奔妈妈》，吉林人民出版社 2007 年版。

大盖的！'说着人们又哈哈大笑起来。阿骨打一听，心里更加疑惑起来，冷不丁他心里想起一件事儿，好像元圆对他暗示过，东珠虽是宝，获得实在难，蚌儿护其光，乌龟护守严！这么说，乌龟上树，和珠儿探家有关，它们出来护卫也未可知。阿骨打想到这儿，忙制止说：'不要戏弄它了，快让它上树，看看是什么预兆！'大伙闪开了，让大乌龟上树。这大乌龟毫不气馁，真又爬到树跟前，抻出长脖子，小脑袋往树上一贴，阿骨打冷不丁哎呀一声，大喊说：'不好！快跑逃命要紧！'阿骨打这一喊，反将众人愣住了，不知是咋回事儿，像钉在地上，愣呵呵地望着阿骨打出神。阿骨打说：'你们看，乌龟眼睛像火一般，红啦！听阿玛过去讲，我爷爷在世的时候，有一年发现乌龟上树，眼睛红的时候，突然刮起暴风，发了大水！现在大乌龟眼睛红了，咱们马上离开这儿，快！快！'阿骨打催促众人，骑马快逃，见大伙儿都上了马，他才骑上马，在后边跟随，不时地回头望望。阿骨打率领众人，逃出有二十里地的时候，猛听轰隆隆连声响，惊吓得他们勒马回头一望，涞流水借风力，掀起有两房子高的巨浪，呜呜直叫。"[①] 乌龟的异常反应是巨大灾难的一种预兆。

《红楼梦》第九十一回中，贾宝玉听见屋檐外老鸦叫了几声，便说不知主何吉凶。贾政认为贾宝玉衔玉而生，显得古怪，是不祥之兆，后来知道宝玉是下凡历劫的，竟哄了老太太十九年。

老鼠的异常也是一种预兆。阿骨打见江岸聚不少人，催马近前一看，大吃一惊，成群结队的老鼠从辽朝江西那边往江东搬家，大耗子身上驮着小耗子，任凭人们围观，也不惊恐。江里由一群牛鱼搭成桥，老鼠成群结队从牛鱼身上而过。围观的人们给老鼠闪开一条道。阿骨打认为饥鼠搬家，是辽朝的不祥之兆，成群结队老鼠投奔完颜部，说明完颜部五谷丰登，粮满仓，老鼠徙迁奔富源，说明完颜部要兴旺。

---

① 马亚川讲述，王宏刚、程迅记录整理：《女真谱评》（下），吉林人民出版社 2009 年版，第 508—509 页。

3. 文字的神力

传统的满族审美思维特别看重语言文字的力量，认为文字可以灵验地预示未来。"古代的原始民族认为，语言是能产生力量的，不能说一些不吉利的话，如'死''灭'等等，更何况萨满祭祀是神圣，严肃的事情，更会有种种禁忌。"①

满族先民把识字的人奉为字神。《女真谱评》中的乌古迺不懂文字，只会刻画记号，绑些疙瘩，不懂文字，正在为不识字看不懂来信着急时，听说铁离山奴隶吴明世识字，喜出望外，赶忙给吴明世跪拜说："原来你是字神，恕我肉眼不识字神，有罪，有罪！吴明世当即给辽国写了回信，从此成为乌古迺的'字神'，后来结合汉字为女真创造了女真文字，并开始产生了乐器和歌词。"②

如萨满神歌中就有种种禁忌，如汉香"飞了"，实为汉香"灭了"。"背灯祭"（闭灯祭）不叫"灭灯祭"。努尔哈赤的长子褚英之所以被杀，其罪状就是被诬告为"焚表告天，诅咒汗父，出兵必败"。努尔哈赤的第十一子巴布海也是由于以言犯上，引来杀身之祸。在满族民间故事《帽山名称的由来》中，清朝廷抓两个飞贼余六、余七，两个飞贼藏在喜凤山中。朝廷认为余通鱼，鱼见到猫就没好了，于是，把喜凤山改为"猫山"，自从喜凤山改为猫山后，两个飞贼办啥事都不顺心，最后，余六、余七被黄天霸给捉住了。③满族民间故事《老道沟的传说》中，老道为百姓找解旱之水，决定老道能否找到水的，不是别的，而是别人的"口封"，别人说有水，老道马上就有找到水的结果，别人说没有水，老道马上就没有找到水的结果，其实质就是语言决定行为，可见，文字在满族文学艺术作品中是具有魔力的，文字对事物具

---

① 宋和平译注：《满族萨满神歌译著》，社会科学文献出版社1993年版，第109页。

② 马亚川讲述，王宏刚、程迅记录整理：《女真谱评》（上），吉林人民出版社2009年版，第138—139页。

③ 中共喇叭沟门满族乡委员会喇叭沟门满族乡人民政府：《喇叭沟门满族民间故事集》，2005年6月。

有影响和决定作用。

4. 作品的"诗谶"

谶是指将来要应验的预言、预兆。满族的"诗谶",即认为诗歌可以预言人的命运,这是比较独特的。满族的思维方式,有原始思维的神秘互渗律,这导致满族观察事物的独特性。满族的艺术思维主要是原始思维。原始思维是非逻辑的。英国人类学家弗雷泽在《金枝》中指出:"如果我们分析巫术赖以建立的思想原则,便会发现它们可归结为两方面:第一是同类相生,或果必同因;第二是物体一经互相接触,在中断实体接触后,还会继续远距离地互相作用。前者可称作'相似律',后者可称作'接触率'。"满族的"诗谶"之所以被认为可以预言人的命运,主要是因为原始思维的"相似律"和"接触率",认为通过相似或接触,一个物体(包括诗歌)可以对人施加影响,而不是由于逻辑因果的原因。

《朝野杂记》记寇莱公被贬雷州,是因为他写了诗:"去海只十里,离家已万山。"毕补垣敦曾经写诗:"空濛人浸一烟江",后出仕为开化丞,溺死水中。清朝袁简斋曾经给昭梿写信:"恐从此雁少鸿稀,望长安如在天上矣!"昭梿认为:"余讶以为不祥,后不久果下世。可见落笔之时,机兆已现,不必待蓍龟始先知也。"[①]

在满族民间故事《映壁横峰》中,康熙忌讳砵石岭这个地名,因为"砵石"与"猪食"同音,而猪食是糠,谐音康,康熙认为山峰的名字犯了自己的忌讳,而把山峰的名字改了,因此叫太监在山上写上"横峰"二字。"清代康熙皇帝在打虎店打虎以后,叫御林军押着猎物返回京城,自己率领随身太监和文武官员微服到大杖子、马圈子等地私访。当他走到土门子一带,仰首南望,见一赤岩峻岭,便问随身太监:'前面是什么所在?'太监问过附近百姓,回来奏道:'前面乃砵石岭。'康熙听后,不禁龙颜转忧,心想:'砵'字乃'猪'的谐音,猪以糠为食,'糠'字又与'康'谐音,此岭岂不是犯了我的名讳,

---

① (清)昭梿撰,何英芳点校:《啸亭杂录》,中华书局 1980 年版,第 275 页。

莫非天诛我也？便叫随身太监爬上身旁的悬崖，写上'横峰'二字，意在用'横峰'挡'硃'（即猪）。"① 最后通过康熙皇帝的祖先爱新觉罗的化身——青龙的神力帮助，山峰掉转身来，变成了横峰。由此，可以看出，谶可以改变故事情节，使故事人物采取相应的行动。

《红楼梦》第二十二回写的是"听曲文宝玉悟禅机，制灯谜贾政悲谶语"。贾政看宝钗的灯谜是："有眼无珠腹内空，荷花出水喜相逢。梧桐叶落分离别，恩爱夫妻不到头。"这本是指夏天取凉的用物。贾政觉得"此物还倒有限，只是小小年纪，作此等言语，更觉不祥。看来皆非福寿之辈"②。因而贾政甚觉烦闷，大有悲戚之状。这本是灯谜，但贾政的无形心意民俗思维导向却使得他感到不祥。《红楼梦》中的妙玉就会扶乩，通过林黛玉的琴声诗词预知了林黛玉悲惨的未来。贾兰认为枯萎多年的海棠花突然开了是："烟凝媚色春前萎，霜浥微红雪后开。莫道此花知识浅，欣荣预佐合欢杯。"很明显，贾兰的诗描述海棠花是一种吉兆。

满族的"诗谶"导致了文学冤案，这些冤案实际上是由于满族无形心意民俗引发的。康熙朝刑部侍郎徐乾学之子，顾炎武的甥孙徐骏，在雍正八年（1730），在奏章里，把"陛下"的"陛"字错写成"狴"字，雍正皇帝马上把他革职。复又查抄徐家，在徐骏的诗集里找出了如下诗句"清风不识字，何必乱翻书"、"明月有情还顾我，清风无意不留人"，雍正认为其存心诽谤，依大不敬律斩立决。这种做法实际上是由于满族的审美思维导致的误读，但这种误读使作者付出了惨痛的代价。

5. 梦境的灵验

在满族文学艺术作品中，梦境往往预示着某件事即将发生，梦境是非常灵验的，按着梦境的指引，往往能够梦境成真。在《女真谱评》中，乌雅贤的妻儿在他梦境的指引下，乌古迺找到了媳妇，找到了乌金山。"夜静更深的时候，

---

① 中共青龙满族自治县委宣传部：《青龙满族民间故事》，1987 年 4 月。
② 曹雪芹、高鹗：《红楼梦》，人民文学出版社 1980 年版，第 261 页。

娘俩同做一梦，梦见乌雅贤全身披挂甲胄，威风凛然回来了。说他已成为阴司里的'神威将军'，今天特意回来为儿子乌古迺找媳妇。让她们按他说的去找，接着告诉娘俩四句话：此去此行，乌金山下，滴水声中，寻金兴宗。牢记、牢记！说罢扬长而去。第二天，娘俩一见面，同做一梦，甚感蹊跷。共解其中之意后，娘俩决定，按梦意去乌金山找媳妇。这天，真姬与儿子乌古迺披挂整齐，乌古迺腰挎宝剑，身背箭囊，手持大刀，坐乘千里驹，威风凛凛带领随从和母亲真姬出发，向北方向而去。周围几百里都是他们的狩猎围场，山路均熟，根本没有乌金山，说明这山是他们没有到过的地方，所以快马加鞭向北急驰而去。"[1] 可见，梦境是很灵验的，梦境成为乌古迺婚姻的红娘。函普梦见"铁离"，在梦境的指引下在现实生活中找到了"铁离"。梦境是这样描写的："这天晚上，他似睡非睡，做了一个梦，梦见他骑着马去深山中狩猎，这千里驹突然就不听他使唤了，他感到这千里驹好像长了翅膀，腾空而起，耳边只听风声响，树木横倒而过。不知跑出去多远，来到一处望不见天日的地方，耳听虎啸狼嚎，惊天动地，吓得他毛骨悚然。正在这时候，突然他的神犬狂吠向前扑去，他就尾随而去。走着走着，突然前面一片火海，映照得天地像红云一片。他从来也没见过这样的情景，吓得他再也不敢往前走了。就这工夫，站在离火光这么远的地方，还烤得浑身上下像要着火一般难受。他正望得出神，'哈哈！哈哈！'大笑声，随后又听见喊：'红火照铁离，专解天书迷！'函普一听，顺着声音找去。找啊，找呀，忽见一个高大、上柱天下柱地、乌黑的身躯，张着大嘴，从嘴里往外吐火，吐出的好像树木杆子，刺啦、刺啦不断地流。函普一见，惊喜地喊：'跟图一样，跟天书一样！'他这一喊不要紧，就见这个铁塔人忽然一变，嘴也不吐火了，变成个张嘴獠牙的怪兽，似猛虎一般，向函普扑来，嘴里还喊着：'函普哇函普，这回你往哪里跑？'函普一慌神，从马上倒栽下来，'哎呀！哎呀！'喊叫，腿像瘫痪一样，想跑也跑不动了。函普

---

① 马亚川讲述，王宏刚、程迅记录整理：《女真谱评》（上），吉林人民出版社 2009 年版，第90 页。

转脸四下望，想找个逃路，眼瞅见儿子王颜站在那边瞧他笑。他大喊：'颜儿！颜儿！快来救命啊！'直喊得嗓子哽噎了，王颜还是在那儿望着他笑。再转过脸来就见张嘴獠牙这个怪物，张着火红大嘴，慢腾腾地奔他而来：'呀呀呀！函普哪里跑哇……'函普只觉眼前一黑，忽悠一下子，被怪物吞了。'哎呀！哎哟'函普狂叫不停。女真闻声将他推醒，函普醒过来，出了一身冷汗。女真问他：'你咋的了？吓死我啦！'函普翻身坐起来，才知是一场梦。"① 梦境犹新，他想告诉女真，又一想不能说，天机不可泄露。翻来覆去一宿没睡，暗中琢磨梦境，决心去寻找'铁离'。后来，函普的儿子王颜到铁离山寻找父母，发现铁离山和"天书"中的头幅画一模一样，天书图旁的字是："天书之谜，全在铁离，函普化炉，女真化砧，鹰变尖钳，狗变铁锤，冶炼钢铁，完颜有责，奠基后裔，兴金灭辽，天机勿泄，记牢记牢！"② 正是在梦境的指引下，完颜部从此发展采掘铁矿，大搞冶炼，制造各种铁兵器和铁式农具、器皿。

满族独特的审美思维决定了满族艺术创作的情节处理。在满族先民女真族一直流传着这样一种传说，认为中指血滴到哪都要成精，这种观念影响了满族文学作品的情节处理安排。在《女真谱评》中，有这样一个情节，随阔中指的血滴到泥人上，泥人因而成精，变成了一个姑娘。"随阔见屋里坐着一位俊俏美丽的姑娘，将他吓愣住了。姑娘见随阔回来了，慌忙迎出来，向随阔施礼说：少主请进屋歇息。随阔见姑娘白皙的面颊上，两只水灵灵的大眼睛，好像在哪儿见过，一时还想不起来，惊疑地问：'你是哪的人，到此做啥？'姑娘嘿嘿一笑说：'少主，你咋将我忘了？不是你说的，盖上房子，让我做饭。'姑娘这一句话，差点儿将随阔吓死。他明白，这话儿是对泥人说的，那只不过是顺嘴胡嘞嘞，拿泥人开心，说着玩的话，现在真变成大姑娘，他能不害怕吗？转身撒腿就往树林里跑，认为泥人成精了。他跑啊，跑，实在跑不动了，见身后姑娘没来追他，才平静下来，坐在一棵老松树下面，他的心像打鼓似的'怦

---

① 马亚川讲述，王宏刚、程迅记录整理：《女真谱评》（上），吉林人民出版社 2009 年版，第46—47 页。

② 同上书，第50 页。

怦'跳得欢。随阔坐那儿后悔，留个泥人干啥？这时候他又非常感谢阿玛跋海，全靠阿玛将泥人全踢碎了，不然那么多泥人都成精，那还得了吗？他坐在那儿又琢磨起这泥人为啥要成精？小时候做那么多泥人，咋没成精，今天泥人咋会成精呢？反复找原因，冷不丁想起来，对了，那天我中指划出血，一下子滴在这泥姑娘身上。哎呀，中指血这么厉害，滴在泥人身上会成精，今后中指出血，滴在哪儿都要挖烧它。他望着这片被他修葺整理栽植的树木，长得葱绿、水灵灵、直溜溜的，长叹一声说：'树啊树，我诚心做出好事，用你们盖成房，别瞎了栋梁之材，让人们有个漂亮的房子住，没想到，好心没有好报，泥人变成个妖精，占据了我的房子，我上哪儿住了？'他自言自语地哭了。"① 老松树告诉随阔泥人不是妖精，是松树的孙女。泥人有人形，又有了随阔的中指血和眼泪浇灌，经过日月精华的照射，松树爷爷女儿的孙女借体施魂，变成了姑娘。可见，满族的习俗观念决定了作品的情节处理，这种处理是由女真族传说中的观念决定的。

6. 满族审美思维

满族崇拜自然，信奉万物有灵，因而才会虔诚地与万物进行平等的情感交流，推己及人、及物、及鬼神。满族喜欢把人类社会与自然神灵相联系。满族相信"族系神传"，"罕权天授"。满族民间说唱艺术具有满族"活化石"的作用。主要原因之一就是满族民间说唱艺术以萨满教为媒介，萨满教以稳定的态势超越时空地传承下来，同时，萨满教渗透于满族民间说唱艺术之中，决定着满族民间说唱的审美思维，从而影响了满族的艺术创作。

（1）信奉萨满教

满族人生困境要靠萨满教中的跳大神解决，因为萨满是沟通各界神灵的使者。满族民间说唱艺术中，有大量的关于萨满教中跳大神的描写。如《女真谱评》中就描述了萨满跳大神的过程：赫达氏的儿子阿骨打患了夜哭症，从黑天一直哭到天亮，不知用何方法，能治此症。

---

① 马亚川讲述，王宏刚、程迅记录整理：《女真谱评》（上），吉林人民出版社 2009 年版，第59 页。

神医回答说"小主人究竟是中魔还是中邪，需要请神卜断"，随向赫达氏提出备香案供祭祀果品，以备请神之用。赫达氏忙命使女备办，不一会儿，香案备好，供果摆齐，候神医备用。只见女神医洗手净面后，身换彩衣，腰束一串响铃，手举鱼皮制的单鼓，令劾里钵夫妇沐浴更衣，焚竿叩拜后，女大神则慢摇腰中的响铃，哗啷啷地响，左手举鼓，右手持着鼓鞭，咚当、咚当、咚咚当后，用鞭敲着鼓边：哎——弟子我，三拜九叩祝祈祷着哇，啊——啊，完颜部国王次子中了邪，夜不闭眼啼哭号叫，不知为什么？请伏魔大帝慈悲，救民除害，弟子之托。啊——唉……随着女大神哧哧咧咧的叨念声，女大神身上的彩衣抖擞起来，越抖越大，忽然将头摇得像拨浪鼓，当当当，单鼓也打成一个点儿，头上的髻发也摇散开了，披头散发，翻白双目，两脚一跳多高，嘴里喊着：嘿——嘿嘿。这时，男大神手里敲着单鼓站了起来，口里喊着：喂——唉唉唉，神鼓一敲咚咚当。他一边敲鼓，一边手舞足蹈地躬身施礼：弟子接拜在身旁，鞠躬施拜候驾忙，大帝请坐先喝迎风酒，问卜驱邪靠帝威。女大神摇舞者，听男大神唱说后，扑通一声坐在凳子上，摇着身子颤抖着，接过男大神递给的一瓶酒，嘴对瓶口，不一会儿一饮而尽。又哧哧咧咧地唱：叫"帮宾"你是听，嗬嗬，弟子为何事，将我请来哟！嗷嗬！嗬嗬！男大神接过来，敲着鼓儿唱：帮宾我慢打鼓儿细禀着，只因完颜国王次子他，不知中了什么邪啊，整夜号叫咋哄不睡觉，折磨得国王、国妃、小主，面黄肌瘦苦难熬，恳求弟子将大帝请，慈悲为怀，驱魔赶邪救幼主哇，完颜部世世代代忘不了大帝的恩德。嗬！叫帮宾你是听，快让国妃禀告，幼主何月何日何时生嗯。女大神唱完，还将屁股一颠多高。男大神咚当敲着单鼓：叫国妃你听真，快将幼主何月何日何时生跪禀大帝卜吉凶。赫达氏慌忙跪在地上，给女大神叩头，禀告说：阿骨打是五月初五午时生。女大神颤颤着身子，伸着右手，用大拇指掐算着，正月，二月，三月，四月，五月，初一初二数到初五，子丑寅卯辰巳午。唉嗬！幼主生占三个五，属帝王之相自来福。可惜生在荒野，中魔，魔鬼缠身夜哭闹，百日不除必夭折！赫达氏一听，出了一身冷汗，慌忙磕头如捣蒜，哀求祈祷：求伏魔大帝慈悲，拯救阿骨打吧，要能将阿骨打身上的妖魔赶跑，我们世世代代供奉大帝，以报拯救之恩！帮宾我煞住鼓，叩帮大帝伏魔神，嗯，哎！恳求降魔驱邪大帝呀！拯救幼主显神通。男大神唱后又躬身施拜。女大神拉着长声，哎——叫帮宾你是听，自然弟子将我请，降魔伏邪我应承，也是金朝应兴盛，才遇弟子显神通。哎——叫帮宾，你是听，降魔伏邪的东西要记住。魔鬼的替身人一个，祖传雌雄宝剑一把不能少，五把神沙装盘中，黑驴蹄子狗熊掌，样样都成双，五色系线结三丈，院内扎上八挂门，单等更深夜静时，弟女请我，我来临，伏魔驱邪显神灵。伏魔大帝退身之后，女大神恢复原态，询问男大神，伏魔大帝如何伏魔？男大神诉说一遍，当即令劾里钵夫妇准备伏魔用的各种东西。别的都准备了，只是魔鬼替身的人用谁呢？商量来商量去，忽然赫达氏想起黑子的媳妇来。这次黑子叛乱，就是她挑唆的，她就是魔鬼，用她做魔鬼的替身最合适。定下来之后，将黑子媳妇从牢房里提出来，给她抹上魔鬼脸，蓬松的头发，污垢的衣服，真如魔鬼一般。可是黑子媳妇不服，破口大骂。赫达氏令使女们将黑子媳妇口撬开，硬塞些碎皮子将口堵住。由于硬塞，将黑子媳妇牙花和口腔撮出血，不一会儿将碎皮子溅红，顺嘴角流血，这更像魔鬼了，令人见其面浑身寒悚。在院内设了八卦门，万事俱备，只等夜深人静。到夜深人静的时候，女大神披挂神衣，腰束腰铃，在供奉伏魔大帝的神位前，摇摆着腰铃，请伏魔大帝降临。劾里钵夫妇跪在神案前，祈祷伏魔大帝下界降魔伏邪。不一会儿，女大神抖抖擞擞请下了神，男大神敲鼓相迎，喊叫着："帮宾我三拜九叩、九叩三拜迎接大帝，大帝一路辛苦疲劳，疲劳辛苦为国为民除魔降邪，救苦济难显神灵，特备'哈拉乞'为伏魔大帝来接风。"随着他的喊叫声，将烧酒瓶子递给女大神，女大神蹦跳着，口里狂喊着"嗬—嗨—"，身子一蹦高，接过酒瓶，一饮而尽。饮完接风酒，阿骨打由赫达氏抱着，女大神口里嘟嘟囔囔念咒语，右手持雌雄二剑，左手拽着黑子媳妇脖子上的铁链子，刚出房门，一掌打在妖魔替身（黑子媳妇）上，一个跟跄，接着连过八卦门，妖魔替身已面目全非，女大神用雌剑刺向妖魔替身胸口，只听嗷嗷连声叫，妖魔替身头上串出一股黑气直冲天空，女大神大喊一声"哪里逃"，将祖传雄剑刺向黑气，只听一声巨响，黑气变成一个黑大物掉在地上，众人见了大吃一惊，原来是一头大母熊，女大神将西屋西北墙上的五色线绳拉到门外左侧的柳树枝上，上面挂着不少五色布条，五色线绳的余线拴在阿骨打脖子上，女大神用剪子剪断，喝道："锁住。"①

从此以后，阿骨打的病就治好了。正因为满族信奉萨满教，所以在满族文学艺术中，萨满教中的跳大神是灵验的、有结果的。阿骨打病好之后，双眼一直望着金星，因此，阿骨打后来建立了金朝。

（2）原始思维

满族审美思维有很多不是逻辑思维，而是原始思维。

满族的非逻辑思维对文学艺术创作影响很大。满族的非逻辑思维实质是一种原始思维，原始思维不按照事物的逻辑推理得出结论。满族审美心理主要是原始思维的互渗律。满族认为如有吉事是老天佑助。满族古人认为天是最有威力也最神秘莫测的，天决定着人的命运。天象的变化预示着人的变化，因此，满族有祭天的习俗，特别注意观察天象的变化。如满族先民肃慎的称谓来源于树神。"这部历史传说故事，活灵活现地道出'肃慎'是由'树神'之源而称'肃慎'。据满族老年人讲，人类原始群居时，孩子认母不知其父，男子也越来越少，产生女藏男，夺男变为私有。夺到男的藏在树洞里。当时南朝考察北国边疆的学者，见人从树洞里出来，引申为'树神'。还有一种传说，那时人赤身裸体，在树洞里栖居，滚身树油子，身像木质，披头散发，长颗人头，故称树神。女藏男也是向父权制过渡的历史现象，是否真实，有待考古学家验证，我只是就历史传说而论。"② "肃慎"和"树神"谐音，这

---

① 马亚川讲述，王宏刚、程迅记录整理：《女真谱评》（上），吉林人民出版社 2009 年版，第179—180 页。

② 同上书，第 718 页。

是原始神秘互渗律使然。

满族审美心理变化小，传承时间长，主要有两个原因。第一，满族审美心理的形成及延续与满族萨满文化的稳定传承有关。第二，满族世代生活在东北，生活环境相对独立闭塞，外来文化渗入和影响少，因此，满族审美心理在文化艺术各个方面都有表现。

7. 满族的审美思维导致的审美标准

由于满族和其他民族的生活习俗不同，习惯于以自己的生活习俗为美，这点在文学艺术中表现得比较明显。满族妇女崇尚天足，认为汉族妇女裹小脚不美。满族歌谣《比小脚》中："你脚小，我脚小，坐在窗前比小脚。脚大好？脚小好？阿玛揪来乌拉草。捶它三棒槌，变得像皮袄。絮进靰鞡里，冷天不冻脚。小脚登，上山峰，跌了一个倒栽葱。鼻尖摔通红，眼眶磕淤青。扔了裹脚条，换上靰鞡草。穿上皮靰鞡，小脚变大脚。可在雪里站，能在冰山跑。回家对你额娘说，民装（汉族妇女裹小脚称为民装）哪有天足好。"① 《木底鞋》写道："木底鞋，咯登登，不怕雨，不怕风。下雨它能当小船，刮风它能当风筝。当风筝，上天空，扔下尼堪小脚登。下雨她脚三尺泥，刮风她就倒栽葱。"② 这正是习俗造成的不同审美心理。

在满族歌谣中，符合满族审美习惯的服饰装扮，满族人就会认为是美的，反之，就会认为是不美的。《再也不叫尼堪婆》中："萨齐玛，杜日饽，噼嚓啪嚓满地泼。又摔瓢，又捆桌，我家起了大风波。阿玛吵，额娘说，阿浑（满语哥哥）娶个尼堪（满语汉人）婆。尖尖脚，粗脚脖，头发挽在后脑壳。不会舂米会拉磨，闲着没事儿摇纺车。纺车摇得嗡嗡响，又纺纱来又织罗。做个马褂儿给阿玛卡（满语公公），做个坎肩儿给俄莫克（满语婆婆）。俄莫克穿上直抿嘴儿，阿玛卡穿上笑呵呵。都夸阿沙（满语嫂子）手艺巧，再也不叫尼堪婆。"③ 由于看不惯汉族妇女"尖尖脚，粗脚脖，头发挽在后脑壳"的装扮，

---

① 博大公、季永海、赵志忠、白立元编辑：《满族民歌集》，辽宁民族出版社1989年版，第64页。

② 同上书，第65页。

③ 同上书，第63页。

而产生了矛盾,后来由于儿媳妇的巧手,而化解了矛盾,这正是由于民族习俗不同,而产生了不同的审美心理。《玛法娶个后玛玛》中:"搭灯台,拨灯花,玛法娶个后玛玛。脚还小,'奔儿'还大,玛法气得说不出话。玛玛,玛玛先回喀,打扮好了再来家。玛玛换双花盆底,'奔儿'上插鞑子花,头顶栽根大扁簪,乐得玛法掰脚丫。"① 由于不同的民族服饰装扮,玛法的前后态度有了巨大的变化。

满族选媳妇的标准首要的不是长相,而是能干,能吃苦,能经得住风吹霜打,最好武艺高强,有一身好本领,这个标准是由满族艰苦的渔猎生活环境决定的。"乌古逎人品出众,武艺高强,比其父更有谋事之略。一听说他要选媳妇,很多姑娘都脑瓜削个尖儿,巴结乌古逎,托人提亲要给他做媳妇。一下子门庭若市,接待不暇。真姬乐得嘴都拼不上了,为儿子挑选起媳妇来了。相了这个,相那个,连相几个都没相中。这天,真姬相中一个,是又白又胖,团脸大眼睛,越瞧越令人喜爱,就让乌古逎相看。乌古逎一看,摇着头说:'不中,太胖了,体胖身虚,能吃不能干,谁养活吃闲饭的?'一下子吹了。真姬又相中一个,这个姑娘长得窈窕,身材挺好看,两目含情有神,行为飘洒,纤细娇娆。又让儿子乌古逎相看。乌古逎一看,又摇头说'纤细娇娆,经不住风吹霜打,找个摆设干啥?'又吹了。就这样,乌古逎相看好多姑娘,都没成。"② 可见,满族选媳妇的标准长相不是第一位的。

---

① 博大公、季永海、赵志忠、白立元编辑:《满族民歌集》,辽宁民族出版社 1989 年版,第 242 页。
② 马亚川讲述,王宏刚、程迅记录整理:《女真谱评》(上),吉林人民出版社 2009 年版,第 89 页。

第四章　满族文学艺术的人物塑造

满族文学艺术的人物形象和满族的生活习俗有着密切的关系。满族提倡骑射，自古为引弓之民，因此，从总体上讲，满族文学艺术中的人物往往是英勇善战的，表现出一种阳刚美。

满族文学艺术和满族民族独特的生活方式息息相关。满族独特的民族生活方式决定并影响了满族文学艺术的存在体式。满族文学艺术内容和满族的民族特点、风俗习惯有密切的关系。满族文学艺术是群众集体智慧的结晶，是群众集体审美创造的结果。这种艺术创造并不是哪个作家的独创，也不是一朝一夕所能造就的，而是多少代人不断加工润色修改完善的结果。

一　满族人物的生活习俗

满族文学艺术的创作主体是群众，这是满族群众民俗生活长期传承积淀的结果。满族民俗生活形态本身是社会群体在共同生活实践中，凭共同的心愿意识和行为方式的反复出现，集体认可累积而成，久而久之成为群体共同的生活模式。

1. 满族文学艺术的重要内容就是表现满族先世的渔猎生活

满族民间艺术的创作题材离不开渔猎生活。满族文学描写满族人的生活习俗，突出的是对渔猎习俗的描写，这是汉族的文学作品所少有的内容。

满族渔猎生活的动物形态为满族民间说唱艺术提供了模仿对象，很多劳动动作都成为满族说唱艺术的创作源泉。如"莽式舞"歌舞中有模仿打渔的"摆水"式，模仿织渔网的"穿针"式，模仿打猎的"单奔马"式，模仿出征打仗的"双奔马"式等。贵昌的《游猎》诗就表现了渔猎生活："盘雕旋日下，怒马报云飞。"伊福纳的《塞上诗》中写道："牛羊散尽斜阳里，羌笛吹凉下古城。"

满族的渔猎习俗影响了满族的服饰。八旗制度还统一了民族服饰，旗袍、坎肩成为满族最显著的民族服饰。满族作家端木蕻良的《科尔沁旗草原》中就表现了满族的风俗。"小雀鸟呵，落树梢，白莲花呀，水上漂，哼，哎嗳哟，大姑娘的方头多么高噢，呀呀——一呼咳……"① 方头是典型的满族妇女发式。《科尔沁旗草原》中，丁家的先祖正是娶了满族的女子为妻，而且这个满族女子充满了神秘色彩。"她怎么会不裹脚呢，她是小九尾狐狸变的，她怎梳方头呢，她的底襟没衩呀……但是，对于关东的传说，种苞米的方法，那可就没有人能赶上她了。"② 满族有独特的服饰，很多服饰对汉族影响很大，如满族的旗袍、坎肩等，旗袍已经成为中华民族最具代表性的服饰。八旗制度整合民族发式，脑后留长发辫。

2. 满族善于骑射，征战四方也决定了满族文学艺术的产生样式

满族制定了许多政策，以保留继承骑射习惯，坚持传承游牧民族的风俗文化。骑射是早期满族最突出的民族特征。满族掌权后，仍不忘自己的风俗习俗。《啸亭杂录》记载了皇上入山"哨鹿"，饮鹿血的习俗。"上搜猎木兰时，于黎明亲御名骏，命侍卫等导引入深山叠嶂中寻觅鹿群。命一侍卫举假鹿头作呦呦声，引牝鹿至，急发箭殪毙，取其血饮之。不惟延年益壮，亦以为习劳也。"③ 即使定居生活，也要保留游牧的传统。清朝初入关时，王公大臣无不恋强善射，满语纯熟。清皇帝厌恶满族沿袭汉人风俗。乾隆曾说："我国家以弧矢定天下又何可一日废武？"乾隆曾在西苑门侧练习射箭，共二十矢，中者

---

① 端木蕻良：《科尔沁旗草原》，人民文学出版社1981年版，第5页。
② 同上书，第14页。
③ （清）昭梿撰，何英芳点校：《啸亭杂录》，中华书局1980年版，第25页。

十九，侍从大臣没有不心悦诚服的。康熙年间，承德府北四百里，有木兰行围场地，满族的木兰行围制度也是保留满族习俗的措施。"每岁上狩木兰前，将派往扈从王公大臣文武官员等习射于出入贤良门，上亲阅之以定优劣，其中三矢以上者，优赉有差。……今每春习射，及秋狝前习射，有古人燕射之意。"①

　　马背上征战的很多动作都在满族说唱艺术中得到表现。如"莽式舞"歌舞中有模仿出征打仗的"双奔马"式等。

　　满族善于骑射是其渔猎习俗决定的。满族注重骑射。在入关前，满族婚礼习俗在放定时，送给女家弓箭和鞍马。满族谁家生了男孩，要在大门的门梁上悬挂一张小弓和三支小箭。满族儿童六岁时就要练习使用弓箭，先用木制弓箭习射。满族儿童长到十三四岁时，就要参与父兄的围猎。

　　满族的骑射习俗影响了满族的服饰、饮食、发式等。满族喜欢穿旗袍，满族旗袍束腰，四面开衩，下摆肥大，便于跨马骑射。皇太极时，旗袍的开衩具有了等级的区分。皇族宗室的旗袍开四衩，皇族宗室以下人员开两衩。旗袍的袖头为"箭袖"，冷天，可以把箭袖翻下来盖住手背，射箭时可以把袖子翻上去，因此叫箭袖。满族的"马褂"也是因便于骑射而得名。满族人喜欢穿尖头靴，便于踩马镫。《北辕录》记载："金俗无贵贱，皆着尖头靴。"满族的佩挂必须有小刀、火链袋，便于狩猎时取火用食。满族喜欢吃豆面饽饽、打糕、撒糕、炸角子、搓条饽饽等粘食，粘食使人不容易饥饿，便于外出打猎。满族男子发式半剃半留，后面头发编成长辫子。长辫子不能挡住视线，也可以盘成一坨，当枕头使用，便于骑射时随时休息。

二　满族民间说唱艺术的女性彰显

　　尽管满族民间说唱艺术中有很多萨满、女神、英雄等形象，但他们经历、性格各不相同，因而作品并没有雷同化，没有千人一面。满族民间说唱

_____

① （清）昭梿撰，何英芳点校：《啸亭杂录》，中华书局1980年版，第387页。

艺术中的女性形象有着不同于汉族女子的独特风姿，满族女子骑马射箭，武艺高强。满族女子形象丝毫不逊于男子，构成了满族民间说唱艺术独特的人物画廊。

满族奇寒恶劣的生活环境塑造了刚强的女性。"满族世代居住于气候恶劣、自然条件艰苦的白山黑水间，以狩猎为生，受落后低下的社会经济制约，满族妇女必须与男子一样参加生产劳动，于是，她们不缠足、着长袍、执鞭骑射技术并不亚于男子，在家庭经济中与男子一样占有重要位置。同时，满族原先信奉萨满教，它是产生在母系氏族社会的一种原始宗教，所崇拜的神祇多为女性，主持宗教活动者也多为女萨满。"①

历史上，满族妇女和汉族妇女的家庭地位是有差别的。"女真妇女与汉族妇女同在操持家务中却存在着差别……在持家的作派与风格方面，女真妇女是令人羡慕的。由于她们在礼教观念方面的束缚比汉族妇女少得多，所以主观能动性发挥比较大，在家庭中的作用很突出。八旗兵士征战、戍守长年不断，几乎无暇顾及家庭，家中诸多事务全赖主妇们。况且她们当家主事是传统性的。她们从来没有把自己仅仅委身在丈夫的怀抱中，而是与丈夫一起创造生活，建设家庭。在这方面比汉族妇女更具备敢说敢做敢当的气魄。正由于她们在家庭中的作用是不可替代的，所以戎马征战的丈夫对她们充满信任和依赖。"②

女性崇拜是满族母系氏族社会的产物。据《后汉书·东夷列传》等史料记载，满族在商周秦汉时期，还处于母系氏族社会向父系氏族社会过渡阶段。满族的民俗"绕帐求宿"就是满族母系氏族社会在满族民俗生活中的遗存，是满族母系氏族社会时代男子走访婚的遗风。满族女性的崇高地位一直对后世有深远的影响。

满族萨满最初也是以女萨满居多，男性当上萨满，也要装扮成女萨满模样，从头饰、服装、声音上都要模仿女性。传统的习俗认为，只有女性萨满才

---

① 张菊玲：《清代满族作家文学概论》，中央民族学院出版社 1990 年版，第 111 页。
② 王冬芳：《满族崛起中的女性》，辽宁民族出版社 1996 年版，第 88—89 页。

是正宗的法力巨大的萨满。

满族说唱艺术中女性形象的彰显主要表现在以下几个方面：

1. 满族女性有着至高无上的地位

满族有女性崇拜的习俗。满族神话中的女神之多，地位之高，令人惊叹。满族女性具有至高无上的地位主要是由于满族母系氏族社会的遗存影响，在满族初民的观念中，女性具有神力。在萨满教形成的年代，满族女性的地位是崇高的。满族的萨满最初都是女性，即使是男萨满，在祭祀时也必须身穿女性的裙装，模仿女性的声音和舞姿，甚至有的男萨满胸前挂两个类似乳房的东西。女性在满族神话中有至尊的地位。

满族女性的至高无上的权利往往在神话传说中得以表现，其中很多神话是对满族母系氏族社会的间接反映。马克思认为："女神的地位，乃是关于妇女以前更自由和更有势力和地位的回忆。"① 满族萨满教创世神话《天宫大战》中讲述了男人为浊物的由来。"巴那姆赫赫身边有个捣乱的敖钦女神不得酣睡，姐妹又在催促快造男人，她忙三叠四不耐烦地顺手抓下肩胛骨和腋毛，和姐妹的慈肉、烈肉，搓成了一个男人，所以男人性烈、心慈，还比女人身强力壮，因是骨头做的，不过是肩胛骨和腋毛合成的，所以男人身上比女人须发髭毛多。肩胛骨常让巴那姆赫赫躺卧压在身下，肩胛骨有泥，所以男人比女人浊泥多，心术比女人叵测。"②

满族地位最崇高的神往往都是女神，掌管着人类的命运。即使男萨满也要模仿女性，穿女人的衣裙，戴女人的发套，学女人的步态语气。掌管满族人口的女神是佛陀妈妈，又叫子孙娘娘。满族敬柳树为神，因为柳树繁殖能力极强，被称为"柳树妈妈"。

《红楼梦》对于满族萨满教中男人是浊物的描写有了继承和进一步的发挥。《红楼梦》不同于以往封建社会对于女性的描写，把女性置于至高无上的地位，

---

① 马克思：《摩尔根〈古代社会〉一书摘要》，人民出版社 1965 年版，第 39 页。
② 王宏刚：《满族与萨满教》，中央民族大学出版社 2002 年版，第 28 页。

独放异彩。用贾宝玉的话说就是："女儿是水做的骨肉，男子是泥做的骨肉，我见了女儿便清爽，见了男人便觉浊臭逼人！……这'女儿'两个字极尊贵极清净的，比那瑞兽珍禽、奇花异草更觉稀罕尊贵呢！"① 宝玉认为"天地间灵淑之气，只钟于女子，男儿们不过是些渣滓浊沫而已。"② 因此把一切男子都看成浊物，可有可无。当鸳鸯因为贾母死而自尽后，宝玉再次想到："实在天地间的灵气，独钟在这些女子身上了！他算得了死所。我们究竟是一件浊物，还是老太太的儿孙，谁能赶得上他？"③ 第一百十五回中，贾宝玉见了甄宝玉后认为："这个人果然同我的心一样的，但是你我都是男人，不比那女孩儿们清洁，怎么他拿我当作女孩儿看待起来？"④ 这些话在封建社会可谓惊世骇俗，独树一帜，这和汉族的重男轻女观是格格不入的。大观园中有灵异的"女儿棠"，俗传又叫"女儿国"，开得繁盛。《红楼梦》和满族神话中的女子有很多相似之处，她们都有崇高的威望，至高无上的地位。都精明能干，善于理家理财。

满族与汉族的女神是有区别的。汉族神话中也有女神，但汉族的女神多数为男性的家眷，不能与男性神地位等同，也不能与男性神同司一职。满族脱离母系氏族社会的时间比汉族要晚。汉族早已脱离了母系氏族社会，汉族妇女低下的附庸地位已经在意识形态中得到反映。满族由氏族社会向封建社会转变跨度时间非常短，尽管妇女地位急剧下滑，但还没有在意识形态中得到及时反映，因此，在满族民间说唱艺术中，妇女的地位仍然是至高无上的。

2. 满族女性有着超出常人的本领

满族妇女和男人一样英勇作战，武艺高强。满族女子比其他民族的女子更加刚烈勇猛，她们不仅可以绣花种地，也可以和男人一样纵马挎箭，打猎征战。由于特定的历史条件，相互残杀，盗贼充斥，豺狼遍野，所以满族无论男

① 曹雪芹、高鹗：《红楼梦》，人民文学出版社 1980 年版，第 19—21 页。
② 同上书，第 235 页。
③ 同上书，第 1426 页。
④ 同上书，第 1472 页。

人女人都必须具有武力自卫的能力。

历史上有大量的史实证明了满族女性的超常本领。《清史稿·扬古利传》中，记载了扬古利的母亲是一位力战群敌的女英雄。"其妻褓负幼子纳穆泰于背，属鞬佩刀，左右射，夺门出，以其族来归。部人寻亦附太祖。"① 扬古利家原住在珲春，扬古利的父亲郎柱是库尔喀部酋长。由于内乱，众族人包围了郎柱的住宅，郎柱寡不敌众被杀害。宅内还有郎柱的妻子和幼子纳穆泰。紧急关头，郎柱妻子不慌不忙，背负幼子拉开弓箭射向敌人，独自杀出重围，夺门而出。这本是满族妇女普通的一件事，由于其子日后立功，母亲的事迹被记入了史册。与之形成鲜明对比的是汉族妇女。② 据史料记载，明代镇静堡遭蒙古兵围攻，城池行将沦陷，守备赵忠之妻左氏害怕城堡被破，遭受侮辱，左氏说："此堡旦夕必破，则吾宁死不受辱，遂与母及三女皆自缢死。"③ 左氏和婆母及三个女儿都上吊而死。后来赵忠率领将士保全了城堡，可惜妻儿老小死得太早了。关于这件事，杨丰陌认为若是满族妇女绝不会首先自尽，白白送死，而是会冲上去协助丈夫作战。④ 努尔哈赤修纂的《满文老档》记载了三位八旗女眷击退三百明军的故事。由此可见满族女性的本领非同一般。当年，努尔哈赤笼络何和礼的联姻手段成功后，何和礼的结发妻子异常愤怒，恨丈夫无情无义娶了努尔哈赤的长女为妻。她纠集起留居在故地的族众，带上武器，杀到了佛阿拉城，准备与丈夫杀个你死我活。何和礼的结发妻子是能征善战的巾帼英雄，手持铁锤在城门外叫阵，以至于何和礼不敢出城和妻子见面。没有非凡的臂力是不能用铁锤作为作战武器的，可见满族女性的勇猛善战。

在满族民间说唱艺术中，满族女子往往武艺高强，丝毫不让须眉。满族说部《萨布素将军传》描写了萨布素妻子出嫁前的箭术："格格淡淡一笑，一抿嘴，张弓搭箭，一连三箭。射完后，又对萨布素抿嘴一笑，跑到老协领身后。

---

① 《清史稿》卷 226《扬古利传》。
② 王冬芳：《满族崛起中的女性》，辽宁民族出版社 1996 年版，第 236 页。
③ 《明英宗实录》卷 180。
④ 杨丰陌：《御路歌谣——满族民俗传说》，辽宁民族出版社 2005 年版，第 225 页。

萨布素定睛一看，靶上仍只有自己射的那三支箭，那格格射的三支箭哪去了。萨布素心里纳闷。老协领对他说：'你去看看靶吧。'萨布素应了一声，快步前去，到了靶前，萨布素一下子惊得眼睛睁得像铜铃一般，原来，格格的三支箭射在萨布素的三支箭尾上，一支咬一支，连成一支箭啦!"① 萨满神曲中的奥都妈妈"身居兵营，双骥胯下骑。日行千里，夜行八百，来去如飞，紧急而行。战骑英俊强壮，驰骋沃野，各处太平吉祥"②。奥都妈妈是一位战斗中的女英雄。奥都妈妈的偶体是一位木刻女神像，骑着两匹马，是满族普遍祭祀的女神。神位在房屋的东北角上，供品与佛多妈妈相同。宁古塔地区满族郭合乐哈拉的奉祀中，有位女神叫拉伊罕妈妈。她原是老渔人费扬古的女儿，被大风刮走后十几年没有音信，待她回来时已变成超常的人。她的神力赛过一手能举起大熊的大力神纳尔汉，她的智慧战胜了狡诈的老狼精。她使周围 48 个部落化仇为友，成为各部落的联合酋长。

早期，满族妇女和男人一样，骑马练武，征战沙场。《苏木妈妈》中记载："在沙场上不分兄弟，不分男女，兄弟对决，男女对决，优胜方为人中杰。族中岁岁选猎达，威名盛比勃吉列，氏族生计系一身，虎狼袭来冲前列。"③ 苏木妈妈从五岁时就开始骑马习武，"再烈性的骏马，在她的胯下，都像麋鹿一样老实、听话。她的箭法神奇，百步外能射落'车其克'（满语，小雀）。她的水性像天鹅，潜游水底，能捕捉鱼蟹"④。"苏木不但武功好、马术高强，而且干活也出类拔萃。自己上山采槐木桩，自己动手制作，削出木钉、木板、木条，自己做出纺织机，比中原的纺织机还雅观、耐用。"⑤ 苏木妈妈正是在打擂比武中，战胜了众多强劲的男对手，被选为猎达，后来又成为萨满。苏木嫁

---

① 谷长春主编：《满族口头遗产传统说部丛书——萨布素将军传》，吉林人民出版社 2007 年版，第 24 页。

② 宋和平译注：《满族萨满神歌译著》，社会科学文献出版社 1993 年版，第 267 页。

③ 富育光讲述，荆文礼整理：《苏木妈妈 创世神话与传说》，吉林人民出版社 2009 年版，第 6—7 页。

④ 同上书，第 29 页。

⑤ 同上书，第 76—77 页。

给阿骨打后，在作战中，苏木为先锋，阿骨打为后军。

在现实生活中，从满族歌谣《捣米谣》可以看出满族女子巾帼不让须眉。"匡喊，匡喊，背着妞儿舂米。舂米，捣米，妞儿长大淘米。哐当，哐当，捣出米来熬汤。妞儿吃，妞儿尝，妞儿长大去放羊。捣米，放羊，妞儿更比哥儿强。不图银子不要饷，只要呆在讷身旁。妞儿吃，妞儿长，长大嫁给皮伍长。皮袄皮裤皮大氅，穿皮靰鞡像儿郎，皮鞭一甩啪啪响，骑马挎箭上山岗，问问皇家给饷不给饷？"[1] 满族女性也有阳刚美。在满族歌谣《阿沙》中："阿沙长得墩，抓髻梳在头顶心。大脚肥又宽，一天能跑三百三。会舂米，会拾柴，拾得多够二人抬。会打围，可山蹿，一天跑遍陶赖昭。成天每日不闲着，人人夸她好嫂嫂。"[2] 可见满族妇女是非常能干的。

满族妇女具有超常的本领是由于满族的渔猎习俗造成的。满族的渔猎生产方式本身就是具有生命危险的战斗过程，满族渔猎生产本身就需要胆量和武器。在满族的渔猎生活中，深山密林，激流险滩，毒蛇肆虐，虎熊出没，豺狼遍野，盗贼充斥，群雄相残。在这样的凶险环境中，满族无论男女为了保全生命，保护财产，都必须具备武艺和胆量。如果没有武力和自卫能力，随时都有被杀害的可能。妇女同男人一样可以挥刀射箭。满族妇女不是男人的保护对象，而是与男人一道狩猎杀敌。勇敢已经成为满族的文化基因和潜意识中最基本的情结。满族妇女若没有超常的本领就无法生存，历史环境促使她们必须武艺超群。

正因为满族妇女早已习惯了狩猎骑射，行军打仗，所以满族妇女和汉族妇女对待行军打仗有着截然不同的态度。满族妇女对待行军打仗的态度是积极的，汉族妇女对待行军打仗的态度是消极的。《建州闻见录》记载：满族"出兵之时，无不欢跃，其妻子亦皆喜乐"[3]。满族歌谣《青石板》写了满族妇女对作战的乐观态度："青石板，石板青，青石板上挂糠灯。糠灯照亮羊肠道，

---

① 博大公、季永海、赵志忠、白立元编辑：《满族民歌集》，辽宁民族出版社 1989 年版，第 53 页。

② 同上书，第 107 页。

③ 王冬芳：《满族崛起中的女性》，辽宁民族出版社 1996 年版，第 235 页。

我送阿哥去出征。去出征，好威风，左肩挎着雕翎箭，右肩背着宝雕弓，白马银枪挑红樱，腰间荷包交给你，盼望阿哥早立功。"《出征歌》中唱道："八角鼓，响叮当，八面大旗插四方。大旗下，兵成行，我的丈夫在正黄。黄鞍黄马黄铃铛，出征一定打胜仗，打了胜仗回家乡。"① 可以看出，满族妇女对待行军打仗的态度是积极的。再看一下汉族杜甫的《兵车行》："车辚辚，马萧萧，行人弓箭各在腰。爷娘妻子走相送，尘埃不见咸阳桥。牵衣顿足拦道哭，哭声直上干云霄。道旁过者问行人，行人但云点行频。或从十五北防河，便至四十西营田。去时里正与裹头，归来头白还戍边。边庭流血成海水，武皇开边意未已。君不闻汉家山东二百州，千村万落生荆杞。纵有健妇把锄犁，禾生陇亩无东西。况复秦兵耐苦战，被驱不异犬与鸡。长者虽有问，役夫敢伸恨？且如今年冬，未休关西卒。县官急索租，租税从何出？信知生男恶，反是生女好。生女犹得嫁比邻，生男埋没随百草。君不见青海头，古来白骨无人收。新鬼烦冤旧鬼哭，天阴雨湿声啾啾。"汉族妇女的"牵衣顿足拦道哭"写出了她们的痛苦和不舍。这其实是渔猎文化和农业文化中不同人们的心态，满族的尚武精神形成了满族女性的英雄气质。

满族妇女崇尚天足，这和汉族妇女是不同的。汉族妇女要缠足，因此，她们大门不出二门不迈，只能围着锅台转。新中国成立初期有部纪录片，记录了汉族妇女到田地里干活，由于裹小脚，只能在田地里跪着抬土篮子，看得令人心酸。满族妇女不缠足，天生大脚。关东二十大怪中就有"媳妇穿错公公鞋"一说。因此满族妇女行走自如，可以像男人一样干活。这是满族妇女具有超人本领的前提。

3. 满族女性构成了满族英雄群像

在满族的民间说唱艺术中，女性英雄构成了满族女英雄人物群像，这一点在其他民族中是少见的，满族女英雄在满族说部中尤为众多。关于满族女神的神话传说故事不胜枚举。如《乌布西奔妈妈》《红罗女》《她拉伊罕妈妈》《多

---

① 杨锡春：《满族风俗考》，黑龙江人民出版社1988年版，第202—203页。

龙格格》《抓罗妈妈》《东海沉冤录》等都是关于女神的神话传说。

满族的女英雄往往也是满族女神。满族有众多的女神系列形象,几乎生活的每一个领域都有女神存在。如畜牧女神、缝织女神、渍菜女神、歌舞女神、百花女神等。满族的始母神是佛陀妈妈和天女佛库伦。满族萨满教创世神话《天宫大战》中有天地神、生命神、太阳神、月亮神、百草神、花神、护眼神、迎日神、登高神、大力神、西方神、东方神、北方神、南方神、中位神、门神等三百多位女神。"天地三姊妹尊神阿布卡赫赫、巴那姆赫赫、卧勒多赫赫;生命女神多喀堆;突姆火神;太阳女神顺;月亮女神比牙;百草女神雅格哈;花神依尔哈;护眼女神者固鲁;迎日女神兴恶里;登高女神德登;大力女神福特锦;九彩神乌昆哲勒;大鹰星嘎思哈;西方女神洼勒格;东方女神德立格;北方女神阿玛勒格;南方女神朱勒格;中位女神都伦巴;女门神都凯;计时女神塔其妈妈;鱼星神西离妈妈;天母侍女白腹号鸟、白脖厚嘴号鸟;九色花翅大嘴巨鸭;人类始母神女大萨满;盗火女神其其旦。"[1] 可见,满族女神分工是相当细的。

满族萨满神话《乌布西奔妈妈》中保留了古代三百女神的神话。《乌布西奔妈妈》中同样讲述了三百女神的神位神讳。在乌苏里江流域流传的神话《乌布西奔妈妈》中,三百多位女神得到了印证。《东海沉冤录》或详或略地描述记载了 150 多位萨满教女神。

满族神话传说中女神数量多、谱系庞大的特点十分突出,而且满族女神力量过人,本领超群。"满族崇拜祭祀的女神很多,几乎形成系列组成集团。有保护人类驱走魔鬼邪恶的英雄神系列,有鹿神、蚕神、畜牧神、百花神、猎神等一大批生产创业女神。在集团神中有宇宙三姐妹,大姐是天母女神阿布卡赫赫,二姐是地母神巴那额姆。"[2]

满族女神与汉族女神的不同之处在于:第一,满族女神往往是力量的象

---

① 王宏刚:《满族与萨满教》,中央民族大学出版社 2002 年版,第 22—23 页。
② 王冬芳:《满族崛起中的女性》,辽宁民族出版社 1996 年版,第 206—207 页。

征。满族女神武艺超群，力大无穷。满族女神往往有一种英武之气。多龙格格"长相虎实"，抓罗妈妈"长得虎头虎脑"，这些肖像描写是独特的。汉族女神没有英武之气，往往美丽贤惠，心灵手巧。第二，满族女神之所以成为女神，必备的条件之一是满族女神拯救了整个部落，百年之后，才有可能成为女神。如乌布西奔妈妈就是这样的女神。而汉族的女神往往是为了爱情而从天界下凡，嫁给心仪的男子。第三，满族女神的数量之多是其他民族所没有的，汉族的女神少之又少。第四，满族女神一般是对母系氏族社会的反映，汉族女神母系氏族社会的少。

满族还有许多独立的女英雄，构成了满族女英雄群像。如《红罗女》就是满族传说中的女英雄。红罗女是武艺高强的渔家女儿，为家乡的平安屡建功绩，也是拯救国家于危难中的巾帼英雄。不少姓氏的满族老人每当有灾有病时，都要在神树下向红罗女祈愿。

三 满族民间说唱艺术侧重于塑造民族英雄

满族民间说唱艺术侧重于塑造民族英雄，突出民族英雄平凡出于伟大的一面。满族文化以英雄崇拜为文化底蕴。满族民族英雄往往技艺超群，能力非凡，爱憎分明，有胆有识。满族英雄能够率领群众，战胜自然灾害，战胜敌人，拯救茫茫众生于苦难中。

满族有浓厚的英雄情结与满族的尚武精神有关。满族的民间谚语就表现出了尚武精神。"只有登上千仞高峰，才会听到雄虎的吼声。""好马在赛场上见识，好汉在战场上识别。""拿弓的人忘不了箭，骑马的忘不了鞭。""弓和箭是兄弟。""帮人需要弓之力，救人需要箭之速。""给好人以蜜糖，给敌人以利箭。"

1. 满族英雄产生的原因

满族生活于恶劣的自然环境中，人们面对自然灾害、瘟疫、艰苦的劳动、凶猛的野兽，需要呼唤能力出众的英雄，带领大家战胜一切。英雄往往能够拯救百姓于危难之中，谁有超凡的本领，百姓就拥戴谁为英雄。

满族英雄的出现有一个共同的特点，即凡是人们生活中有灾难的地方，有需要的地方，有人力所无法解决的事物，都会有英雄出现，这是满族民间说唱艺术的共性特征。

2. 满族民间说唱艺术中英雄众多

满族民间说唱艺术中的英雄众多。歌颂英雄是萨满神歌中的重要内容。"瞒尼"在满语中是英雄的意思。"按巴"是大的意思。萨满神歌中有许多描写"按巴瞒尼"——大英雄的内容。《满族萨满神歌译注》中就有《按巴瞒尼》《巴图鲁瞒尼》《多岔洛瞒尼》《胡牙乞瞒尼》《玛克鸡瞒尼》《按巴阿立瞒尼》《朱录瞒尼》《梯梯库瞒尼　梯拉库瞒尼》《查憨布库瞒尼》《沙勒布库瞒尼》等描写众多英雄神的神歌。如《按巴瞒尼》写道："是什么原因，为谁家之事，在此时请神？居住在白山山峰上，由高高的天上降临，在日、月间盘旋的，按巴瞒尼善佛等。手执大托立，两手明晃晃。头戴双鸟神帽，犹如凤凰美丽，又像展翅飞翔。按巴瞒尼神，手执两个大托立，飞速舞动着，仿佛两位神灵，沿松花江而降临。"[1]描写英雄在萨满神歌中占了很大的篇幅。

汉族民间说唱艺术注重人物的群体塑造。但汉族民间说唱艺术中的主人公英雄人物相对较少。

3. 满族的英雄往往具有半人半神的特点

满族英雄既有人性又有神性。满族英雄之所以成为英雄，在于具有神性的特点。如满族英雄史诗《乌布西奔妈妈》中的乌布西奔妈妈就是一位女英雄。她有人的一切特征，甚至有人的弱点，她只是一个鱼面人身赤脚的熟鱼皮的哑女，"她像山雀说话一样聋哑，像跟海狸鼠出世一样呆傻"。但乌布西奔妈妈同时具有超常的本领，具有神性，甚至和天神有血缘关系。乌布西奔妈妈年仅三岁就具有了神性，她的神性可以从下面文字中看出来："可雪融消三次了。她

---

① 宋和平译注：《满族萨满神歌译著》，社会科学文献出版社 1993 年版，第 43 页。

就能下海抓蟹，她就能上树吃鸟蛋，黑云来了她说海啸，黑潮来了她说飓风，卡丹花冒出了土地她说瘟疫，吉伦草发香了她说客来；她是东海女神奥姆妈妈的娇女，她是天神塔其布离星神的小妹。举奉她为阿格济小女萨满。三岁的乌布西奔，便如吉星叱咤风云。"① 乌布西奔妈妈"坐在鱼皮鸭蛋神鼓上，一声吆喝，神鼓轻轻飘起，像鹅毛飞上天际，在众人头上盘旋一周，忽悠悠落在乌木林毕拉河面之上"②。乌布西奔妈妈的这些本领是常人所没有的。乌布西奔妈妈是"东海女神奥姆妈妈的娇女，她是天神塔其布离星神的小妹"。这种半人半神的满族英雄在满族的说部中是常见的。"可见初民最早是按人的欲望来创造神的，故神亦有凡人的七情六欲、性格禀赋，可亲可近。"③

4. 满族英雄富有神话色彩

满族英雄的神性往往被赋予了丰富的想象，具有神话色彩。满族的英雄一般在现实生活中都能找到原型。说部《萨布素将军传》中的萨布素就是一个满族民族英雄。萨布素是现实生活中真实存在的一个人物。史书记载："康熙决心对俄一战。1683 年，清政府正式设立黑龙江将军，任命萨布素为首任黑龙江将军，负责开发、建设边疆，抗击沙俄。康熙二十四年萨布素提出了'预定四月水陆并进，沙俄不投降即攻城，如攻取不成，则遵旨毁其田禾以归'的作战计划。"④ 在萨布素身上也具有离奇的情节，富有神话色彩。如"巧得人参宝"、"兵犬与神鹿"、"群鹿救官兵"等故事情节都充满了离奇的神话色彩，使萨布素由一个凡人变成了具有神性的英雄。满族的英雄往往伟大出自平凡。

红罗女是满族的女英雄，她三打契丹，新罗平盗，最后除奸投湖。

---

① 王宏刚：《满族与萨满教》，中央民族大学出版社 2002 年版，第 102—103 页。

② 同上书，第 105 页。

③ 同上书，第 45 页。

④ 杨飞主编：《中国皇帝传》，中国文史出版社、光明日报出版社 2004 年版，第 305 页。

第五章　满族文学艺术中的自然美

满族的渔猎文化须臾离不开自然，满族人和大自然有着十分亲密的关系。满族先民的生活来源一切都要依靠自然，来源于自然。满族的万物有灵论使得满族人敬奉自然，满族文学艺术中的自然往往被神化。

一　满族文学艺术的自然美特点

满族艺术的自然美主要表现在满族入关前以及对入关前满族生活的追忆的艺术作品中。满族崇拜自然，相信自然界万物有灵。满族把族系的存在、罕王的权力与自然神灵相联系，认为"族系神传"，"罕权天授"。

自然美在满族艺术作品中具有突出的地位。满族艺术作品非常注重对自然美的描写，但满族作家描写自然与汉族作家描写自然是有区别的。

满族的自然美特点在入关前很突出，满族的自然美的独特之处主要体现在以下几个方面：

1. 原生态的自然美

满族作家描写的自然往往是一种原生态的自然，汉族作家描写的自然往往是有人工痕迹的自然。鲍姆加登认为："自然美学可以分为先天的（指天生的美的禀赋）和后天的自然美学。"① 后天的自然美学比先天的自然美学多了理论性。

---

① ［德］鲍姆加登：《美学》，简明、王旭晓译，文化艺术出版社 1987 年版，第 13—14 页。

满族作家描写的自然往往是没有经过人工改造的自然,是一种原生态的自然。满族作家的诗歌内容较多地描写自然风光,而且这种自然风光没有人工斧凿的痕迹,很少有汉族作家描写的鸟语花香,小桥流水,和风细雨的柔美自然景象,满族作家更倾向于描写崇山峻岭,大漠荒野。这主要是由于满族作家的自然环境人烟稀少,处于边陲,因此,其自然往往是自然生长状态的自然。

汉族作家描写的自然往往是经过人工改造的自然。即使汉族作家描写远离人群的世外桃源也仍然是人工改造过的自然。陶渊明的"采菊东篱下,悠然见南山",这里的自然仍然是人工干预过的自然。

满族作家表现的自然美具有独特的满族审美倾向,他们更倾向于描写具有雄浑气象的大自然。东北的自然美也会有林木之幽静,花草之柔美,但满族作家的审美关注并不在这些静态的、和谐的、柔美的自然景观上,他们描写的自然景物往往是高山大川。

原生态的自然美表现的是一种古拙、质朴、大气、雄浑的自然美。

2. 地域性的自然美

描写满族人生活的东北地域风光,地域特色十分明显。满族作品主要描写东北地域的自然风光。太宗文皇帝第六子——高塞写了《登医巫闾山观音阁》《游千山祖越寺登莲花峰》,这些都是东北的地域。

北方恶劣严寒的自然景色在作品中尽显无疑。有的作品表现了北方特有的地域特征:"边尘朔气催征雁,塞草西风劲紫骝。"[①] 东北地区寒冷的气候会对人的性格产生影响。孟德斯鸠认为:"人们在寒冷的气候下,便有较充沛的精力。心脏的跳动和纤维末端的反应都较强,分泌比较均衡,血液更有力地走向心房;在相互的作用下,心脏有了更大的力量。心脏力量的加强自然会产生许多效果,例如,有较强的自信,也就是说有较大的勇气,对自己的优越性有较多的认识,对自己的安全较有信心,较为直爽,较少猜疑、策略和诡计。"[②]

---

① (清)铁保辑:《熙朝雅颂集》,辽宁大学出版社 1992 年版,第 5 页。
② 王海亭:《中国人性格地图》,中国书店出版社 2007 年版,第 13 页。

　　满族作家自然美的地域性和热爱家乡的情感是密切相连的。当年康熙皇帝派使臣致祭长白山，吴兆骞写下了数千言的《长白山赋》，"词极瑰丽"，使得龙颜大悦，而成为他得以免罪的引子。

　　这种粗犷的自然，对应的是人的本质力量的强大。

　　3. 内模仿的自然美

　　满族作家描写的自然往往是主体与客体的"物我同构"，往往是一种内模仿的自然美。汉族作家描写的自然往往是一种移情的自然美，主要表现为创作上的"物我同一"。

　　满族作家描写的自然具有内模仿的特征。内模仿是指主体面对客体时，主体的体内生理会对客体进行不自觉的没有外在的形体动作的内在模仿，并产生相应的情感反映，从而把主体引向审美，使主体产生审美情感。"极目辽天阔，幽怀秋水深。"①满族作家面对雄浑壮阔的高山大川，视线随之提升，情感随之摇荡，随着人的视角的仰视，满族作家对高山大川产生了敬畏之情和自豪之感。

　　在主客体的关系中，满族作家突出的是客体的作用，而作家主体处于次要的地位。在自然景物面前，满族作家遵从和模仿自然景物，从而产生了对于崇山峻岭的内模仿。

　　满族作家喜欢描写刚性的客体，如雄伟的高山，壮阔的大漠等，刚性的客体必然使人产生强势的内模仿，壮阔的高山大川必然使人产生激荡的情感。作家与描写对象形成一种同构的关系。作家有什么样的本质力量，就对应了与之同构的客体自然。

　　汉族作家描写的自然往往是主体与客体的"物我同一"。满族作家写自然之景很少赋予自然以生命，自然只是审美对象，自然或者是一种满族人的生存环境，或者是一种观赏的对象。或者说自然只是一种未经改造的自然和作为人类象征的自然。而在汉族的作家笔下，自然很多是有情感的，有生命的存在。

---

① （清）铁保辑：《熙朝雅颂集》，辽宁大学出版社1992年版。

主体的情感移入了客体之中，作家的情感移入了自然当中。此时，作家就是自然，自然就是作家。李白的"举杯邀明月，对影成三人"，"相看两不厌，唯有敬亭山"。杜甫的"感时花溅泪，恨别鸟惊心"；辛弃疾的"我见青山多妩媚，料青山见我应如是，情与貌，略相似"。这些作品都是汉族作家"物我同一"的典型体现。作家都赋予了自然以生命和情感。这种描写自然的方法在满族作家中不常见。

二 满族文学艺术中的植物意象

满族文学艺术中的植物意象是十分丰富的，无论描写什么植物，有一点是确定的，植物从来都是正面的和积极的，甚至是有神力的形象。树被满族人奉为神物，树成为满族先民的居住场所，树成为满族人丧葬的用具。

（一）满族文学艺术中的树意象

树在满族人看来具有神性，满族先民对树具有敬畏之情。树神是不能轻易冒犯的，否则，是要招报应的。在《女真谱评》（上）中有一段描写，完颜部西北方有个恶霸莫勒恩，正在集聚粮草、训练兵马，篡夺盟主职位。一天，他发现在地里给他除草的奴隶们在树下乘凉，为了不让奴隶有地方乘凉休息，命令监工赶快把这棵大树砍倒。这棵大树粗得并排站三个人背面都看不到。莫勒恩砍了大树十几斧子，在树根上边砍出个窟窿，一股急流从树而出，将莫勒恩冲倒在地。从树孔中冲出的水不断流，如山泉一般，向树下洼地流去。"阿骨打随同莫勒恩来到树旁一瞧，树下的洼地已成一片汪洋，可这水仍从树孔里哗哗不断往外流淌，阿骨打翻身下马，急步来到树下，双膝跪在树旁，小声念叨说：'神树呀，神树！莫勒恩砍伤了你，如果神树有灵，停止水的流淌，我马上惩治莫勒恩，为神树解恨。'阿骨打叨念完了，给神树磕头，果然这树孔不往外流水了，阿骨打心里这个高兴就甭提了，马上又磕头，口里叨念说：'伺候我成长的佛陀妈妈兰洁浑身浮肿，寻用百药不见其效，如果神树有灵，施给一药，兰洁病好，我四季祭祀神树！'祈祷后又磕头，磕完头，突然啪的一声，从树洞里蹦出一个包，阿骨打拆开一看，包里包着像鸡腿似的有几根，包上有字，写着：乌金心肠好，触树树木心，金雀根熬水，兰洁病离身。阿骨打跪在树旁这些举动，早让莫勒恩等人看得目瞪口呆，因为离他很远，说的啥他们都没听见，莫勒恩见水真停了，他倒吸口凉气。暗想：好厉害呀！不怪说他学艺帽儿山，下山救父灭了烟雾真人，今天亲眼所见，真是名不虚传。我被树儿涌流儿吓破了胆，惊魂失魄地往回跑，阿骨打跪地祈祷水停流。莫勒恩想到这儿，对阿骨打敬佩、惊恐，别看年岁小，却不可等闲视之，正在莫勒恩胡思乱想之际，见阿骨打再拜磕头，从树孔里蹦出包裹来，阿骨打拆开瞧看，莫勒恩身子一颤，眼睛瞪得溜圆，自忖着：真乃神树也，给阿骨打何物？就是莫勒恩被这情景弄得神魂颠倒之际，忽听阿骨打喝道：'莫勒恩还不速来向神树请罪，还在那儿愣着干啥？'莫勒恩身子一颤，感到这身子已不听他使唤了，强挪脚步，一挪一蹭地向神树移动，好不容易蹭到树神旁边，扑通一声，似一摊泥，瘫在地上。因为从他砍树冲出水来到停水，蹦出包裹来，早将他吓傻了，自己侵犯神树，神树要怪罪下来，这还了得？他心里正在怦怦跳的时候，又猛听阿骨打高声喊叫，惊得他魂飞骨疏，倒在树下，都直不起身来了。阿骨打高声说：'莫勒恩听真，神树停水是有条件的，必须老老实实向神树认罪，下边由我念一句，你跟念一句。'"[1] 阿骨打以莫勒恩侵犯神树有罪为借口，杀了莫勒恩。以后此处被称为神树泡。

（二）满族文学艺术中独特的拜柳习俗

满族长期的生活实践与柳结下了不解之缘，满族素有植物崇拜的习俗，这是其他民族所没有的。满族的衣食住行、生产工具、音乐舞蹈、骑射训练、出征打仗、祭祀扫墓都离不开柳。满族服饰上有柳，柳可以做柳筐，柳的乐器有柳笛、柳箕，满族骑射训练要射柳，满族出兵打仗用柳喂马，满族祭祀扫墓也需要用柳。柳和满族人的生活息息相关。

---

① 马亚川讲述，王宏刚、程迅记录整理：《女真谱评》（上），吉林人民出版社 2009 年版，第225—226 页。

满族民间说唱艺术很多内容都和柳有关。满族有许多关于柳的神话传说。满族的习俗离不开柳。因此，在满族民间说唱艺术中，拜柳习俗十分突出。满族人展开瑰丽的想象，崇拜柳，歌颂柳，以至于把柳神化，尊植物为神。柳不但承载着满族的物质生活，也承载着满族的精神生活。

1. 柳是满族祭祀的神偶

满族有祭佛多妈妈的习俗。佛多在满语中就是"柳叶"、"柳枝"之意。《清野史大观》中记载："清俗祀神日于案下设小案，以糕醋，名曰'完立妈妈'。"《满洲源流考》中记载："祭完立妈妈，取袋中锁缍，由堂门引出，系索摩杆上，及献牲已，宰割熟荐，与祭饭板同。"① "完立妈妈"就是民间传说的始祖神佛多妈妈。祭祀佛多妈妈时，要用柳枝沾水，往未婚男女身上洒水，意在祈求子孙兴旺，多子多福。满族萨满教创世神话《天宫大战》中第九层天宇中有柳芍银花女神 30 位。

满族之所以拜柳，是因为柳是生命力的象征。"在小山的山根旁长着一棵大柳树，这棵树青枝绿叶的。她感到很奇怪，因为洪劫早已把宇宙的一切都冲刷干净，唯独在这里还生长着这么一棵树。"② 这里表现了柳顽强的生命力，满族先民希望具有柳一样顽强的生命力。

满族"重五则射柳祭天"③，清明节儿童戴柳，祭扫坟茔。男女簪柳扫墓。满族有祭佛陀妈妈的柳树节，柳树节在冬九九后第一天。满族的佛陀妈妈就是柳枝祖母，她是满族的始祖母神。由于译音不同，佛陀妈妈也被叫作佛多妈妈，含义是"求福跳神竖立的柳枝"。满族为祈求家业兴旺，子孙繁多，在满族孩子的成长过程中，有用柳树枝祈福的仪式。佛柳妈妈寓意家族兴旺，子孙繁盛。"呵护儿童似乎是柳树妈妈神圣的职责，每逢满族人家有孩子出生，家人都要将小黄米饭揉成团，插在柳枝上，还要在房门后的小三缸里插上柳，将

① 王纯信、黄千主编：《满族民间剪纸》，吉林文史出版社 2009 年版，第 77 页。
② 傅英仁讲述，张爱云整理：《满族萨满神话》，黑龙江人民出版社 2005 年版，第 14 页。
③ （宋）宇文懋昭撰，崔文印校证：《大金国志校证》（全二册），中华书局 1986 年版，第552 页。

子孙绳引来系在柳枝上；孩子五岁前，母亲则要抱着孩子拜柳求福，将孩子脖子上的索线解下来打一个结儿，这叫换锁，即还原。"①

在满族人的观念中，人类是由柳树生出来的，柳就是生命的象征。在《富察氏萨满神谕》中，宇宙最初遍地汪洋，在水中生出的最初的生命就是柳叶。柳叶在水上漂，越来越多，就长成了柳树。柳树生出花果，生出了人类。满族说部《柳树讷讷》，常继刚讲述的《佛陀妈妈的故事》中，老三的媳妇就是柳树变的。柳成为满族祖先。

在珲春地区满族瓜尔佳氏家传神本中记载了这样的故事：本姓瓜尔佳哈拉，敬祝赫赫瞒尼所变的。赫赫瞒尼摘下一片春天做鼓，拿起一座高山做鼓鞭，当青天和山岩撞击的时候，从那震天动地的咚咚声中，生出了男人、女人和宇宙万物，从此，世上留下了吉祥幸福，驱走了邪恶。阿布卡赫赫不仅造出了人类和人类赖以生存的万物赫赫瞒尼女神，而且她在天连地地连天，遍地是大水的时候，给人类投下柳枝，拯救普天生灵。可见，在满族的神本中，柳就如同西方神话中的诺亚方舟，拯救了人类。

《萨满神歌译注》中有许多关于柳的崇拜的描写。柳成为满族祭祀的神偶。"与子孙口袋关系密切的另一神偶，就是柳枝。石姓逢年过节时，从山林中选一茂盛清洁柳枝，上系7—9条白纸条，挂在过厅东屋的东南角上。举行跳神仪式时，将子孙口袋中的子孙绳取出，一头系在祖宗龛北侧的原神位上，另一头就系在房屋内东南角的柳枝上。此时，还需要有较粗大的像小柳树一样的柳枝，栽插于庭院的东侧。有的姓氏，在举行跳神仪式时，将子孙绳的一头系在庭院的柳枝上，房内东南角则无柳枝。这房内和庭院中的柳枝叫'佛多妈妈'。"②

2. 柳是满族人丁兴旺的象征

由于渔猎生产充满了生命的危险，加上战事连连，满族先民人口匮乏，人

---

① 杨丰陌：《御路歌谣——满族民俗传说》，辽宁民族出版社 2005 年版，第 144 页。
② 宋和平译注：《满族萨满神歌译著》，社会科学文献出版社 1993 年版，第 15 页。

的寿命短，因此，满族渴望人丁兴旺，寿命绵长。在《女真谱评》中，传说乌古迺活到 53 岁，那时候活这么大岁数的人很少见了。

满族先民相信人类是由柳生出来的。满族有许多关于柳叶生人，柳枝、柳树与人结合而生人的神话。满族认为柳创生了人类。满族创世女神阿布卡赫赫从柳树枝上摘下的一片片柳叶，每片柳叶都变成一个人。有的文学艺术作品记载了人类是柳树的祖先。"在古老又古老的年月，我们富察哈拉祖先居住的虎尔罕河突然变成了虎尔罕海。白亮亮的大水淹没了万物生灵。阿布卡恩都里用身上搓落的泥做成的人只剩下了一个，他在大水中随波逐流，眼看就要被淹死了，忽然水面漂来一根柳枝。他一把抓住柳枝，才免于淹没。后来，柳枝载着他漂进了一个半淹在水里的石洞，化成了一个美丽的女人，和他媾和，生下了后代。"① 柳不仅成为人的救命恩人，还成为人类的祖先。

佛多妈妈是满族先祖生命的创造者。"佛多妈妈的形象也是一棵柳树，脑袋像柳叶，两头尖尖，中间宽，脸为绿色。尤其她长着两个大乳房，多少孩子也吃不完她的乳汁。这一植物图腾神，后被列入各姓家祭祖先神位，逐渐又被赋予了养育子孙、保人丁平安兴旺的专职。此神极为古老，在野女真后裔乃至通古斯语族的别个支脉中，也有此神，可以推论，它是满族诸部统一之前就存在的古老神祇。"②《富察氏萨满神谕》中记载，宇宙初遍地汪洋，在水中产生了生命，最先产生的生命就是柳叶，柳叶在水上越来越多，长成了柳树。人类是从柳树的花果中产生的。从这个神谕中可以看出，柳树生出了人类。

柳可以保护满族子孙兴旺，身体健康。清代宁古塔的萨满神话《佛赫妈妈与乌申阔玛发》中，人类的始母神佛赫妈妈是长白山上的一棵柳树所变。在萨满神歌中，相传，"最早的时候，奥莫西妈妈住在长白山天池旁的一棵大柳树上，那是长白山上最高最粗的一棵，几十个人才能围抱过来，奥莫西妈妈长得不像现在的人，脑袋像柳叶，两头尖尖，中间宽，绿色的脸上，长着如同金鱼

① 富育光、孟慧英：《满族萨满教研究》，北京大学出版社 1991 年版，第 204 页。
② 宋和平、孟慧英：《满族萨满文本研究》，五南图书出版公司、中华发展基金管理委员会 1997 年版，第 295 页。

眼一样的眼睛。尤其是她长着两个大乳房，多少孩子也吃不完她的乳汁。另一位叫乌克伸恩都立的神，每年交给奥莫西妈妈一个石罐。她拿着这石罐，在每一片柳叶上浇一滴水，就在这些柳叶上生长了满族子孙。子孙们就是吃奥莫西妈妈的奶水长大成人。他们都很强壮，上山能打猎，下河能捕鱼。在奥莫西妈妈的后脑勺上长着一个长长的管子，这管子另一头平时插进大柳树上，若子孙们有病，奥莫西妈妈就把管子拔下来，滴几滴水给他们，他们就会好。所以满族人强壮不生病，就是因为有了奥莫西妈妈"①。在《红罗女》中，鞑靼人无论有什么为难遭灾的事，有求必应。特别是哪家孩子有病了，长白圣母把长白山的柳枝插在门旁，就能逢凶化吉。满族神话《柳树讷讷》中有个木头人，"人们说，木头人是柳树做的，柳树是神树，是不怕火烧的。从这以后，满族人便崇拜起柳树来了。称柳树为柳树讷讷……在满人家里柳树讷讷便被奉为保佑子孙兴旺，家宅平安的神"②。吉林省九台石姓家族祭祀佛多妈妈时的萨满神歌唱道："乞求佛多妈妈，枝大叶多，繁茂壮大，繁衍无穷。如木之茂盛，如木之繁荣。"③

在满族民间故事中，柳树还可以强身健体，为人治病。满族民间故事《下河北村大柳树的传说》中，有个寡妇结婚当天，正患病，发烧、咳嗽，无力行走，但迫于定好的婚期，不得不来，寡妇走啊走，累得浑身是汗，走到柳树下，"背着行人，面对大柳树，解开最外层衣服钮绊，敞开褂子凉快起来。待寡妇汗落以后，便觉全身舒服异常。于是，起步到丈夫家拜堂成亲。哪知第二天，寡妇的病好了。原来寡妇着凉得了感冒，由于结婚来时走得急，出了淋漓大汗，从而治好了寡妇的病。但是，当地人说，寡妇的病好了，是因为寡妇到大柳树下，解开衣服拥抱了大柳树，这大柳树能消灾解祸的缘故"④。

---

① 宋和平译注：《满族萨满神歌译著》，社会科学文献出版社 1993 年版，第 16 页。
② 张其卓、董明整理，中国民间文艺研究会辽宁分会编：《满族三老人故事集》，春风文艺出版社 1984 年版，第 106 页。
③ 宋和平：《萨满神歌译注》，社会科学文献出版社 1993 年版，第 263 页。
④ 中共喇叭沟门满族乡委员会喇叭沟门满族乡人民政府：《喇叭沟门满族民间故事集》，2005 年 6 月。

3. 满族审美娱乐离不开柳

满族人以柳为美的评判标准，在满族文学艺术作品中，一个人的美和柳有关。常继刚讲述的《佛陀妈妈的故事》中，佛陀妈妈"身子如柳树般苗条，脸像桃花那样红润，皮肤像羊脂油那样的细嫩。咱们纳喇氏祖上许多人都见过佛陀妈妈"①。《红罗女》中，"红罗女发若青丝，眉如翠黛，面似芙蓉，身同杨柳，秀美动人，赛过天仙"②。在满族说部《红罗女三打契丹》中这样描写红罗女："好一个天姿国色的美佳人，但见红罗女发若青丝，眉如翠黛，面似芙蓉，身同杨柳，秀美动人，赛过天仙。"③ 柳成为满族衡量人物形象的审美价值尺度。

满族服饰以柳为美，为了表现对柳的崇敬之情，满族喜欢在服饰、器物上装饰柳的图案。满族的服饰美也离不开柳。宇宙三姐妹之一的天母女神阿布卡赫赫穿的是用九片柳叶编成的战裙。满族在石器上经常雕刻柳叶花纹，箭头、骨针也制成柳叶形状。《东海沉冤录》中的柳祭仪式中，象征柳神的神女全身赤裸，仅在腰间围上用柳枝编成的柳围。柳是一种母性美的集中代表。满族说部《雪妃娘娘和包鲁嘎汗》中，女真人称柳为"布鲁嘎"，由于包鲁嘎喜欢身披柳枝编织的柳服，所以起名叫"包鲁嘎"。

柳还是满族民间说唱艺术的乐器，成为审美娱乐的工具。满族乐器演奏有"爬柳箕"。柳箕是用柳条编的用来筛选粮食的农具，满族人用木棍刮其面，发出有节律的声音。朝鲜官员申忠一记载了满族爬柳箕的情景："宴时，厅外吹打，厅内弹琵琶、吹洞，爬柳箕。"④ "柳"还是清朝满族时调小曲的总称。在《两世罕王传》中记述了明末清初一种娱柳活动——"跑柳池"。

---

① 谷长春主编：《满族口头遗产传统说部丛书——八旗子弟传闻录》，吉林人民出版社 2009 年版，第 1 页。

② 王松林、傅英仁：《红罗女》，时代文艺出版社 1999 年版，第 69 页。

③ 傅英仁讲述，王宏刚、程迅记录整理：《红罗女三打契丹》，吉林人民出版社 2009 年版，第 49 页。

④ 申忠一：《建州纪程图记》。

4. 满族骑射习俗离不开柳

满族的射柳习俗在作品中都有描写。满族先民就有"重五则射柳祭天"①的习俗。"此时，校场上那位已经过五关斩六将大败众英雄的巴图鲁，正在射香火。百米开外的三炷香，'嗖嗖嗖'，三箭飞过，齐刷刷地被斩去半截。接着，这位英雄又后退百步，射掉柳树尖上的最后三片随风飘动的柳叶。"② 这种射柳习俗是满族特有的。《萨布素将军传》中介绍了赫哲族鱼人的装束："身穿鱼皮袄，脚蹬鱼皮靴，胸前佩戴着一串珍珠。"③

满族通过射柳提高武艺。射柳条是金代女真人传下来的。"将柳条刮掉一段皮露出白木，参赛者飞马张弓射之，箭到枝断，枝落人到，为最佳者。后来，因骑术逐渐销迹，民间少儿多以竹、木制成的弓箭作工具，在百步以外插个柳条枝，以横线为射点，看谁射得准确，亦称'百步穿杨'，或称'百步穿柳'。"④

满族用柳叶饲养战马，形成独特的养马方式，也导致了独特的作战方式。满族女真养马四时常放草野。满族"横行冲突，莫可与敌者，不过负戎马之足也"。金国的马匹因素是明朝和李朝边官长期无法理解的。在半个世纪的军事冲突中，满族喜欢在夏季出兵是难以被人理解的。其中的奥妙之一就是和柳有关。因为"建酋马喜食夏日河边柳英，递料其狂逞，不在秋而在夏也"。"由于辽东柳英遍地，随处可见，八旗军到夏日，不必备草料，且'一日食三日饱'，提供了更多、更便利的出战机会，战斗力极强。这马性也构成金明胜败的制约因素之一。"⑤ 柳解决了满族的战马草料问题，这也促使满族人更加喜爱柳，赞美柳。

5. 满族的日常生活离不开柳

满族善于用柳枝编织柳筐、柳簸箕等，柳编织品成为满族日常生活中的重

---

① （宋）宇文懋昭撰，崔文印校证：《大金国志校证》（全二册），中华书局 1986 年版，第 552 页。
② 谷长春主编：《满族口头遗产传统说部丛书——萨布素将军传》，吉林人民出版社 2007 年版，第 48 页。
③ 同上。
④ 孙邦主编：《吉林满族》，吉林人民出版社 1991 年版，第 201 页。
⑤ 滕绍箴、滕瑶：《满族游牧经济》，经济管理出版社 2001 年版，第 84 页。

要用具。

满族在占卜术的送祟仪式中，"是用手拿着刀和柳枝，在病人身前作扑打、砍击状，从屋里一直作追撵状，至大门口"①。大凡上点岁数的家庭主妇从长辈那里都学会了送祟，柳成为送祟的用具，这种萨满教的占卜术已经融入了人们的日常生活中。

满族建筑以柳为城墙。柳条边又叫盛京边墙、柳墙、柳城。清代，曾视东北为龙兴宝地，为保持这一神圣之地的威严，对东北实行封禁政策，置边墙插柳条为界，不准汉、蒙民族任意狩猎和放牧，这种设置称为"柳条边"。"柳条边"由义县进入县境的大市一带再向黑山县的白厂门延伸。边上由朝廷指派专人长期防守，北镇至今这里仍有"边里"与"边外"之称。柳条边的东侧叫"边里"，西侧叫"边外"。清顺治年间开始修筑，到康熙年间完成。柳条边成为保护龙兴之地的封禁界限。柳条边也是盛京、宁古塔、内蒙古等行政区的分界线。柳条边全长1500多公里。"柳条边是一条柳条篱笆。康熙初年，杨宾在《柳边纪略》中记述道：今辽东皆插柳条为边，高者三、四尺，低者一、二尺，若中土（中原）之竹篱；而掘壕于其外，人呼为柳条边，又曰条子边。"②

"清统一中国后，自顺治初年到康熙年间开始把满族龙兴之地盛京用柳条边环绕起来，禁止牲畜进入，更不许开垦土地耕种。柳条边以威远边门为中心，分东西两段。东段——自威远堡至鸭绿江口入海处，西段——自威远堡至山海关。这是第一条柳条边，也叫老边。康熙八年（1669），又从威远堡北去吉林舒兰法特哈门修了第二条柳条边，是为新边"③。清末柳条边逐渐废弛。《红罗女》中，土屋的周围就有柳条障子。

---

① 孙金瑛、刘万安：《萨满遗风——辽北莲花萨满文化田野调查》，（香港）中国人民出版社2009年版，第33页。

② 佟悦、陈峻岭：《辽宁满族史话》，辽宁民族出版社2001年版，第145—146页。

③ 孙金瑛、刘万安：《萨满遗风——辽北莲花萨满文化田野调查》，（香港）中国人民出版社2009年版，第33页。

（三）黛玉的生命与花神

黛玉的形象是人与花两个主体间的平等交流，和谐统一，互动互补。人的美貌与花的容颜、人的悲境与花的还泪、人的高洁与花的纯洁共同构成了黛玉的生命。黛玉的形象具有生态美学的重要意义。

人与花的对话构成了黛玉的生命。对话是两个主体间的平等交流、互动、互补。人与花之所以能对话，是因为人与花是两个平等的主体，人不粗暴地剥夺花的权力，花不被人"殖民化"，花的光艳也并不遮盖人性的风采。人与花的主体间性构成了黛玉的生命体。

1. 人的美貌与花的容颜

在对黛玉的描写中，你分不出哪是黛玉的容貌，哪是花的容貌。人的容貌与花的容貌是融为一体的。这与"姑娘好像花一样"的描写是不同的。在"姑娘好像花一样"的句子中，"姑娘"是主体，"花"是客体，是有主次之分的。而黛玉的容貌与花的容貌是没有主次之分的，是你中有我，我中有你，分不出主次。写黛玉的美貌即是写花的容颜。

黛玉天生的花容月貌，她"秉绝代之姿容，具稀世之俊美"[1]，"容貌才情，真是寡二少双，惟有青女素娥可以仿佛一二"[2]。有诗云："颦儿才貌世应稀，独抱幽芳出绣闺；呜咽一声犹未了，落花满地鸟惊飞。"[3] 难怪王熙凤赞叹天底下居然还有这样标致的人。

《红楼梦》中，黛玉是花神。黛玉"生不同人，死不同鬼，无魂无魄"[4]。黛玉的生日是农历二月十二日，这正是中国民俗中花神的生日，即百花的生日。[5] 黛玉身体具有百花的幽香。第十九回"情切切良宵花解语，意绵绵静日玉生香"描写的正是黛玉自己能生出香味，宝玉"只闻见一股幽香，却是从黛

---

① 曹雪芹、高鄂：《红楼梦》，人民文学出版社 1980 年版，第 313 页。
② 同上书，第 1266 页。
③ 同上书，第 313 页。
④ 同上书，第 1276 页。
⑤ 马冀、宋文坤：《民间俗神》，北岳文艺出版社 1994 年版，第 214 页。

玉袖中发出,闻之令人醉魂酥骨",① "这香的气味奇怪,不是那些香饼子、香球子、香袋儿的香",② 而是一种奇香冷香,难怪宝玉夸黛玉是香玉。这是因为黛玉是花神,总汇了百花之香。

花是害怕寒冷的,花到严冬季节往往都衰败冻死了。黛玉体弱怕凉,也没有活过严冬。第八十九回中,宝玉到潇湘馆看见了新挂上的斗寒图,上面画着青女素娥。黛玉解释说:"青女素娥俱耐冷,月中霜里斗婵娟。"③ 青女是神话中主管霜雪的女神,素娥是月中的嫦娥。此时已是十月中旬,"斗寒图"暗示着风霜刀剑严相逼的日子已经到了。果然"斗寒图"挂上后,宝玉定亲,黛玉茶饭渐减,不肯吃药,希望早死。到了十一月,黛玉已奄奄一息,垂垂待毙。这不只是黛玉身心有病,感情受到打击,更是由于花神在严冬季节中的艰难处境造成的。

第七十八回中,宝玉以文祭奠晴雯时,正是晚上安歇之时,黛玉在没有丫鬟陪伴下竟毫无理由地在芙蓉花处突然出现,显得很蹊跷,丫鬟以为是晴雯显魂了。这是因为黛玉是花神,宝玉把晴雯当作花神祭奠,祭文都是赞颂花神的,所以黛玉出现了。

第九十四回"宴海棠贾母赏花妖,失宝玉通灵知奇祸"中,怡红院中本来枯萎的海棠花开了,众人觉得不是好兆头,是花妖在作怪。贾赦要砍了这棵花树,贾母则让人铰块红绸子挂挂,辟邪。从这以后,黛玉的生命很快结束了。李纨说黛玉死前有回光返照的反应,怪异的海棠花开也是花的生命的回光返照。从此以后,黛玉的花的生命和人的生命都结束了。

黛玉是花神,死后是要成仙的,《红楼梦》也正是这样描写的。黛玉死后,贾府上下的人都知道黛玉成仙了。宝玉问探春说:"我还听见说:林妹妹死的时候,远远的有音乐声。或者她是有来历的,也未可知。""黛玉生不同人,死不同鬼,必是那里的仙子临凡。"探春回答说:"但只那夜却怪,不像人家鼓乐

---

① 曹雪芹、高鹗:《红楼梦》,人民文学出版社 1980 年版,第 225 页。
② 同上书,第 226 页。
③ 同上书,第 1166 页。

的声儿……"① 贾蓉说："林姑娘死了，半空里有音乐，必定她也是管什么花了。"② 宝玉对袭人说："林姑娘既是念我，为什么临死把诗稿烧了，不留给我作个纪念？又听见说天上有音乐响，必是她成了神，或是登了仙去了。"③ 当五儿把宝玉梦话说给宝钗时，宝钗想："这话明是为了黛玉了。但尽着叫他在外头，恐怕心邪了，招出些花妖柳怪来。"④ 很明显，从贾府众人的言谈中不难看出他们把黛玉看成是花神了。

在《红楼梦》中，祭神习俗是很被重视的。"尚古风俗：凡交芒种节的这日，都要设摆各色礼物，祭奠花神，——言芒种一过，便是夏日了，众花皆卸，花神退位，须要饯行。闺中更兴这件风俗，所以大观园中之人，都早起来了；那些女孩子们，或用花瓣柳枝编成轿马的，或用绫锦纱罗叠成干旄旌幢的，都用彩线系了。每一棵树头，每一枝花上，都系了这些物事"。⑤ 第一百二回中，农历已是花朝月夕这一天。花朝月夕是农历二月十五日，按民俗来讲是日应祭奠花神，为花披红挂彩。贾府在花朝月夕这一天，由于黛玉一死，宝玉娶亲，其他姐妹走的走，嫁人的嫁人，故大观园中只有几个看园的人住着，也没有贾府的人祭奠花神，很是寂寞。这天晚上尤氏从大观园中走了过去，回到家中就病倒了。贾蓉求人算完卦对他父亲贾珍说是由于花妖黛玉、晴雯在园里闹的，"母亲打那里走，还不知踹了什么花呢，不然，就是撞着那一个"⑥。尤氏病倒不久，贾珍也病了，贾珍刚好，贾蓉又病了。如此接连数月，贾府惧怕，那些看园的都说是花妖树怪闹的鬼，都要搬走。以后贾赦请道士作法，才息事宁人。贾府之所以发生这样的事，都是因为它违背了民俗，花朝月夕没有人祭奠花神。

第一百十六回，介绍黛玉经历了降凡历劫，还报了灌溉之恩，今返归

① 曹雪芹、高鄂：《红楼梦》，人民文学出版社 1980 年版，第 1303 页。
② 同上书，第 1321 页。
③ 同上书，第 1347 页。
④ 同上书，第 1403 页。
⑤ 同上书，第 314 页。
⑥ 同上书，第 1321 页。

真境，成为总花神——潇湘妃子。宝玉到太虚幻境，看见了已是花神的林黛玉。黛玉头戴花冠，身穿绣服，端坐宫中。人为亲人送葬是人之常情，但人为花送葬却奇之又奇。人为花送葬显然是把花当作了有生命的主体性存在。《葬花吟》正体现了人与花的平等，也体现了人与花的难以割分，融合为一。

2. 人的悲境与花的还泪

在《红楼梦》中，黛玉随着情节的发展而死亡，花随着季节的流逝而衰亡。人的死亡与花的衰亡是同步进行的，人的悲境与花的还泪是融为一体的。正是"胭脂鲜艳何相类：花之颜色人之泪；若将人类比桃花，泪自长流花自媚；泪眼观花泪易干，泪干春尽花憔悴。憔悴花遮憔悴人，花飞人倦易黄昏；一声杜宇春归尽，寂寞帘栊空月痕"①。

黛玉在人间的悲境体现在以下几个方面：

第一，黛玉从小父母双亡，七岁进入贾府，寄人篱下。因此她异常地小心谨慎。她"步步留心，时时在意，不要多说一句话，不可多行一步路"②。每当看到别人家团圆和乐，她就辛酸异常，倍感凄凉。

第二，她从小就体弱多病，气弱血亏，会吃饭时便吃药。从黛玉的长相中可以看出她是非常瘦弱的："两弯似蹙非蹙笼烟眉，一弯似喜非喜含情目。态生两靥之愁娇袭一身之病。泪光点点，娇喘微微。娴静似娇花照水，行动如弱柳扶风。心较比干多一窍，病如西子胜三分。"③ 宝玉知道"林妹妹是内症，先天生的弱，所以禁不住一点风寒。"④ 王大夫诊黛玉的脉是"六脉皆弦，因平日郁结所致"，"不知者疑为性情乖诞，其实因肝阴亏损，心气衰竭，都是这个病在那里作怪"⑤。

---

① 曹雪芹、高鄂：《红楼梦》，人民文学出版社 1980 年版，第 908 页。
② 同上书，第 26 页。
③ 同上书，第 37 页。
④ 同上书，第 328 页。
⑤ 同上书，第 1087 页。

　　第三，黛玉纯真的爱情被剥夺扼杀。她多愁善感，敏感而又自尊。她知道了宝玉对她的真心后，内心趋于平静，只能"每日家，情思睡昏昏"①。但没有人为她主张婚事，她身体每况愈下，只能感花伤己，迎风洒泪，对月长吁。正是"秋闺怨女拭啼痕。娇羞默默同谁诉"②。当无意中得知宝玉结婚后，她焚稿断痴情，魂归离恨天，含恨死在潇湘馆。这是黛玉人间的悲境。

　　另外，黛玉的命运也是花还泪的过程。在《红楼梦》中，人的悲境与花的还泪是统一在一起的。黛玉的前身是绛珠仙草。贾宝玉的前身，是女娲补天所剩，弃在青埂峰下的一块顽石。这块顽石被警幻仙子命为赤瑕宫的神瑛侍者，他看到西方灵河岸上三生石畔的一棵绛珠仙草后，日以甘露灌溉，绛珠仙草始得久延岁月。绛珠仙草后来脱了草木之体，修成女体。为了报答神瑛侍者的灌溉之恩，她许下愿：他若下世为人，我也同去走一遭，但把我一生所有的眼泪还他，也还得过了。这就是著名的木石前盟。别人认为黛玉的性格小性难处，其实黛玉的性格也是由花神的命运决定的。"眼空蓄泪泪空垂，暗洒闲抛更向谁？尺幅鲛绡劳惠赠，为君那得不伤悲！"③ "彩线难收面上珠，湘江旧迹已模糊；窗前亦有千竿竹，不识香痕渍也无？"④ 为了报灌溉之恩，尽还泪之愿，黛玉只能多愁善感，以泪洗面。因此，黛玉的命运正是花还泪的过程。黛玉后期常常是自泪不干，"想眼中能有多少泪珠儿，怎禁得秋流到冬，春流到夏"⑤。黛玉注定要流尽自己的眼泪，付出年轻的生命，落得泪尽而逝的悲剧结局。

　　可见黛玉的性格既有人性又有花性。我们分不清是"人的悲境"使她流泪，还是"花的还泪"使她处于悲剧的状态，二者是有机融合在一起的。正如黛玉写的那样："粉坠百花洲，香残燕子楼。一团团，逐队成球。漂泊亦如人命薄。"⑥

---

① 曹雪芹、高鄂：《红楼梦》，人民文学出版社 1980 年版，第 307 页。
② 同上书，第 449 页。
③ 同上书，第 412 页。
④ 同上书，第 413 页。
⑤ 同上书，第 62 页。
⑥ 同上书，第 912 页。

著名的葬花词不仅是黛玉对自身命运的感叹，更是对花神自身命运的哀叹。"花谢花飞飞满天，红消香断有谁怜……一年三百六十日，风刀霜剑严相逼；明媚鲜妍能几日，一朝漂泊难寻觅。花开易见落难寻，阶前愁杀葬花人；独把花锄偷洒泪，洒上空枝见血痕……昨宵庭外悲歌发，知是花魂与鸟魂？花魂鸟魂总难留，鸟自无言花自羞；愿侬此日生双翼，随花飞到天尽头。天尽头！何处有香丘？未若锦囊收艳骨，一抔净土掩风流：质本洁来还洁去，不教污淖陷渠沟。尔今死去侬收葬，未卜侬身何日丧？侬今葬花人笑痴，他年葬侬知是谁？试看春残花渐落，便是红颜老死时——一朝春尽红颜老，花落人亡两不知。"① 黛玉作为花神有这样艰难的命运，是因为她"降凡历劫，还报灌溉之恩"。

整个《红楼梦》中众女子经历了"落红成阵，随水而逝"的悲剧，经历了千红一窟（哭）、万艳同杯（悲）、群芳髓（碎）的悲剧。而其中突出的悲剧是黛玉的玉碎珠沉，水流花落的悲剧，即"沁芳"、"泻玉"的悲剧。

3. 人的高洁与花的纯洁

中国历来有披褐怀玉的观念，意思是说一个人再贫穷，只要有玉就足矣。"君子比德于玉"，"君子无故，玉不去身"。玉成为衡量人品德的尺度。《礼记》中有段话："夫昔者，君子比德于玉焉：温润而泽，仁也；缜密以栗，智也；廉而不刿，义也；垂之如队，礼也；叩之其声清越以长，其终诎然，乐也；瑕不掩瑜，瑜不掩瑕，忠也；孚尹旁达，信也；气如长虹，天也；精神见于山川，地也；圭璋特达，德也；天下莫不贵者，道也。"② 玉的品德是温柔敦厚，表里如一，声音舒扬，天地精华，坚贞勇敢，守信有礼，聪明公正，高洁不俗。玉在中国的词汇中是至美至尊的词。中国往往习惯以玉来比喻好花，如瑶花、琪花、琼林玉树等。黛玉的名字中有玉，正是取玉之高洁这样一层含义。

---

① 曹雪芹、高鄂：《红楼梦》，人民文学出版社 1980 年版，第 323—324 页。
② 《礼记》。

黛玉的高洁主要体现在以下几个方面：

第一，黛玉素性好洁，就连落地的花瓣，她也怕被弄脏了。她小心地收集花瓣，埋好花瓣，让花瓣随土化了。黛玉葬花已成为《红楼梦》中经典的画面。

第二，黛玉是超尘脱俗的。她不以世俗的功利的眼光看待宝玉送给她的旧帕子，她能以审美的眼光看待旧帕子，并从旧帕子中体悟到了宝玉的真情，并为之题诗，写下了《题帕三绝》。

第三，她能超越社会的功名利禄，她并不指望宝玉能取得仕途的功名，只希望和宝玉真心相爱。

第四，黛玉的名字取名叫"玉"，玉本身就是高洁的象征。正是由于黛玉高洁不俗、充分占有玉的品格，黛玉在宝玉的眼中是"亭亭玉树临风立，冉冉香莲带露开"。

第五，黛玉的超脱高洁在她的诗中也有体现。她在题匾时写了《世外仙源》，"宸游增悦豫，仙境别红尘。借得山川秀，添来气象新"。"半卷湘帘半掩门，碾冰为土玉为盆。偷来梨蕊三分白，借得梅花一缕魂"。这正体现了黛玉的冰清玉洁。[①] 黛玉的性格是纯真直率的。黛玉给别人的印象是"孤高自许，目无下尘"[②]。其实她是在用纯真来捍卫自已的尊严，用直率来抵御外界的轻贱和冒犯，用小心敏感来避免外界可能给她带来的伤害。

在人们的心目中，花从来都是美好纯洁的象征。花的纯洁在作品中也是有充分表现的。"天尽头，何处有香丘？未若锦囊收艳骨，一抔净土掩风流；质本洁来还洁去，不教污淖陷渠沟。"

在黛玉的身上，人的高洁与花的纯洁是统一在一起的。人的高洁与花的纯洁是有同构性的。

4. 黛玉形象的生态美学意义

由于黛玉的生命构成是人与花的统一，述说着人与自然的平等交流，亲密

---

① 曹雪芹、高鄂：《红楼梦》，人民文学出版社 1980 年版，第 448 页。
② 同上书，第 52 页。

无间，因而黛玉的形象又具有了生态美学的意义。

宝玉的形象也体现出了生态美学意义。两个婆子议论宝玉说：你说可笑不可笑？时常没人在跟前，就自哭自笑的；看见燕子，就和燕子说话；看见河里的鱼，就和鱼说话；见了星星月亮，不是长吁短叹，就是咕咕哝哝的。正因为如此，黛玉和宝玉才成为知己。也就是说，黛玉和宝玉都具有生态美学意义，这也是他们成为恋人、知己的深层原因和基础。

黛玉和宝玉都赋予自然界中的事物一种主体性的存在。他们都和自然物有一种平等的视角，平等的地位。他们不但推己及物，还能推物及己。他们不但有人对物的感受，更难得的是，他们还能体会到物对人的感受体验，这是我们以前所没有认识到的，所忽略的东西。笔者认为，这恰恰是黛玉和宝玉的闪光处，也显示了曹雪芹的远见卓识。

在《红楼梦》中，自然界中的花（黛玉）、石头（宝玉）获得了主体性的身份，主体性的地位，这种主体性的身份，主体性的地位有着异乎寻常的意义。

在自然界中，人不能搞霸权主义，人类应该正确确立人在自然界中的纬度，即人的自然纬度。不能因为人是"宇宙的精华，万物的灵长"，就实行人类霸权主义，用人类的声音取代一切其他生物的声音。平等的思想不只是针对人与人的关系来说的，还应该针对人和自然界万物的关系来说。庄子说的是多么好呀："号物之数谓之万，人处一焉；人卒九州，谷食之所生，舟车之所通，人处一焉。"① 人类只是地球这个大家庭中的一员，人类迅速地毁灭地球生命圈中的其他生物，最终侵犯了自己的生存基地。在自然界中，人与自然万物是互相依赖互为前提的，缺一不可。人在自然界的生物链中，与其他的生物是平等的。失去了他者，也就失去了人类自身的存在。消灭了他者，也就消灭了人类自身。大量的惨痛教训告诉人类，人类肆意破坏生态环境，不能摆正人类在生物链中的位置，使人类已经面临生存危机。自然环境的恶化，降低了人类的

_____

① 庄子：《老子 庄子 四书》，辽宁人民出版社 2001 年版，第 212 页。

生存质量。沙漠化越来越严重，淡水资源越来越缺乏，石油的短缺，物种消失与日俱增，等等，这些都是不争的事实。

马克思在 1844 年《手稿》中主张通过对资本主义"异化"的扬弃，实现人的全面发展。[①] 面对着新形势、新格局，我们应该在马克思《手稿》的基础上提出新的理论主张，即自然界生物通过对人的"人化"的扬弃，全面实现自然界生物的平等的发展，而这种发展是以人和自然界生物的平等意识为基础的。人的本质是"自由自觉"，自然界生物的本质又何尝不是"自由自觉"。我们不应用人的"自由自觉"来取代和抹杀自然界生物的"自由自觉"。人对自然界的尊重与宽容是多么少啊！20 世纪后期著名学者杜夫海纳、帕斯默与今道友信在关于新世纪美学的对话中主张：要建立生态伦理学美学；使人和自然处于适应状态，把自然作为生命体而尊重其存在的价值。人类中心主义应该被废除。人类中心主义的消解更有利于人类自身的自由自觉的发展。

人把自然作为生命体尊重的重要表现之一就是：人不仅要有人的视角，更需要有生态视角，而生态视角又是尤为重要的。生态视角在人的生活中是不能缺失的。生态视角包括人的视角，生态视角大于人的视角。生态视角具有海纳百川的气魄，是宽容的，是平等的，是更高意义上的"民主"。而人的视角是狭隘的，是偏激的，是自私的，是更高意义上的自我膨胀，自我泛滥。一位美国生态学家说得好：人类应该轻轻地走过大地，只获取自己应该获取的物质，把丰厚的财富留给下一代。

因此，黛玉的形象就具有了生态美学的重要意义，我们应该明确地意识到这一点。

三　满族文学艺术中的动物意象

满族人与动物的情感是其他民族所少有的，动物可以成为人的朋友，甚至

---

①　王向峰：《〈手稿〉美学解读》，辽宁大学出版社 2004 年版，第 41 页。

恩人。满族之所以对动物有深厚的感情，原因如下：

1. 动物成为满族人的救命恩人

满族民间说唱艺术中有许多动物报恩的故事。相传老罕王为躲避明朝总兵李成梁的追捕，骑着大青马逃跑，大青马累死了，老罕王只能步行钻入草甸子躲起来，明兵放火焚烧，是狗弄湿了老罕王周围的草，老罕王才没被烧死，狗累死了。老罕王继续逃跑，又是乌鸦落在老罕王的身上，追兵以为老罕王死了，放过了老罕王。后来，为纪念大青马，建大青国，为反明，在青字前加上三点水，为大清国。为了纪念狗，满族从此不吃狗肉。为了纪念乌鸦，满族把乌鸦敬为神鸟，用索伦杆子敬奉乌鸦。大青马、狗、乌鸦救过老罕王。《满族为什么不吃狗肉》就表现了狗救老罕王的故事。

在满族说部中，鹿救了萨布素和他的部队。萨布素将军的部队得了瘟疫，士兵都吃不下饭，四肢无力，就在大家一筹莫展的时候，营地西山的柴草响得了不得，噼里啪啦就像有许多马跑过来了，"再一看不是马是一帮鹿。鹿越来越多，一个鹿叼一缕草，前头的鹿戴着银牌子，萨布素认得：'这不是我们给治好伤的鹿吗，它怎么来了呢？'这鹿一看到萨布素，就一下子跑到萨布素跟前了。一看那个北面有锅，就把草放在锅里。别的鹿也是一样，往锅里放草。锅装满了，一缕一缕摆好了。然后这只戴银牌的母鹿瞅瞅萨布素，又瞅瞅锅。萨布素不太明白。'你们是不是饿了？'鹿也没吱声。'是不是渴了要喝水？'鹿也没动弹。完了这鹿一看旁边有病人，就叼了草往病人嘴里塞，病人稀里糊涂地把草三嚼两嚼地咽了下去。过一会儿，睁开了眼睛，又待一会儿好了。这样萨布素才知道这帮鹿是给我送药来了"。鹿一看萨布素明白了，就一个一个回山了。① 鹿是通人性的，正是这群鹿救了萨布素的部队。鹿成了萨布素部队的救命恩人。在《挖棒槌》中，有蟒仙救人的情节。《雪妃娘娘和包鲁嘎汗》中狼和鹰成为包鲁嘎汗的救命恩人。另外《白鹿额娘》《小白龙报恩》《姑嫂放

① 谷长春主编：《满族口头遗产传统说部丛书——萨布素将军传》，吉林人民出版社2007年版，第265页。

燕》《天鹅的故事》等表现的都是动物报恩的内容。

在满族的许多故事传说中都表现了人与动物的深厚感情。如《打画墨儿》描写了乌鸦原是村中最美的鸟，有一身五光十色的羽毛，为了救火护林，被熏成黑色，表现了人与动物的深情厚谊。

2. 动物与满族神祇的密切关系

在满族民间说唱艺术中，有些动物由神祇演变而来，这本身就是对动物地位的一种提高，表达了人对动物的崇敬之情。在《乌布西奔妈妈》中，神女古尔苔像普罗米修斯一样，为人类带来了光明和温暖，自己却死去化作了乌鸦。"阿布卡额姆的忠实侍女古尔苔，受命取太阳火坠落火山，千辛万苦钻出冰山，取回神火温暖了大地。宇宙复苏，万物生机，古尔苔神女因在冰山中，饥饿难耐，误吃耶鲁里吐出的乌草穗，含恨死去，化作黑鸟，周身变成没有太阳的颜色，黑爪、壮嘴，号叫不息，奋飞世间山寨，巡夜传警，千年不惰，万年忠职。"① 从此，乌鸦成为满族的报警鸟。

满族动物神祇丰富，只要是动物，都可能成为满族人敬奉的神祇。满族供祭的山神为老虎。相传，努尔哈赤跟众人放山，轮到努尔哈赤给老虎当牺牲品，老虎不但没有吃掉努尔哈赤，反而把努尔哈赤带到人参地。因此，满族猎人敬虎为山神，不到万不得已时不许打老虎。山神老虎曾经为老罕王努尔哈赤带路，找到了人参。新宾满族故事《两匹神马》讲述了两匹神马如何从葫芦里出生，最后救了老罕王的故事。

在萨满神歌中，动物神祇非常多，萨满祭舞往往是模仿动物的喜怒号奔的各种姿态。如《萨满神歌译注》中就有"爱心克库"（金舌鸟神）、"蒙文克库"（银舌鸟神）、"牙亲娄付"（黑熊神）、"爱打浑、爱打干恩都立"（野猪神）、"德热他思哈恩杜立"（飞虎神）、"山眼木克嘎思哈恩杜立"（白水鸟神）、"代兰嘎思哈英兰嘎思哈"（旷野鸟神）、"按出兰口浑"（鹰神）、"按巴代朋代明嘎思哈思杜立"（雕神）、"札坤打札破占梅合"（八尺蟒蛇神）等等。萨满神歌在

---

① 王宏刚：《满族与萨满教》，中央民族大学出版社 2002 年版，第 110 页。

表演歌唱动物神时，需模仿动物的神态。

动物成为满族占卜的神物。动物和动物的骨骼等东西成为满族占卜的神器。

《乌布西奔妈妈》举行萨满仪式时：她击着鱼皮神鼓，伴随着兽骨灵佩的声响，吹着深海里采来的银螺。可见，乌布西奔妈妈的神器就是用兽骨做的。其一，在满族的占卜中，虎、熊、豹、鹿、狼、獾、猞猁、大蜥蜴、穿山甲、刺猬、山羊、驯鹿、犴、野猪、狍子、狸、蝙蝠、鸳、鹰、雕、雉、雁、鹅、牛、马、猪、羊、犬、鸡、鸭、鱼、水獭、水蛇、龟、巨蟒等动物的骨骼都可以成为占卜的神器。不同的动物使用的骨卜有所不同。"采用骨卜者，兽类多用牙、掌、骨、肋骨、胛骨、头骨、胫骨、尾骨、膝胫碎骨；鸟禽类主要用全身骨骼，用线穿成的白骨完鸟，或用胸丁字骨、足骼管骨以及新鲜脏腑；鱼类主要用其喉牙、大鱼鳃片、鳞片、脏腑等鲜骨物等；龟用其甲壳。"[1] 其二，萨满教特别重视鸟。萨满神帽上装饰有九只鸟。鸟的多少是萨满的法力大小和地位的标志。因为鸟可以在天上飞翔，所以萨满神帽上的鸟意味着具有通天的法力。鸟是法力的来源。《乌布西奔妈妈》描述了女萨满乌布西奔妈妈跳神时穿着兽骨做的神服："我击着鱼皮神鼓，伴随着兽骨灵佩的声响，吹着深海里采来的银螺。是阿布卡赫赫（天母）给我清脆的歌喉，是德力给奥姆（东海女神）给我广阔的胸怀，是巴那吉额母给我无穷的精力，是昊天的飓风给我通天的声音，萨满的魂灵授予我神职，唱颂荒古的东海和血海般的争杀，跪咏神母育地抚族的圣功。"[2]

3. 人与动物的融合与婚配

在满族的神祇中，有人与动物合成的神祇，这恰恰体现了满族人与动物密不可分、亲密无间的情感。如鹰神就是鹰面人身的形象。这种现象在西方的古老艺术中确实少见。朱狄在《艺术的起源》中研究过西方古老艺术这种现象："人的形象为什么在洞穴壁画中如此罕见，这是一个极为重要的问题，人的自

---

① 王宏刚：《满族与萨满教》，中央民族大学出版社 2002 年版，第 97 页。
② 富育光主编：《金子一样的嘴——满族传统说部文集》，学苑出版社 2009 年版，第 111 页。

我形象好像在庞大的动物群面前消失了，但是原始人至少在客观上表现出这样的思想：人的这种自我消失在某种意义上正好就是人把自身提高到人的一种重要标记，原始猎人有意无意地避免使自身形象与动物的形象混杂在一起，因为只有这样，动物才成其为人的狩猎对象，观照对象，人只有居高临下，而不是和动物群混杂在一起，他才是真正的人，和动物相区别的人。"① 在满族的艺术中，到处可以看到人与动物在一起的形象，只不过满族的古老艺术多是神话传说，雕塑较少而已。

在满族的观念中，人与动物是如此密不可分，以至于人与动物可以通婚。满族神话传说中有许多人与动物婚配的故事。在满族传说故事《穆克格格》中，年轻猎手张小阿看中了水貂精穆克格格（貂姑娘）。穆克格格告诉张小阿，如要与她成亲，就要遭受不幸，张小阿宁可遭遇不幸也要和穆克格格成亲。布特哈总管要拆散他们的姻缘，张小阿与穆克格格一起跳进了江里，张小阿也变成了水貂，他们的后代就是松花江上游的彩色水貂。② 据传说棒槌鸟就是放山老把头王刚哥、李五托生的。在《达布苏与梅花鹿姑娘》中，小伙子达布苏与梅花鹿姑娘结合。《彩云中》打渔姑娘三音甘珠和金翅鲤鱼变成的小伙子结婚。满族说部《克拉玛珲宝石》讲述了人与小白兔成婚的故事。③

在满族民间说唱艺术中，有些艺术形象是人与动物的杂糅，动物具有人的外形，具有人的外形的动物往往是受人喜爱的动物。如《金鱼姑娘》《狐狸姑娘》《天鹅仙女》《蛤蟆儿子》《龙女》《猪姐》《蛤蜊三姐妹》《包海尼雅与梅花鹿姑娘》等，这类动物大部分具有善良的本质。

4. 满族的渔猎生活离不开动物

满族的衣食住行都需要动物。满族的食物以动物为主。满族最主要的动物食品是猪肉。《苏木妈妈》中，"松阿里乌拉是'诸申包（满语女真人的家）'，

---

① 朱狄：《艺术的起源》，中国社会科学出版社 1982 年版，第 50 页。
② 孙邦主编：《吉林满族》，吉林人民出版社 1991 年版，第 159 页。
③ 富育光讲述，荆文礼整理：《苏木妈妈　创世神话与传说》，吉林人民出版社 2009 年版，第 152 页。

是妈妈祖先留下的富庶乐园，是阿布卡赫赫赐予的万灵福地，养育着麋鹿、熊、獾、貂、貉、野猪、红狐、苍狼，百鸟成群，鱼虾满江……用不完的皮张，享不尽的山珍海味。树结猴头蘑，地生狗头金，参籽红似火，白芍药花如银……向以渔猎采捕为生计，宗族谱系源远流长"①。从这段描写中，可以看到满族早期的狩猎经济是以动物为主的。

早期，满族的服装主要以兽皮为主。满族说部《蚕姑姑》记载了满族先民以兽皮为服饰："很早很早以前，住在松花江、乌苏里江、辉发河沿岸的诸申们，不懂穿绸缎，祖祖辈辈稀罕使用皮货。那咱，讲究穿皮制的衣裳，除了常用的猪皮外，好喜欢用熟好的皮板绣制各式衣样。手工巧的，连鱼皮、鸟皮、蛇皮，都能用来制出各种图案的服饰。真是漂亮极了。不知又过了多少个年头，在满族人家里，才用上了麻布。"②

满族与动物特别深厚的感情是长期的生活实践的结果。满族的渔猎习俗使其长期与动物打交道，动物成为满族人生产劳动的工具，衣食来源。长期对动物的依赖使得满族人渐渐对动物产生敬畏之情，满族人难以想象一旦离开了动物，会是一种怎样的生活。威廉·范隆在《艺术》中写道：猎人"每天的食物完全要依靠狩猎，如果他没有捉到雄鹿、野猪或熊，他就没有东西可吃，当他挨饿，而妻儿也同样挨饿之时，他整个的生存哲学，整个的宗教，就会围绕着这些野兽旋转，这些动物也就是他们留给我们的绘画形象，这些动物不是吃他就是被他所吃，因此，这些动物就在他的生活中起着举足轻重的作用"③。在满族人的渔猎生活中，狗、海东青等一直是满族人打猎的最好的助手。在满族人的日常生活中，满族人以打猎为生。满族瓦尔喀部以捕貂闻名。满族瓦尔喀部曾被称为贡貂部，因为他们的貂皮非常有名。因此，貂成为满族瓦尔喀人的重要生活来源，满族瓦尔喀人敬祭貂神貌尔罕。满族敬祭的鹰神、鱼神等很多

---

① 富育光讲述，荆文礼整理：《苏木妈妈　创世神话与传说》，吉林人民出版社 2009 年版，第 1—2 页。

② 同上。

③ 朱狄：《艺术的起源》，中国社会科学出版社 1982 年版，第 137 页。

动物神，都是同样的道理。

四　满族文学艺术中的石意象

满族有久远的石崇拜情结。石崇拜和满族的生活实践和习俗有密切的关系。满族自古就与石打交道，石头已经成为满族生活中不可缺少的部分。在满族的文学艺术作品中，与石有关的内容不计其数。石头是满族先民日常生活中不可缺少的生活用品，无论是在生产中、生活中、战斗中还是祭祀中，石头都有着重要的作用。满族的石崇拜主要表现在以下几个方面。

1. 以石为器

在满族的生活中，石是重要的生活用品、生产工具和武器。

第一，石头可以作为满族重要的打猎工具和作战武器。满族先人肃慎人使用"楛矢石砮"狩猎。"楛矢石砮"是用比比皆是的灌木类的荆藤制作的箭杆和一种青石磨制而成的箭头。在《女真谱评》中："函普腰挎石斧，手持石刀，囊揣石弹、石锥等暗器，坐上千里驹，口吹树皮哨，神犬、神鹰相随，快马加鞭，按照梦境朝西北方向驰去。这周围几百里都是熟悉地方，所以他紧催千里驹，向西北遥远的地方奔去。"① 可见，石器是满族先民重要的狩猎工具。

石头可以是进军打仗的引路石。"肖达户按阿骨打的'神速进军法'，反复琢磨，提出兵分四路。一路由他率领轻骑兵二十五人，认红绸为号，投宿之处，路投红石为标，认此作为进兵之引路石。二路，由他妻子率二十五人，认蓝绸为号，顺遁红石之标进发，见红石投蓝石，为三路引标。三路由其女儿阿妹率二十五人进发，认白绸为号，见红蓝二石续进，并投留白石为四路引标。四路由少主亲率二十五兵丁，按路标前进，并认黄绸为号。"②

石头在航海中有着重要的作用。"天落宝石十九颗，供奉在神坛正中。野

---

①　马亚川讲述，王宏刚、程迅记录整理：《女真谱评》（上），吉林人民出版社 2009 年版，第 47 页。

②　同上书，第 338 页。

人——身满绒毛的人，纵情传诵宝石神效：在海之东，密布的大小岛上，盛产宝石，银白色、红黑色、晶黄色，大小不一，深藏石沙之中。惟有海凫、天鹅、神狐，能从沙堆中寻得。光洁耀目，犹如日月之明。海中人以亮石相互联络互援，海中人以亮石照射暗去之程，海中人以亮石探海凶鱼惊遁，海中人以亮石驱热镇静祛病。"①

吉林一带的传说《石箭疑案》，说乾隆东巡吉林乌拉要回京时，一连三天被石箭射过帽翎，乾隆派爱妃侦破此案，发现射箭的男孩是叶赫神箭手额立垦的后人，遭贬蒙冤，流落民间。男孩射箭是为了喊冤。乾隆皇帝不计前嫌，平反了这起冤案。② 可见，乾隆年间，石箭仍然在使用。石头可以是作战的武器。新宾满族故事《石柱子的来历》中，被努尔哈赤从虎口中救出的石匠，为了报恩，帮努尔哈赤用十块大长石条从山上放石滚下山，打败了山下的敌人。以后三道关的石条叫"石助阵"，后来叫成了石柱子。

满族以石为武器，摆石阵。③ 那木都鲁子孙学会用石头摆石头阵，打败了敌人。《红罗女》中有红毒眼和绿毒眼两种石头，奇毒无比，用之涂于兵刃，伤人必亡。红罗女为了解除这种石头之毒，用乾山石解除了毒眼石之毒。在《红罗女》中，将士们在缺少武器的时候，以石头为武器，把石头从城上往下扔，砸向敌人。

第二，石头可以作为满族重要的生活器皿和生产工具。《七彩神火》中有一个故事《神石》："部落人一时高兴，用石泥捏成各种器皿玩物，什么石碗、石盆、石刀、石斧、石箭头、石虎、石人、石鸟、石鲤鱼……一些部落看到精美的石器，认为定是神人做的，都争着要。日子一长，不用出门就有许多部落的人，来换取这些世间珍宝。那木都鲁子孙真是绝境逢生，日子很快富裕起来。"④ 满族先民还用石头做石匣，作为生活用品。在《红罗女》中，长白圣母就用石匣

---

① 鲁连坤讲述，富育光译注整理：《乌布西奔妈妈》，吉林人民出版社 2007 年版，第 158—159 页。

② 孙邦主编：《吉林满族》，吉林人民出版社 1991 年版，第 156 页。

③ 傅英仁搜集整理：《满族神话故事》，北方文艺出版社 1985 年版，第 83 页。

④ 育光搜集整理：《七彩神火》，吉林人民出版社 1984 年版，第 30 页。

装香荷包。在《西林安班玛发》中，满族先民用可以磨出棱角的石斧，削出刀刃的石匕，磨成圆形的石弹，还有用皮条包裹的飞石。

新宾满族故事《火石嘴子》中，努尔哈赤带兵坚守在大石嘴子山上，事先捡了干柴，由于雨天光有火镰没有火石和火绒，没法点火做饭，官兵一筹莫展，后来努尔哈赤捡到了打火石，救了大家。

满族的建筑用石。满族作战工事多以木石交构或为土石杂筑。朝鲜记载了满族建筑："外城先以石筑，上数三尺许，次布椽木，又以石筑，上数三尺，又布椽木，如是而终，高可十余尺，内外皆以粘泥涂之。"[①]

由赵洪军、曹瑞佐搜集整理的民间故事《大石柜》描写了一块大青石，好像一口柜子。大青石成为石芽和天彩生活恋爱的地方，成为人们喜爱的器物。

第三，石头可以成为记事工具和文字载体。满族先世没有文字，满族说部"所唱内容全凭记忆，口耳相传，最早助记手段常佐以刻镂或堆石、结绳、积木等方法实施"[②]。可见，石头是帮助满族先民记忆的一种方法。满族远古在石上镂制成"猎谱"和"路标"。

2. 以石为神

由于对石的依赖和喜爱，石在满族人的心中具有了神性。石头具有超常的神力，可以变化莫测。满族的石头神或石头人往往是正面形象，是正义、善良的化身。在本溪满族民间故事《石人吐金的故事》中，石头人具有正义感，扶弱救贫，吐出金子拯救了英翅窝和他的老额娘。满族英雄传说《古石镇妖》中的老察玛依仗古灵石除掉恶龙。

满族有很多人石转世轮回，人与石神婚配的故事。由张其卓、董明搜集整理的《凤丹与石人》中，凤丹看到一个石人。石人本是神，因触犯天条，被贬到人间。凤丹梦中与石人结婚，醒来后怀孕。最后，凤丹与石人幸福结合。《泪点玉杯》中，有个小伙子长相丑，专门靠卖唱供养老母。后来小伙子变成

---

① 《新宾满族自治县概况》编写组：《新宾满族自治县概况》，辽宁大学出版社1986年版，第157页。

② 富育光主编：《金子一样的嘴——满族传统说部文集》，学苑出版社2009年版，第17页。

了玉杯，又由玉杯变成了人。这是一个人与石头生命轮回的故事，表现了重才不重貌的价值观。《石柱冤》中鸦鹘关有辽东的一大奇观，在关口耸立着一根高达三十多米的花岗岩石柱，这根石柱是一个叫那喜山的小伙子为心爱的姑娘殉情所变，讴歌了忠贞不渝的爱情。①《满族三老人故事集》中的《玉石阿玛》中的绿色玉石"开天辟地的时候，世上留下了它。不知经过多少万年的日月精华，它渐渐有了灵气"②。为了帮助穷人孩子，绿玉石变成了老人，开了玉石铺，最后被害，又变成了晶莹透绿的玉石，表现了乐于助人的价值观。《哭儿石》讲述了不幸的讷讷变成了石头。

满族的神偶和神歌图谱用木、石、革、帛制成。石具有了神奇的色彩，成为北方古代文化历史遗存的珍品。

石头成为满族祭祀的神物。满族说部《西林安班玛发》中的西林色夫重归大海，成为海底镇海石。萨玛每次祭祀西林色夫，祭坛上都会摆块光辉灿烂的海石，石头成为祭祀的神物。

3. 以石为贵

满族以石为贵，尤其以玉石为贵。满族民间工艺包括玉雕。乾隆曾写诗赞美玉："酪浆若牛乳，玉碗似羊脂。"《红楼梦》中，玉石是富贵的象征："贾不假，白玉为堂金作马；阿房宫，三百里，住不下金陵一个史；东海缺少白玉床，龙王来请金陵王；丰年好大雪，珍珠如土金如铁。"

努尔哈赤曾经感谢大山的救命之恩：在新宾县西七十五里的柜石哈达，山形峭立，怪石参天，"传说，山崖石畔间生长过许多人参。一次明兵追杀努尔哈赤至此，被大量开着红花的山参所吸引，遂放弃追赶之念，只顾挖参，天黑满载而去，努尔哈赤和手下因藏在石碴缝里而得救。他有感石头救命之恩，脱口道：'此乃贵石也！'后因山势雄伟，形如方柜，人们便将'贵石'改为柜石。"③

---

① 杨丰陌：《御路歌谣——满族民俗传说》，辽宁民族出版社 2005 年版，第 220 页。
② 张其卓、董明整理：《满族三老人故事集》，春风文艺出版社 1984 年版，第 37 页。
③ 《新宾满族自治县概况》编写组：《新宾满族自治县概况》，辽宁大学出版社 1986 年版，第 160 页。

4. 以石为偶

在满族文艺作品中，人与石结合成婚、繁育后代的故事很多。在《女真谱评》（上）中，后庙石头人暗中与格格娃妞结婚，娃妞有了身孕，牛娃被诬陷是罪魁祸首，格格娃妞和牛娃要一同被处死，阿骨打前来断案。娃妞和阿骨打陈述原因："我想额娘，经常哭泣，继母不是掐就是打，不许我哭叫，打得我身上青一块紫一块的，在家不敢哭，我经常跑到后庙哭去，有时到庙里磕完头，我就走出庙，庙左右各有石头人一个，我就经常依在左边石头人哭泣，哭够了才回家，还发现家里的奴隶牛娃，经常挨打受骂，在背地里哭泣，他啥也吃不着，我就背地里偷着给他送点儿吃的。今年春天，我又依在石人身上哭泣，我哭着哭着，感到石人动弹，将我吓了一跳，回过头一看，这石人眼泪也扑簌簌地往下掉，我对石人说，石人呀，石人，没想到，你还能可怜我呀，说着我一把搂在石人的脖子上，痛痛快快地哭个够儿，就在这天晚上，像做梦似的，石人变成个英俊的小伙子，说他就是石人，和我前世结下的姻缘今世又相配了，问我爱不爱他，我说，世上只有你石人可怜我，疼爱我，我不爱你，爱谁呀，梦中我与石人结为夫妻，从此，石人天天晚上都来和我同床，后来发现我已经身怀有孕，这事儿不能再瞒着啦。"[1]

5. 以石为美

满族自古喜欢佩戴石饰，以石为美。满族的石饰主要有燧石、板岩、页岩、石英岩、水晶、辉长岩、玉髓、碧玉、玛瑙、松花岩等。"满族等北方原始先民的石佩多种多样，而且是大量的。有球形、管状形、有的又细又小如粟粒，有的雕刻成舟形、斧形、菱形、多角形不等。石饰之所以名目繁多，亦与女真故地出石有关。黑水白山，矿石饶裕。"[2]

满族的服饰配有石饰由来已久。满族史诗《乌布西奔妈妈》描述了乌布西奔妈妈的神服："用了九百九十九块东海彩石磨成的珠穗披肩，用了九百九十

①　马亚川讲述，王宏刚、程迅记录整理：《女真谱评》（上），吉林人民出版社 2009 年版，第 270 页。

②　孙邦主编：《吉林满族》，吉林人民出版社 1991 年版，第 264 页。

九颗九彩海贝镶嵌的八宝彩袄，用了九百九十九根海鲸髯须编绣的云水星衫，用海葵、海莲叶剪出千幅花卉贴缝的东海腰带，用万年海龟金色板皮缝制金鹰展翅的太阳帽……"满族以石为美，所以喜欢在服饰上装饰石。

满族以石为美，并在石中附会了真善美的价值观。满族说部《克拉玛珲宝石》中，描写了诺温江，即现在的嫩江，出产一种宝石，很珍贵，很像晶莹的玛瑙。"把它镶在衣、帽、鞍鞯、刀柄、荷包上，就会烁烁发光，直耀眼睛。这种宝石能发出好几种颜色的光，好看极了，大家都叫它克拉玛珲宝石，满族话就是兔。戴上克拉玛珲宝石，象征着忠贞不渝，吉庆幸福。所以满族的青年男男女女，都想得到克拉玛珲宝石，都喜欢戴在身上。"① 克拉玛珲宝石是美和善的化身。

综上所述，由于满族先民在日常生活中使用石头的频率高，和石头结下了不解之缘，因此，石头既是日常生活用品，又被升华为美的象征。

五 《红楼梦》中的"玉"文化探析

玉文化是中华民族特有的文化现象之一。《红楼梦》中的玉文化，是我国数千年来玉文化现象在文学领域的突出代表。玉在《红楼梦》中作为一种物化线索贯穿全书始终，并以其深刻的内涵推动情节的波澜起伏。玉是贾府地位和财富的象征，玉是贾府兴衰过程的暗蕴，玉的生命体现尤其是对人物形象品德、灵性和命运的揭示等等，都使这部书产生了独特的审美意识和巨大的精神力量，同时也充分显示了中国玉文化的永久魅力。

世界上没有哪一个民族比华夏民族更珍爱玉了。中华民族有七千年的爱玉风尚，反过来，玉也深刻地影响着中国的文化、道德、哲学、政治、宗教、价值观念。玉已深深地融合在中国传统文化与礼俗之中。

---

① 富育光讲述，荆文礼整理：《苏木妈妈 创世神话与传说》，吉林人民出版社 2009 年版，第152 页。

世界上没有哪一部小说比《红楼梦》更珍爱玉了。《红楼梦》中的玉显现出了巨大的精神力量和独特的审美意识。玉在《红楼梦》中融合着人类的生命，观照着人类的生命，引导着人类的生命。玉在这部小说中有着丰富的文化内涵和深远的民俗根基。

整个《红楼梦》的故事是由玉石讲出来的。玉在此书中，出神入化，充满仙机。贾府上下无不爱玉，无不喜玉，贾府的命运也随着玉的变化而变化。

1.《红楼梦》中"玉"的象征性

在中国的玉文化中，玉是品德的象征，玉是财富、地位的象征，这种观念由来已久。自商州时期，玉大多用作祭祀礼器、佩饰和兵器，到了三国魏晋南北朝时期，人们由于爱玉，甚至达到了吃玉的程度，认为"食玉，寿如玉"。宋代则专门出现了"玉院"。到清代则出现了"如意馆"、"金玉作"、碾玉作坊等制金玉的部门。在清代人们爱玉已到了登峰造极的程度。玉文化和《红楼梦》中玉的象征性是有着渊源关系的。

第一，玉是品德的象征。中国历来有披褐怀玉的观念，意思是说一个人再贫穷，只要有玉就足矣。"君子比德于玉"，"君子无故，玉不去身"。玉成为衡量人的品德的尺度。《礼记》中有段话："夫昔者，君子比德于玉焉：温润而泽，仁也；缜密以栗，智也；廉而不刿，义也；垂之如队，礼也；叩之其声清越以长，其终诎然，乐也；瑕不掩瑜，瑜不掩瑕，忠也；孚尹旁达，信也；气如长虹，天也；精神见于山川，地也；圭璋特达，德也；天下莫不贵者，道也。"[1] 东汉许慎在《说文解字》中，第一次提出玉的定义，指出玉即"石之美"，玉本身包含五德。五德指"润泽以温，仁之方也；鰓理自外，可以知中，义之方也；其声舒扬，专以远闻，智之方也；不挠而折，勇之方也；锐廉而不忮，絜之方也"。[2] 玉德是从玉的自然属性派生出来的观念。玉不仅是天地之精华，更是人文之精美。

---

① 《礼记》。

② 许慎：《说文解字》，中华书局 1983 年版，第 10 页。

《红楼梦》中有美好品德的人物都是用玉来象征的。玉的品德是温柔敦厚，表里如一，声音舒扬，天地精华，坚贞勇敢，守信有礼，聪明公正，高洁不俗。玉的这些品德在《红楼梦》中得到了尽情的表现。《红楼梦》中妙玉是超尘脱俗的高洁女孩，只可惜她的命运是"欲洁何曾洁，云空未必空，可怜金玉质，终陷泥淖中"[①]。

妙玉平时喝茶的杯子只能是绿玉斗，这也象征了她的高洁品质。第二十二回中，黛玉问宝玉，"至贵者'宝'，至坚者'玉'。尔有何贵？尔有何坚？"这里"玉坚"是指玉的坚贞的品质。尤三姐是个刚烈高洁的女子，曹雪芹也是用玉来赞美尤三姐的。尤三姐批评尤二姐说："姐姐糊涂！咱们金玉一般的人，白叫这两个现世活宝玷污去，也算无能！"尤三姐表达爱情是用玉簪来发誓的。尤三姐之死正是"揉碎桃花红满地，玉山倾倒再难扶！"尤三姐去太虚幻境途中也是佩戴玉环玉佩的。贾兰赞林四娘风流忠义，写道："玉为肌骨铁为肠。"宝玉祭奠晴雯时写道："其为质则金玉不足喻其贵"，"指环玉冷，今倩谁温"。可见晴雯品德之高贵。黛玉在宝玉的眼中是"亭亭玉树临风立，冉冉香莲带露开"。宝玉看蒋玉菡是"鲜润如出水芙蓉，飘扬似临风玉树"。《红楼梦》中连偷玉的小偷都有一个好名，名叫良儿，可见作者爱玉之甚。

玉德在《红楼梦》诗中表现非常突出。秋爽斋偶结海棠社，每人咏白海棠的诗中都带玉字，都把玉当作高雅纯洁的象征。探春诗云"玉是精神难比洁，雪为肌骨易销魂"。宝钗诗云"淡极始知花更艳，愁多焉得玉无痕"。宝玉诗云"出浴太真冰作影，捧心西子玉为魂"。黛玉诗云"半卷湘帘半掩门，碾冰为土玉为盆"，"玉烛滴干风里泪，晶帘隔破月中痕"。第三十八回海棠诗社吃螃蟹作菊花诗时，黛玉描写螃蟹是"螯封嫩玉双双满，壳凸红脂块块香"。香菱学诗写月，诗句中也都带玉字，如"翡翠楼边悬玉镜"，"试看晴空护玉盘"，"恍若轻霜抹玉栏"。黛玉、湘云、妙玉在凹晶馆联诗也有玉字。文学是对现实的审美的反映，诗歌也是如此，玉在这里显然是作为美好的东西而出现的。《红

---

①　曹雪芹、高鄂：《红楼梦》，人民文学出版社 1980 年版，第 58 页。

楼梦》中的仙女也用玉来歌颂。第五回贾宝玉神游太虚境时，听警幻仙姑唱的歌词是："羡美人之良质兮，冰清玉洁"，"爱美人之容貌兮，香培玉篆"。

第二，玉也是财富、地位的象征。中国爱玉之甚从几个简单的汉字就可略见一二。如"宝"是珍贵的意思，"国"指国家，"玺"是皇帝的印，这三个字都带玉字，也就是说珍贵的东西不可无玉，国家不可无玉，皇帝不可无玉。玉成为传世国宝的重要组成部分。生活在清代的曹雪芹、高鹗深知拥有玉意味着拥有了财富、地位。玉是作者表现贾府富贵奢华的一个重要手段。

贾家的富贵和玉有千丝万缕的联系，这主要表现在以下几个方面：第一，贾府的日常起居离不开玉。探春案上右边洋漆架上悬着一个白玉比目磬。黛玉暖阁中的单瓣水仙是用玉石条盆栽的。探春见人人都有璧玉佩，只有岫烟裙上没有璧玉佩，怕人笑话，便送她一个。贾琏用汉玉九龙佩勾引尤二姐。平儿受委屈时，宝玉拿出玉簪花棒儿并用白玉盒子盛着的玫瑰膏子妆扮平儿。芳官的右耳根内塞着米粒大小的一个小玉塞子。第二，贾府重大场合离不开玉。元妃省亲的正殿是青松拂檐，玉栏绕砌，金辉兽面，彩焕螭头。正殿前是一座玉石牌坊。房内雕空玲珑木板，都是五彩销金嵌玉的。省亲的行宫则是金窗玉槛。正是"金门玉户神仙府，桂殿兰宫妃子家"。贾府祭祖时，荣宁二祖遗像都是披蟒腰玉的，众人一齐跪下祭祖时响起金铃玉佩的微微摇曳之声。贾家请人吃年酒，贾母的花厅上则点缀着"玉堂富贵"等鲜花。第三，玉是贾府重要的财宝。玉是家族富贵的一个尺度。贾雨村断案，门子递他一个护身符，是大族名宦之家的俗谚口碑："贾不假，白玉为堂金作马……东海缺少白玉床，龙王来请金陵王。"外面的人传言贾府有钱，认为贾府使用的家伙都是金子镶玉石嵌的。贾母把祖上传给她的汉朝玉玦作为稀世之宝传给了宝玉。贾府被抄的家财很多，玉是被抄家产的重要组成部分，其中有玉佛三尊，玉寿星八仙一堂，枷楠金玉如意各两柄，玉缸一口，小玉缸二件，玉盘二对，脂玉圈带二条等。第四，玉既是皇亲贵戚赠人的礼物，也是受赠的礼物。元妃赏赐贾母、贾政、王夫人、赵姨娘的礼物比别人多了一个香玉如意。贾府到清虚观打醮，众人敬贺贾母的礼物有金璜玉玦，皆是珠穿宝嵌，玉琢金缕，共有三五十件。贾母八旬大寿，钦赐金玉如意一柄，金玉杯各四件等。元春送玉杯四只等。贾政带宝玉出门，因宝玉诗文作得好，别人送宝玉玉绦环三个等。南安太妃送贾府各小姐金玉戒指各五个，腕香珠五串。北静王也做块玉送给了宝玉。

2. 《红楼梦》中"玉"的暗蕴性

在中国，玉是长寿吉祥的象征。贾府有了通灵宝玉，就兴旺发达，贾府没有了通灵宝玉，就走向了衰败。玉是《红楼梦》中一条潜在的重要线索。玉影响了《红楼梦》的情节、人物、主题、社会历史等。玉操纵着贾府的命运。玉不仅是贾宝玉的护身符，也是贾府的护身符。玉在《红楼梦》中为何叫"通灵宝玉"？就是因为玉能通灵，显灵，玉在人间很灵验。玉暗暗蕴含着贾府的悲欢兴衰。

《红楼梦》原名《石头记》，就是讲女娲补天剩下的一块石头，被一个和尚把它由大变小，在宝玉出生时衔在口中，带到世上，投入钟鸣鼎食、翰墨诗书之家的一番经历。曹雪芹以石头为引子，写石头的遭遇，一方面，有他不能直言的苦衷，使他能够逃避"文字狱"的迫害；另一方面，也使作品扩大了审美空间，具有了巨大的审美张力。正如刘勰所说的"余味曲包"。也使作品从一味地写实而变得具有了浪漫主义色彩和象征的意味。

中国历来就把石头看成是吉祥物，有崇拜石头的观念。之所以产生崇拜石头的观念，主要有三个原因：第一，人们的生活实践离不开石头。人类经历了旧石器时代和新石器时代，人类最早的工具就是石头。我国古代轩辕、神农、赫胥之时曾以石为兵。[①] 人类早期用石头维持了生存。第二，因为石头的寿命长于动植物，故名"寿石"。《西山经》中记载西王母、黄帝吃的长生不老的仙药就是玉膏。石头在园林、盆景中不可缺少，在国画中也有吉祥长寿的象征。第三，人们的民俗风情有崇拜石头的观念。有些地方把石头作为崇拜物而向其祈雨。在四川的一个寺庙里，妇女们向石头求子。在我国台湾，石头是儿童的保护神，母亲每年都要向石头献祭四次，希望自己的儿子像石头一样结实，直

---

① 林惠祥：《文化人类学》，商务印书馆 1996 年版，第 98 页。

到儿子长到六岁为止。据说石头能辟邪，特别是泰山石，妖魔鬼怪见到都要远远避开。"人们常在街道正对着的角落或建筑物前，竖一块刻有'石敢当'字样的石头，以挡煞气。"① "石敢当，镇百鬼，压灾殃，官吏福，百姓康，风声盛，礼乐昌。"② 我国古墓中，许多死者口中含玉，以此希望精气永存，灵魂不灭。至高无上的天神"玉帝"名字的由来也和尚玉习俗有关。

玉给贾府带来了好运。在生活中，石头是好运的象征，在《红楼梦》中石头同样是好运的象征。玉不过是一种贵重的石头。从考古学来看：旧石器时代还没有玉器。旧石器时代最牢固最坚硬的东西是石头，所以女娲补天时只能用当时属于最坚硬的石头。人类进入新石器时代之后，才逐步认识了比石头美丽的彩石。彩石玉器发展到一定时期，人们才认识了更加绚丽晶莹的和田玉，并慢慢用玉取代了彩石玉器。中国玉器才逐步进入了成熟阶段。玉是石头的发展和延续，玉是天地之精气所为，玉是最美的石头。石头在《红楼梦》中也是从石到彩石、彩石玉、玉这样演变的。只不过作者很聪明地说石通灵了，变成了玉。

通灵宝玉是女娲补天之遗石，它是最古代最有灵性的玉石。宝玉含玉而生，这块玉不仅给宝玉带来灵气，也给贾府带来了好运。贾府把这块玉当作命根子一样看待。通灵宝玉的存在构成了《红楼梦》的故事情节。正是这块玉引出了木石前盟，金玉良缘。宝玉和黛玉的爱情，宝玉和宝钗的婚姻正是《红楼梦》的主要内容。

玉的好坏有无对贾府造成了重大影响。宝玉因黛玉没有玉而摔玉，又因金玉良缘而砸玉，贾府由此两次慌乱。贾府上下对玉更是呵护备至。外人都因为看见通灵宝玉而觉得大开眼界。袭人曾把通灵宝玉让她的姐妹们看看，张道士也把通灵宝玉给远方的道友和徒子徒孙见识见识并以此为荣。北静王对通灵宝玉很感兴趣，皇帝听说这块玉也觉得惊奇。

---

① 韩振武、郭林涛：《中国民间吉祥物》，中国旅游出版社 1999 年版，第 85 页。
② 乌丙安：《中国民俗学》，辽宁大学出版社 1992 年版，第 254 页。

通灵宝玉的丢失暗喻贾府寿路已尽，成了贾府走向衰败的转折点。贾府丢了通灵宝玉以后，元妃死了，贾府失去了最重要的靠山。后来宝玉丢了玉以后，变得懒怠走动，说话糊涂。每天茶饭，端来便吃，不来不要。他一日呆似一日，吃不像吃，睡不像睡，只是傻笑，一副失魂落魄的样子。以后黛玉、金桂、迎春、贾母、鸳鸯、赵姨娘、凤姐等都相继死去。薛蟠犯案，探春远嫁，贾政被参，宁国府被抄等等，贾府也正是由此而走向了衰落。

3. 《红楼梦》中"玉"文化的生命体现

玉赋予了《红楼梦》中的人物以灵性，使玉从一种自然物变成了一种生命的存在，而且这种生命存在是与众不同的。《红楼梦》中名字和玉有关的人有"玉爱"、"玉钏儿"、"玉官"、"玉蓝坡"、"玉柱儿媳妇"、"蒋玉菡"等，这都反映了曹雪芹对玉的一种喜爱。而书中只有三个人名字叫玉，即宝玉、黛玉、妙玉。他们都因是玉而超凡脱俗，亦神亦仙。

第八十三回贾母对探春、湘云说："偏是这两个'玉'儿多病多灾的……"贾母两宴大观园时，对众人说："只有两个玉儿可恶；——回来喝醉了，咱们偏往他们屋里闹去。"这两个玉儿指的就是贾宝玉、林黛玉。他俩一个是阆苑仙葩，一个是美玉无瑕。第三个玉则是带发修行，入了空门的妙玉。《红楼梦》中的人物很多，贾府中这三个叫玉之人却与众不同，他们都不是势力场中人，都具有仙风逸骨、不同常人的特征。

宝玉本人就是玉石。小说把石、玉、人混同起来了。宝玉本是女娲补天之遗石，被弃在青埂峰下，后通了灵性，来去大小无常，幻形入世，下凡历劫，转世投胎，变成了温柔富贵乡中的贾宝玉。第一百十五回贾宝玉曾自我表白说"弟至浊至愚，只不过一块顽石耳"。小说第一百二十回中甄士隐对贾雨村说："宝玉即'宝玉'也。……又复稍示神灵，高魁贵子，方显得此玉乃天奇地灵锻炼之宝，非凡间可比。"

宝玉含石而生和满族的尚石民俗有很大关系。曹雪芹原是汉族人，远祖入了旗籍，他也就成了旗人。因此《红楼梦》中的习俗大多是满族的风俗习惯。满族佩戴石饰有悠久的历史。满族有灵石崇拜的观念。满族也非常崇拜火神。

在满族的神话中，火神把自己身上的毛发变成星星以便给人类照明，自己因而变得赤身裸体，只好住进石头里。石头由此成了火神的栖息处。同此在满族人心中石头有着崇高的地位。以上是石是玉、石是人的原因。可见贾宝玉不是凡人。

贾宝玉的命运和通灵玉是给合在一起的。正像第一百十六回中王夫人对宝钗说的那样："自然这块玉到底有些来历。况且你女婿养下来就嘴里含着的。古往今来，你们听见过这么第二个么？……病也是这块玉，好也是这块玉，生也是这块玉——"贾宝玉因生下时口中衔玉而得名，玉是他的灵魂。有了玉，他就有了灵性，聪明无比。宝玉不练字，不习文，若有谁劝他读书，他就很不高兴。尽管如此，宝玉却才思敏捷，文采斐然，别的公子与他远不能比，即使用功的公子也比不上宝玉的文采。宝玉给大观园题名初露锋芒，在诗社中也表现不凡，最后还中了举人，其文章得到皇帝的赞赏。他之所以有这样的灵性都是玉给带来的。玉是作为宝玉的灵魂而存在的。当宝玉心归佛门，用佛替代了灵魂，即使没有玉，宝玉也还是清醒的。第一百十七回，宝玉已心归佛门，当和尚为玉要银子时，宝玉对袭人说："你快去回太太说：不用张罗银子了，我把这玉还了他就是了。"袭人拦他，他又说："我已经有了心了，要那玉何用。"

通灵玉是灵物，上面刻着"能除凶邪"四个字。夜晚通灵玉挂在帐中，"竟放起光来了，满帐子都是红的"。通灵玉的仙气给宝玉也带来了仙气。阴司的判官都害怕宝玉。秦钟魂魄央求众鬼，让他回去和宝玉说话，判官听了吓得慌张起来，忙喝骂小鬼放了秦钟。众鬼抱怨判官说："你老人家先是那么'雷霆火炮'，原来见不得'宝玉'二字。"可见宝玉非凡可比。后来宝玉入了佛门成了仙。

黛玉的生命因为玉而富有了灵性。黛玉是名字称玉的女主人公，正因为她名字叫玉，所以她也不同凡人。黛玉具有玉的灵性的具体表现在于黛玉是绛珠仙草，是花神。黛玉的生日是农历二月十二日，这在中国民俗中是花神的生日，即百花的生日。黛玉身体具有百花的幽香。第十九回"情切切良宵花解

语，意绵绵静日玉生香"描写的正是黛玉能生出香味。宝玉只闻见一股幽香，
却是从黛玉袖中发出，闻之令人醉魂酥骨，这香的气味是一种奇香冷香。难怪
宝玉夸黛玉是香玉。这是因为黛玉是花神，总汇了百花之香。黛玉更具有花神
的容貌。她"秉绝代之姿容，具稀世之俊美"，"容貌才情，真是寡二少双"，
正是"花魂点点无情绪，独报幽芳出绣闺"。"花谢花飞飞满天，红消香断有谁
怜……一朝春尽红颜老，花落人亡两不知"，这著名的葬花词不仅是对大自然
的人格化的描写，更是对作为花神的黛玉的自身命运的哀叹。黛玉作为花神有
这样艰难的命运，是因为她"降凡历劫，还报灌溉之恩"。

花到严冬季节往往都衰败冻死了。第八十九回中，潇湘馆挂上了斗寒图，
上面画着青女素娥。青女是神话中主管霜雪的女神，素娥是月中受冻的嫦娥。
书中介绍此时已是十月中旬，"斗寒图"暗示着风霜刀剑严相逼的日子已到了。
果然"斗寒图"挂上后，宝玉定亲，黛玉茶饭渐减，不肯吃药，希望早死。到
了十一月，黛玉已奄奄一息，垂垂待毙。这不只是由于黛玉身心有病，感情受
到打击，更是由于花神在严寒季节中的艰难处境造成的。

别人认为黛玉的性格小性难处，其实黛玉的性格也是由花神的命运决定
的。因为黛玉是绛株仙草，幸得一个神瑛侍者日以甘露灌溉，才得以生长，为
了报灌溉之恩，黛玉只能多愁善感，以泪还情。王大夫诊黛玉的脉是"六脉皆
弦，因平日郁结所致"，"不知者疑为性情乖诞，其实因肝阴亏损，心气衰耗，
都是这个病在那里作怪"。可见黛玉的凡人性格是身不由己。宝黛的爱情悲剧
是木石前盟的前世的悲剧命运的悲剧。黛玉是花神，死后是要成仙的。《红楼
梦》也正是这样描写的。黛玉死后，贾府上下的人都知道黛玉成仙了。宝玉问
探春说："黛玉生不同人，死不同鬼，必是那里的仙子临凡。"探春回答说：
"但只那夜却怪，不像人家鼓乐的声儿……"贾蓉说："林姑娘死了，半空里有
音乐，必定他也是管什么花了。"宝玉对袭人说："又听见说天上有音乐响，必
是他成了神，或是登了仙去。"很明显，从贾府众人的言谈当中不难看出他们
把黛玉看成是花神了。

第一百二回中，农历已是花朝月夕这一天。按民俗来说这日应祭奠花神，

为花披红挂彩。贾府在花朝月夕这一天,由于黛玉一死,贾府没人祭奠花神,便出了事。这天晚上尤氏从大观园中走过,回到家中便病倒了。贾蓉求人算卦,说是由于花妖在园里闹的。尤氏、贾珍、贾蓉都病了。如此接连数月,贾府惧怕,那些看园的说是花妖树怪闹的鬼,都要搬走。以后贾赦请道士作法,才息事宁人。第一百十六回,宝玉到太虚幻境,看见了已是花神的林黛玉。黛玉头戴花冠,身穿绣服,端坐宫中。

玉也赋予了妙玉超出常人的灵性。妙玉的神奇之处在于她会扶乩,即会占卜问疑。扶乩能解答关于农桑耕织、商贾贸易、建房造屋、婚丧嫁娶、生儿育女、生老病死、科举仕途、功名利禄等一切问题。扶乩在中国古代非常盛行。清代袁枚《子不语》卷二十一记载"康熙戊辰"会试,举子求乩仙示题。可见,扶乩在清代很令人推崇。妙玉是第三个名叫玉的人。她"气质美如兰,才华馥比仙",只可惜"无瑕白玉遭泥陷"。妙玉有绝世美貌,所以强盗看见她才起了歹心。妙玉能从琴声中听出人未来的命运。妙玉和宝玉听黛玉抚琴吟唱,妙玉听了哑然失色道:"如何忽作变徵之声!音韵可裂金石矣!只是太过。"宝玉问太过怎么样,妙玉说:"恐不能持久。"妙玉正说着,黛玉琴弦就断了。妙玉站起来,连忙就走,并告诉宝玉,"日后自知,你也不必多说"①。这是因为妙玉知道了黛玉悲惨的结局。妙玉也能预知自己的未来。妙玉事先嚷着有强盗要来抢她了,后来妙玉果然被强盗抢去因不从而被杀。宝玉丢了玉后,岫烟请妙玉扶乩,妙玉把通灵玉下落测得很准,以后也得到了应验。可见妙玉也确实不同凡人。

---

① 曹雪芹、高鄂:《红楼梦》,人民文学出版社 1980 年版,第 1492 页。

第六章　满族文学艺术中的崇高美

　　满族文学的崇高美主要体现在入关前和入关过程中的文学作品中。满族入关前的文学以满语创作为主，作品主要是诗歌、神话、传说、故事。作家作品数量不多，文学发展还没有成熟。但这时期的作品表现出了阳刚美。

　　满族作家作品大多"雄浑清俊"，很少有靡靡之音。如满族作家铁保的《白山诗介序》中说："及观诸先辈所为诗，雄伟魂琦，汪洋浩瀚，则又长白、混同磅礴郁积之余气所结成者也。"[①] 铁保所概括的这种满族文学特点正是崇高美。满族文学作品中表现出的阳刚之美十分明显。镶红旗满洲人志润的词中写道："万城穷边，溅不尽，一腔热血。犹记取，干戈影里，雄风飘瞥。叱咤曾摧强虏胆，声名远震妖氛灭。"[②]

　　八旗子弟书由于多有慷慨激昂之作，所以子弟书也叫"硬书"。"硬书"名称多见于百本张《子弟书目录》中，有"硬书满床笏"、"硬书叹武侯"、"硬书八郎探母"等，当然子弟书中也不乏缠绵的清音。

　　尽管许多满族作家向汉族作家学习写作，但是满族作家创作的作品仍然和汉族作家有区别。纳兰性德力主唐诗，文昭也学习唐朝的杜甫、王维等人的创作，但是满族作家仍然表现出了雄浑之美。张佳生先生认为："八旗诗歌的风

---

① 铁保：《白山诗介》自序，清嘉庆六年刻本。
② 张佳生：《八旗十论》，辽宁民族出版社 2008 年版，第 20 页。

格主要在雄浑豪放和清旷疏俊两个方面，多以倾荡磊落、沉着刚隽之笔出之，抒发的感情也多与汉人有别。"①

一　满族文学艺术产生崇高美的原因

满族之所以能披坚执锐，抚定四方，和满族的骑射文化有很大关系。清朝政府特别重视"国语骑射"，因而满族文学具有崇文尚武的特点。骑射成为清朝武功和八旗文化的核心内容。满族的骑射文化渗透到满族的政治、军事、教育、文学、艺术各个方面，既塑造了满族勇猛彪悍的特点，也改变了满族自身的命运。满族正是由于骑射文化，以区区不到六十万人口击败了具有近亿人口的明朝政权，开创了统治中国长达二百多年的历史，创造了历史的奇迹。

满族的统治者非常重视骑射文化。皇太极曾说过："我国武功，首重骑射。"自满族入关以来，清廷就强调"骑射国语乃满洲之要本，旗人之要务"②。清帝嘉庆在《御制八旗箴》中提出："国语勤习，骑射必强。"清帝乾隆还以身作则，乾隆不但勤于文学创作，骑射武艺也很高强。

骑射文化成为满族文学主要的描写内容之一。不同阶层的满族作家都描写了满族的骑射文化。玉保的《滦阳校射赋》描写了乾隆的骑射英姿："平开满月，直走飞虹。松边曳响，柳干嘶风，声惊猎马，迹绝冥鸿。"玉保描写了八旗将士的勇武善战："争穿杨于百步，夸射戟于辕门"。清朝还有相应的政策保证满族人的"国语骑射"。

二　满族文学艺术崇高美的表现

满族在与强大的对象斗争时，表现出了崇高美。满族文学表现出的阳刚美

---

① 张佳生：《八旗十论》，辽宁民族出版社 2008 年版。
② 《福州驻防志》卷一，辽宁大学出版社 1994 年版，第 546 页。

往往是在严酷恶劣的自然环境中，与强大的明朝进行斗争时得以彰显。"沧海横流方显英雄本色。"崇高美主要体现在高度上、力量上、速度上，这些特点在满族的文学艺术中有较明显的表现。

1. 满族文学艺术中的高山之美

满族文学艺术具有一种独特的审美倾向，崇尚山之美。满族艺术突出山之美，山的突出自然特征是有巨大的体积，这和崇高美的特征是一致的。满族作家无论是描写边陲风光还是内地风光，他们喜欢描写崇山峻岭，表现出了粗犷豪放的审美取向。

满族文学艺术之所以崇尚山之美是有其历史文化渊源的，满族作家喜欢描写险峻的高山，和他们长期的渔猎生活习俗，以及在征战中征服险峻的高山有关。

满族文学作品中描写的山往往是巍峨险峻，体积巨大。满族作家在文学艺术作品中突出表现了山之高、山之险、山之大。"云封千涧白，露濯万峰青。"①"万仞盘危蹬，千峰此独尊。"②"极目辽天阔，幽怀秋水深。"③

满族文学艺术在满族入关后迅速崛起，满族文学表现出了雄浑壮阔之美，究其原因，主要有三：

第一，满族人在长期四处征战的过程中，主要活动地点在崇山峻岭、大野荒漠的边陲地区。在征战中，他们注意地形的制高点，占据作战有利的险要地势。他们熟悉这样的景物，对这样的景物充满了感情，他们对高山大川特别有感情，这为日后他们喜欢描写高山大川打下了基础。

第二，满族入关后，由不安定的军旅生活而开始过上安居稳定的太平生活，满族人开始有时间、有心情进行文学创作，但在他们的潜意识中，心底留存的仍是壮阔的自然风光，这种壮阔的自然风光已经成为他们脑海中的底片，成为一种潜意识存在，因此，满族作家创作的兴奋点仍然是雄浑壮阔的

---

① （清）铁保辑：《熙朝雅颂集》，辽宁大学出版社 1992 年版，第 4 页。
② 同上书，第 5 页。
③ 同上。

自然风光。

第三，满族的迅速崛起导致了满族作家精神振奋，士气高涨，因而他们创作的作品慷慨激昂、刚健有力，满族作家的高昂激情与高山大川形成一种对象化存在，这与清初有着亡国之痛的汉族作家作品形成了鲜明的对比，也与后期的满族文学忧国伤民、哀婉凄清的特点形成了对比。后来，满族与汉族逐渐融合，满族文学的美学特征有与汉族趋同的倾向。在不同的历史时期，满族作家的创作风格有所改变。

2. 满族文学艺术中的力量之美

满族作品突出力的美，张扬力的美，崇尚力的美。满族以神武开基，以弧矢定天下，威猛勇武，力大超常，力量的巨大显示了阳刚美。满族八旗是一个以军事为主的社会集团，依靠武力征战八方，抗击外强，常年的征战生涯培养了他们骁勇善战的特点。辽金时期的女真人"耐饥渴，苦辛骑，上下崖壁如飞；济江河，不用舟楫，浮马而渡"①。他们的勇武、强悍决定了他们的性格不可能是柔弱的、静谧的，他们表现出来的必然是阳刚美。

满族英雄的一个突出特征就是有巨大无比的力量，拥有巨大的力量成为衡量满族英雄的审美标准。常人无法使用的硬弓成为满族英雄的一种对象化存在。硬弓成为满族英雄拥有超人力量的象征。雍正中，满族勇健军"其最者，能开二十石弓，以鸣镝射其胸，铠然而返。又能开铁胎弓，及举刀千斤者"②。乾隆由于力之大，竟能创造一枪中二虎的奇迹。金章宗曾有"一发贯双鹿"的壮举。《萨布素将军传》中描写萨布素将军看到一位不知年龄的老人拿出一张弓，"一看这弓起码有一百八十石到二百石，是上等硬弓，心里肃然起敬。这位不知年龄的老人，还使这样的硬弓，这硬弓一般的小伙子也拉不开"③。满族的响箭——骹箭需要有超常的力量才能使用。骹箭"镞与笴

---

①　葛会清主编：《长白山满族文化概览》，中国文史出版社 2008 年版，第 53 页。

②　（清）昭梿撰，何英芳点校：《啸亭杂录》，中华书局 1980 年版，第 19 页。

③　谷长春主编：《满族口头遗产传统说部丛书——萨布素将军传》，吉林人民出版社 2007 年版，第 221 页。

皆以木为之。镞长今尺六寸，径三寸，围九寸，周围有觚稜者六，宿处穿孔，数亦如之。笴长三尺六寸，括之受弦处，宽可容指，非挽百石弓者，不能发而中之"①。

满族女性也具有神奇无比的力量。《她拉伊罕妈妈》中，她拉伊罕妈妈的力量无与伦比，能举起一只大熊。能拔出一棵碗口粗的桦树的大力神用了平生力量来对抗她拉伊罕，也只能甘拜下风。她拉伊罕的神力镇住了部落所有人。在《多龙格格》中，多龙格格尽管是一位年轻的姑娘，但在骑马、射箭、捕鱼方面，全氏族没有人能比得上她。多龙格格就是弓箭神的意思。

满族突出力的美的作品具有雄浑壮阔之气。

满族之所以突出力之美，主要是因为满族要战胜强大的敌对力量。满族入关前，还没有取得政权，在崛起的过程中，必须与强大的对象抗衡。满族在征战四方的过程中表现出了强大的力量和巨大的勇气。

第一，满族传统的渔猎生涯需要具有强大的力量。

第二，平定各个部族。满族抗衡的对象是强大的。

第三，战胜强大的明朝。满族与强大的明朝对抗，决心推翻明朝，以巨大的勇气以少胜多。"女真人逐渐认识到了自己民族崛起的巨大力量，他们不再甘心于不平等的民族处境，民族的'自醒'与'自觉'成为女真在民族意识上成熟起来的标志。"② 到皇太极时期，已经有了要和汉人争天下的意图，因而把"女真"改称"满族"，表现出了巨大的勇气和自信。在《抓罗妈妈》中，抓罗妈妈力量大，武艺高。她的两条腿能跑九山十八梁，两手能拉十石弓。

3. 满族文学艺术中的速度之美

满族神话传说中有大量的关于速度之美的描写，速度是渔猎生产中丰收的保障，也是行军作战中胜利的保障。

---

① （清）昭梿撰，何英芳点校：《啸亭杂录》，中华书局 1980 年版，第 299 页。
② 张佳生：《八旗十论》，辽宁民族出版社 2008 年版，第 113 页。

　　满族艺术创作中歌颂速度之美，形容速度之美最多的词汇往往是"风"、"飞"、"闪电"等。满族说部《萨布素将军传》中的主人公萨布素的满语意思就是"跑得快"。萨布素将军的宝马叫"雪上飞"。萨布素后来得到一匹宝马，这匹马是"好宝马，菊花青，千里能称雄，头至尾长八尺，身高六尺多，两耳尖尖身似箭，四蹄蹬开能追风"①。在满族歌谣《夸女婿》中："婆婆丁，水凌凌，我的爱根去当兵。骑白马，配红缨，扬鞭打马一溜风。"② 在另一首满族歌谣《夸女婿》中："停了雨，住了风，我的女婿去出征，骑红马，穿黄甲，扬鞭打马一溜风；三尺箭，五尺弓，拉弓射箭射正中；敢打虎，能射鹰，你说英雄不英雄。"③ 康熙的《萨尔浒》写道："铁背山前酣战罢，横行万里迅飞飚。"④ 满族萨满女神尼山萨满能够夜驰八百，昼行千里。满族英雄"双眼似闪电流水，看穿雪夜远山迷雾"⑤。这种对眼神具有速度之美的描写，显示了满族独特的审美观。

　　速度之美能衬托出英雄的过人之处。乌布西奔妈妈"平时喜睡在浪涛喧嚣的海上，如万鼓齐鸣，如万马奔腾，如山崩海啸，如雷霆万响"⑥。有过人的本领，才能在急速的浪涛中安睡。

　　满族精于骑射狩猎。满族重视骑射武功的习俗，使得满族的艺术创作体现出了速度美。满族艺术之所以表现出速度之美，与满族的善于骑射有关。赛马活动是满族人军事演习的一部分，也是民间体育、娱乐的重要活动之一。赛马活动的内容之一是赛速度，速度快者为获胜者。满族骁勇善战，长于骑射，依靠强大的军事取得了政权。满族军队风飙电击，耐苦习劳。"枕弓卧地听之，知贼马之众寡，及嗅马矢知敌去之远近。"⑦

----

① 谷长春主编：《满族口头遗产传统说部丛书——萨布素将军传》，吉林人民出版社 2007 年版，第 539 页。

② 博大公、季永海、赵志忠、白立元编辑：《满族民歌集》，辽宁民族出版社 1989 年版，第 162 页。

③ 同上书，第 163 页。

④ 张佳生：《清代满族诗词十论》，辽宁民族出版社 1992 年版，第 147 页。

⑤ 王宏刚：《满族与萨满教》，中央民族大学出版社 2002 年版，第 69 页。

⑥ 鲁连坤讲述，富育光译注整理：《乌布西奔妈妈》，吉林人民出版社 2007 年版，第 17 页。

⑦ （清）昭梿撰，何英芳点校：《啸亭杂录》，中华书局 1980 年版，第 282 页。

满族行军迅猛，进军神速，这是取得胜利的必要条件。明朝官员形容金兵"来如骤雨，去如飘风"。据传努尔哈赤骑过的大青马就能够日行千里。"散居辽河东西诸城，无事射猎耕屯，有事驰驱介胄。……平地则八旗并驱，险隘则八旗鱼贯，斯其制也。矛盾如墙前进，轻骑傍伺电发，又其制也。前锋火器超鹿角以出阵，反则分前锋之半为殿，又其制也。"①

满族行军神速和满族的马种优良有密切的关系。满族马种"矮小体轻，善于负重和奔跑，日行 100—200 俄里，特别适合在东西伯利亚松软的草野中生活"②。"女真马匹最大的用途是在军事方面，部落强弱，以骑兵多寡为标志，而骑兵的战斗力，在一定意义上又取决于所谓'追风之足'的冲击力。"③"追风之足"就是指速度的迅捷之美。李朝边将形容金兵："横行冲突，莫可与敌者，不过负戎马之足也。"④ 金国的马五六昼夜不吃草，也能行走，原因是饲养马时顺应畜性。"胡中之马，罕有菽粟之喂，每以驰骋为事，俯身转膝，惟意所适，暂有卸鞍之暇，则脱鞯而放之。栏内不蔽风雨寒暑，放牧于野，必人驱十马，马饲调习，不过如此。"⑤ 八旗军尤喜夏季骑马出兵，因为八旗军的马喜食夏日河边的柳英，一日食而三日饱，这是他们的马的独特之处。努尔哈赤曾给辽东总兵讲过满族马的特点："女真人一年四季野外放牧，从不给马喂粮草，目的是顺应马的天性，让马不惧风雪严寒，不怕酷暑，耐饥渴。士兵乘马出征数日，无需后勤。"⑥

满族的服饰文化、饮食文化都和满族行动迅捷相得益彰。满族的典型服饰是箭袖，短衫马褂、长袍开衩都有利于随时骑射。满族服饰设计可以使人骑射自如。满族男子发式半剃半留，后半部头发结成长长的发辫。发辫可以随时盘成一坨，当作枕头休息，便于行军打仗，迅捷行动。满族饮食喜食黏食，这种

---

① 张佳生：《八旗十论》，辽宁民族出版社 2008 年版，第 5 页。
② 滕绍箴、滕瑶：《满族游牧经济》，经济管理出版社 2001 年版，第 18 页。
③ 同上书，第 13 页。
④ 同上书，第 82 页。
⑤ 同上书，第 83 页。
⑥ 杨丰陌：《御路歌谣——满族民俗传说》，辽宁民族出版社 2005 年版，第 33—34 页。

饮食便于携带，消化时间长，不容易饿，便于外出行军打猎。

满族喜爱的游戏——"冰嬉"也往往能体现出速度之美。满族居于北方，习惯于冰天雪地，喜欢冰上游戏。冰上游戏主要有踢冰球、跑冰鞋、冰上射球。这些冰上游戏都是以力量和速度取胜。

三　满族崇高美主要表现——山

满族文学艺术中突出表现了独特的自然美——山。山是满族的精神家园、生活家园、征服的对象。以山为美对满族文学艺术创作产生了深远的历史影响。特定历史时期满族作家的主观精神与客观对象成为一种对象化的存在决定了满族独特的自然美。

满族文学独特的自然美突出地体现在山之美。满族文学艺术在自然美表现中，笔墨用得最多的地方就是山，山表现了一种独特的审美倾向。山的自然特征是有巨大的体积，显得雄浑壮阔，崇尚山之美使得满族文学艺术具有了阳刚美。

满族艺术之所以崇尚山之美是有其历史文化渊源的。满族作家喜欢描写险峻的高山，和满族的渔猎文化以及在征战中征服险峻的高山有关。满族作家喜欢描写高山等宏阔的自然景观，这种文学创作开创了中国北方诗歌豪放的风格。满族作家的作品风格往往清雅刚健，雄浑豪放。

满族突出山的自然美是由于特定历史时期满族作家的主观精神与客观条件成为一种对象化存在。满族的迅速崛起导致了满族作家精神振奋，士气高涨，因而他们创作的作品慷慨激昂、刚健有力。满族作家的高昂激情与相应的高山大川形成一种对象化存在。满族艺术对于山情有独钟，山是满族自然美的突出代表。

1. 山是满族的精神家园

在满族文学作品中，长白山已经成为一种美的符号，成为满族人的精神寄托。满族把长白山视为民族的发源地，满族寻根要到长白山，长白山成为满族族源意识的象征。长白山是满族的文化之根，龙兴之地，精神家园。

长白山是满族的文化之根。大量的史实证明东北是满族文化的发祥地。满族认为自己是长白天女的后裔。满族神话《三仙女的传说》就描述了仙女佛古伦喜爱神鹊衔来的一枚朱果，果入腹中，感而有孕，产下一子，成为满族祖先。满族先世女真完颜部的始祖是长白仙女后裔。肃慎先世的神话多与长白山有深远的历史渊源。满族大量文学作品讴歌了长白山的壮丽。谁若描写讴歌长白山，还能得到奖赏。《清太祖高皇帝实录》记载："努尔哈赤先世发祥于长白山。"[①]武默讷的《长白山寻根记》描述了长白山是满族文化的发祥地："康熙十六年四月十五日，内大臣觉罗武、一等侍卫兼亲随侍卫首领臣耀色、一等侍卫臣赛护礼、三等侍卫臣索奉上谕：'长白山系本朝祖宗发祥之地，今乃无确知之人。尔等臣人前往镇守兀喇地方将军处，选取识路之人，往看明白，以便酌量行礼。'"[②]

长白山被认为是满族的龙兴之地，受到历朝清帝的重视。皇太极时期强调了满族发源于长白山。康熙帝玄烨曾有《祭告长白山文》，称颂"仰缅列祖龙兴，实基此地"。康熙十六年九月初二康熙御旨写道："长白发祥重地，奇迹甚多，山灵宜加风封号，永著祀典，以昭国家茂膺神贶之意。"[③]乾隆帝弘历在《赐吉林将军瑚松额》中写道："发祥长白始，根本启皇清。"永恩的《望长白山》诗写道："树色郁青苍，兴王肇基始。闻说山之巅，潺潺玉池水。"史书记载，后来清帝派人到长白山祭祖。可见满族人认为长白山是龙兴之地。

长白山是满族的精神家园。满族作家喜爱以长白山冠名，在署名时，在名字前面冠以"长白"二字。著名的满族作品《白山诗钞》《白山诗存》《白山诗介》《白山词介》等都是以长白山冠名。满族大量文学作品热情地讴歌了长白山。长白山已经成为满族人的精神生活中不可缺少的审美对象，以至于满族人

---

① 《清太祖武皇帝弩儿哈奇实录》（卷1），北平故宫博物院1932年印本，第1页。
② 朱眉叔、黄岩柏、董文成、卜维义选注：《满族文学精华》，辽沈书社1993年版，第11页。
③ 《清圣祖仁皇帝实录》卷69。

在心理上有了长白山的崇拜情结。满族由于对山有特殊的感情，在生活中也喜欢用山名作为自己的名字。满族人对长白山充满了敬畏和感恩之情，长白山成为满族人的膜拜对象。

满族的祭祀需要上山采香。《采香歌》"为敬祖先上山岗，手拿镰刀采香忙。不畏山高和路陡，采来好香献祖堂"①。《年喜花》"今儿腊七儿，明儿腊八儿，上山去撅年喜花。年喜花，生性乖，腊七儿采，腊八儿栽，三十儿打骨朵，初一开"②。香是满族宗教祭祀中不可缺少的东西，成为满族精神活动中的重要组成部分。

2. 山是满族的生活家园

满族之所以喜欢描写山之美，最主要的原因与满族长期的生活经历有关。满族先世原本居住在山区赫图阿拉一带。在入关前，满族的生活离不开山，因为长白山是天然的资源宝库。满族在远古时过着渔猎生活。从两千多年前的肃慎，到两汉、三国时的挹娄，到南北朝的勿吉，到隋唐时的靺鞨，到辽、金、元、明时的女真，到1635年的满洲，满族的生活一直与山为伴。长期的渔猎生活使满族人靠山吃山，对山有了深厚的感情。

满族的居住、渔猎生活离不开山。满族古称"勿吉"，满语"勿吉"就是林中人的意思。山自古以来是满族生活的家园。靺鞨"居无家庐，负山水坎地，梁木其覆以上，如邱塚，然夏出随水草，冬入处"③。金代的女真"依山谷而居，联木为栅，屋高数尺……"④ "依山做寨，聚其所亲居之"⑤。可见，满族古时的居住往往是"依山作窟"，"穴居而处"。长期的渔猎生活习俗使满族习惯于把山作为家园。满族的渔猎文化不同于平原的农业文化，不同于草原的游牧文化，不同于江海的渔业文化。例如辽北满族居住地区是"五山一水四

---

① 博大公、季永海、赵志忠、白立元编辑：《满族民歌集》，辽宁民族出版社1989年版，第35页。
② 同上书，第36页。
③ 《唐书》卷二二九。
④ 《北盟汇编》卷三。
⑤ 魏焕：《皇明九边考·辽东镇边夷考》卷二。

分田",或者是"七山一水二分田"。

满族在长期的狩猎生活中,在山林中打猎,采摘野果,挖野山参。满族的游牧生活需要对山林地形十分熟悉。对山林地形的熟悉直接关系到猎物的多少。山是满族生活的保障和重要的经济来源,雨后捡木耳,雾后采蘑菇。在满族的采摘习俗中,有"放山人","跑山户",这些人还有自己独特的"山窝子"。自己独特的"山窝子"是不会轻易地告诉别人的,那里有丰厚的山野货能带来不小的经济收入。"长参的地方中午不得日头,早晚得日头,看山形一看就知道。"① 对山形不了解,往往不会有大的采摘收获。

满族人把山当作生活的第一财产。对于生活在山区的满族人来说,山林就是他们最大的财富,他们的一切衣食来源都离不开山林。满族占产不是占地而是占山。"(20世纪)30年代、40年代那时候,植被根本就没有破坏,那时候人口也没有现在这么多,山林也是分给到个人,分到山林的人就是地主。个人管理得好啊,不可能让旁人上你那山林去砍去了。"② 《白头山》"白头山,万丈高,四时积雪永不消。前清发祥地,储藏万祥宝。满洲人,兴起早,勤劳勇敢数得着。松花江岸人不苦,阿勒楚喀百姓多幸福。"③ 在这里,山是财富,因为山"储藏万祥宝"。由陈世宏、吴庚秀搜集整理的满族民间故事《弟兄山》中记载了三兄弟以山为财产,跑马占山的过程。满族岫岩有一座弟兄山,很好地证明了满族对山的重视。相传萨拉氏兄弟三人看到岫岩的一条沟里有三座山,老二先占了一座不大不小的山包,老三占了最大的山包,老大只好占了最小的山包。三兄弟临死前都留下了同样的遗嘱,都要求死后埋在各自的山包。以后这三座山包就叫弟兄山了。张其卓分析了满族人占山不占地的原因:"满族人所以占山不占地,大体是因为清王朝在入关前,虽然已由奴隶社会急剧地

---

① 江帆、王志勇、宋有涛主编:《山林·人·文化——辽北地区生态民俗与可持续发展研究》,辽宁教育出版社 2008 年版,第 100 页。

② 同上书,第 153 页。

③ 博大公、季永海、赵志忠、白立元编辑:《满族民歌集》,辽宁民族出版社 1989 年版,第 48 页。

向封建社会过渡，农业经济得到迅速发展，但由于满族人长期的游牧习惯，及八旗兵与家属在战争动乱中，未能得到安定的生活条件从事农业生产，因而对农业认识不足。为了满足生活需要，在传统的牧猎经济影响下，最大的兴趣当然是占山。"① 当年的山有数不尽的飞禽走兽，珍奇的药材野果，确实对满族有巨大的吸引力。早期满族人主要靠"吃山"的本事过活。

山也成为满族避难的家园。"海西女真各部在蒙古东进的冲击下，有的'登高峰'，被迫避居乌拉河滨，有的'逐水草至上辽河'，至'田土不得耕获'，农业等生产很难稳定下来。"② 在战乱时期，海西女真各部纷纷"携家登山"，把山作为避难的场所。努尔哈赤曾经感谢大山的救命之恩：在新宾县西七十五里的柜石哈达，山形峭立，怪石参天，"传说，山崖石畔间生长过许多人参。一次明兵追杀努尔哈赤至此，被大量开着红花的山参所吸引，遂放弃追赶之念，只顾挖参，天黑满载而去，努尔哈赤因而得救。他有感山恩，脱口道：'此乃贵石也！'后因山势雄伟，形如方柜，人们便将'贵石'改为柜石"③。满族有许多跑山户，喜欢进深山采挖人参。

由于独特的地理位置，满族人对山间的土壤有自己独特的认识。例如辽北地区的山区土壤比山间平地的土壤好。"本课题组在辽北山区的田野调查中不论是路边闲聊还是在农家座谈，听到最多的就是当地民众对山坡土壤的赞美：'对，俺们这山土好，尤其是背坡的土'，'那土黑油油的，一踩能没鞋底'。面对山间平地的土壤，人们则持否定态度，评价多为：黄土，沙子，石头多。在 2004 年铁岭林业局规定 25 度以上的山坡严禁垦荒之前，辽北许多农业户还在山地的低坡地带开垦苞米地。"④ 所以，满族更倾向于把山当作财产。

① 张其卓编著：《满族在岫岩》，辽宁人民出版社 1984 年版，第 11—12 页。
② 滕绍箴、滕瑶：《满族游牧经济》，经济管理出版社 2001 年版，第 60—61 页。
③ 《新宾满族自治县概况》编写组：《新宾满族自治县概况》，辽宁大学出版社 1986 年版，第 160 页。
④ 江帆、王志勇、宋有涛主编：《山林·人·文化——辽北地区生态民俗与可持续发展研究》，辽宁教育出版社 2008 年版，第 11—12 页。

3. 满族的征服对象往往是山

满族在金戈铁马、四处征战的生涯中，最关注的作战地势是山。满族在作战中最大的障碍就是险要的山。满族人在长期四处征战的过程中，主要活动地点在崇山峻岭、大野荒漠的边陲地区。在征战中，他们注意地形的制高点，占据作战有力的险要地势。

在征服高山的过程中，先逆后迎，由痛感转化为快感。在征服高山的过程中，他们获得了无穷的快感，同时伴随着自豪感。他们熟悉山的景物，对高山大川特别有感情，这为日后他们喜欢描写高山大川打下了基础。

山是满族军事要地和关注的对象。辽金时代的女真人善于骑射，有高强的攀山本领：他们"耐饥渴，苦辛骑，上下悬崖如飞，济江河，不用舟楫，浮马而渡。"① "乾隆戊辰金川之役，其地多筑坚碉于绝壁悬崖上，官军屡攻弗克。纯皇帝阅宝录，乃仿其式，制造云梯，命八旗子弟日以演习，其后专隶健锐营。"② 以后，满族多次借用云梯攻克悬崖绝壁上的碉堡，屡建战功。当叶赫部纠集九部联军围剿努尔哈赤所在的建州时，"努尔哈赤亲率建州军在古勒山各险要处沿山布阵，以迎强敌"③。"至于灭叶赫的战斗，其规模和残酷达到了女真内部战争的顶点。叶赫人从城上投下巨大的滚木檑石，扔下火把，箭如雨下……后金人无论怎样也不能将云梯靠近城墙，他们穿两层重铠，推蒙着几层牛皮的盾车，头戴胄，在胄上披大的厚棉暖帽。以后同明朝战争，攻明军固守的坚城，要扛与城墙一样高的云梯。"④ 可见，在征战过程中，满族非常注重高地势，所以，对于山的感受刻骨铭心。

满族民间故事《三打松山城》中，努尔哈赤率领八旗兵攻打明朝强将洪承畴驻守的松山城，城墙就有一丈高。努尔哈赤几进几退，鼓足士气，终于攻取

① 《大金国志校正》卷39，中华书局1986年版，转引自江帆《满族生态与民俗文化》，中国社会科学出版社2006年版，第12页。
② （清）昭梿撰，何英芳点校：《啸亭杂录》，中华书局1980年版，第59页。
③ 杨丰陌主编：《清前满族群英》，辽宁民族出版社2008年版，第273页。
④ 王冬芳：《满族崛起中的女性》，辽宁民族出版社1996年版，第242页。

了松山城。努尔哈赤在最初的攻打过程中，"除了率领众将观察地形外，就是在帐里来回踱步，这样，一连过去了两天两夜，既不攻城，又不绕道而过，众将士都等急了"①。《萨布素将军传》中，有一位老者每天教儿孙武功，他说："我每天早晨教他们武功。今日我一寻思，在江岸不如在山上练，打仗的时候，山上比较多，我从今天起就开始在山上练。"这说明满族打仗往往利用山上的地形打仗。

满族作战策略大都是如果占据有利地势，则众人参战；如果地势不利，则弃之而去。满族在征战的过程中，注意作战的制高点，注意观察地形的要塞之地，作战要占领险要地势，占据了山，就意味着占据了作战的有利地形。满族往往在山上扎营，"南山宿一夜，则至北山宿一夜；东山宿一夜，则至西山宿一夜。征战之道，固求谨慎，贵于人者何有？"② 当年努尔哈赤兄弟起兵之初，驻守在北砬背山城中，由于山城险峻的军事防御条件，使得他们多次成功地阻止了外来势力的剿杀。老罕王努尔哈赤当年率兵作战往往在山林中伐林修道，劈岭排险。云梯和盾成为满族的重要作战工具。满族攻打城墙往往"竖云梯攻之"③。满族还要执盾登山作战。以防箭和巨石。"击破营于山巅之兵"，"攻破营于山崖之兵"。④《满文老档》中有明确记载的攻克的山就有呼尔奇山、乌拉宜罕山、萨尔浒山、哈克山、十三山、宜罕山、铁山等。努尔哈赤是从一个个山城走向胜利的，他从费阿拉城到赫图阿拉城，到界凡城，到萨尔浒城，努尔哈赤都是占领山城的有利地势，进行作战。努尔哈赤率军攻打叶赫东城时，攻城的云梯、火器置于城下，城上滚木雷石齐下。努尔哈赤采用暗中挖地道的方法，用火药将城墙二隅炸塌，方率军攻入城内。《满文老档》记载："大臣常书、侍卫纳齐布并未跟随所委之贝勒，却率兵百人，与叔贝勒同在一处，未参与攻击山上之敌

---

① 中国民间文艺研究会，辽宁、吉林、黑龙江三省分会编：《满族民间故事选》第二集，春风文艺出版社 1983 年版，第 181 页。

② 中国第一历史档案馆，中国社会科学院历史研究所译注：《满文老档》上卷，中华书局 1990 年版，第 67 页。

③ 同上书，第 58 页。

④ 同上书，第 1077 页。

营。却击溃败之敌兵时，又斩杀无多。故拟二大臣以死罪。"① 满族民间说唱艺术记载了无数攻打各个山的战役。

4. 山是满族祭祀的对象

在满族文学艺术作品中，山是祭祀对象。在满族说部《红罗女三打契丹》中就有关于祭山的描写，说明满族于渤海国时期就有祭山仪式。"第二天，举行祭山典礼。在山边上用石块垒起一小山，石堆旁插着五色旗，旗下供着酒肉等祭品。典礼一开始，仍是司祭官领着君臣叩拜如仪，接着鼓乐大作，君臣退下。尔后，走出一队人来，他们各自披着虎、熊、猪、蟒等虫兽之皮，有的还插着鹰的翅膀，模仿老虎扑跳、黑熊摇摆、野猪奔突、草蟒狂舞、雄鹰飞翔的样子跳起舞来。这些表演的人，又喊又唱，旁边的人拍掌随和，热闹了好大一阵子，方算结束。傍晚，山下水边，点起了许多处篝火，大钦茂和所有来的人，都席地而坐，在火堆旁野餐。饭后，大伙又尽情唱歌跳舞，一直到半夜，才尽欢而散。"② 从这段描写中，可以看出满族渔猎文化的特点，祭山是为了猎取更多的猎物。

满族自古就有祭山的习俗。"宁安一带的满族在阴历十月出猎，每次出猎前要在穆昆达的带领下举行祭祖和祭索罗杆子（祭祖的次日举行，以祈求族人外出狩猎及家人'太平无事，平安吉福'）。祭毕，穆昆达将族中的男人编成猎队，挑选一个经验丰富的猎手为猎达（猎长）。进山以后首先祭祀山神'玛发'，选择最高的山峰为山神立上三块石头为山神庙，猎达烧上黄香，众人磕头，谓之'小祭'。入山以后，不准乱说乱动，因为他们认为周围都是神，而一旦得罪神灵就打不到野兽了。狩猎完毕时还要选择高山祭祀山神，把猎取来的猪或鹿的尾巴割下来作为贡品，点酒烧香，向山神磕头，祭毕之后出山。"③

① 中国第一历史档案馆，中国社会科学院历史研究所译注：《满文老档》上卷，中华书局 1990 年版，第 3 页。
② 傅英仁讲述，王宏刚、程迅记录整理：《红罗女三打契丹》，吉林人民出版社 2009 年版，第 44 页。
③ 《宁古塔满族谈往录》，第 50 页，《牡丹江文史资料》第 7 集，1992 年内部发行。

现在满族仍有祭山仪式，祭祀山神的庙没有改变，只是由于进入社会主义社会，祭山内容随着农业文化有所改变，满族人祭山主要是为了获得人参大丰收，而不再是为了狩猎，祈求太平无事，平安吉福。辽宁桓仁满族自治县每年农历三月十六日祭拜山神，是世居长白山南麓辽东山区桓仁人的一项信仰崇拜活动。桓仁祭山主要是祭祀山神孙良。放山把头孙良成为山神，出自张氏家族史话："孙良闯关东到桓仁巨户沟，与张禄结拜为兄弟一起放山，孙良迷路被野猪所伤死于山中，张禄找到他时，在一块大石头上看见了刻字：'家住莱阳本姓孙，漂洋过海来挖参，路上丢了亲兄弟，约定山头不见人，三天吃个蝲蝲蛄，不见兄弟不甘心。嗣后有人来找我，顺着河谷往上寻。入山再有迷路者，我当作为引路人。'张禄将其尸体背回巨户沟安葬。其后孙良经常托梦放山，张氏年年起货，迷路者敲敲树干，白发银须的老把头就手持拨索棍现身引路，此事传开，孙良显灵之说不胫而走。人们不约而同地来到坟前，垒砌石庙祭祀许愿，1877 年桓仁设治建县，放山挖参成为山里人主要生计方式，于是沟沟岔岔的人家就在山前树下砌起石庙，进行祭祀活动。"① 由此可见，尽管满族祭山内容有所变化，但祭山仪式一直没有变。现代祭山须首先立庙，立庙有宝地立庙，是放山人挖到人参后，就地取石四块，立庙留下念想，并在就近树干削下一块树皮，以示后来者。要缠红挂旗，木桌上铺上黄表纸，香炉一尊，蒸馒头十个，炸鱼五个，山桃五个，鸡蛋五个分盘盛之，要给山神庙贴上对联。不同的庙写的对联是不完全一样的。有的庙的对联写道："庙小神通大，山高日月明"，横批："把头赐福。"还有庙写的对联横批是："山神之位"。祭山的祭词根据个人的愿望而有所不同。有的祭词是："驱虫辟邪，狐妖远遁，树上地下，消除鬼魂，隔山隔水，伙计同心，红冠归老把头了！老把头，求你保佑了！一拜：天地吉祥，风调雨顺；二拜：山水泰和，如意顺心；三拜：靠山放山，天眷穷人。"在旗满族人要敲起太平鼓，唱鼓词："老把头有灵，助我跋山涉水，老把头显圣，赐我棒槌。""棒槌娃娃别躲，你一枝三桠，棒槌娃娃别

---

① 参见辽宁桓仁文化馆申遗材料，由桓仁文化馆提供材料。

怕，你跟我回家，棒槌娃娃真美，你头顶红霞。"祭山的祭词不断地演化，也有的祭词这样唱道："今年小阳春啊，雨水好滋润啊，喜鹊头上叫啊，黄毛绿茵茵啊。""把头显显灵啊，不要刮大风啊，长我京租稻啊，进贡紫禁城啊。""自留山呀自留林，参天大树稀罕人，棵棵都是摇钱树，山沟沟里又淌金来又淌银，都是老把头调风雨，林蛙叫得声阵阵。"① 总之，祭山的祭词都和祭山人的内心愿望有关，时至今日，祭山成为满族人和部分汉族人的精神信仰。

5. 以山为审美对象

对于山的描写决定了满族的审美范畴，使满族文学体现出了独特的崇高美。满族文学通过描写山而体现出的崇高美主要体现在入关前和入关过程中的文学作品中。满族入关前的文学以满语创作为主，作品主要是神话、传说、故事，这时期的作品表现出了崇高美。崇高美既体现在体积上，又体现在数量上。满族在与强大的对象斗争时，表现出了崇高美。

对于山的描写影响了满族的审美倾向。满族人以山为美。由于长期的作战实践，满族喜欢山，以山饰园。"有步军校积石为山于其厅侧者"，称其为"此步兵花园也"②。用山装点生活，把山作为花园，在其他民族中是少有的。满族作家在诗歌领域中，无论是描写边陲风光，还是内地风光，他们的审美取向是粗犷豪放的。满族独特的自然美导致了满族文学作品具有阳刚美。满族文学艺术在满族入关后迅速崛起，满族文学表现出了雄浑壮阔之美。满族文学作品中表现出的阳刚之美十分明显。镶红旗满洲人志润的词中写道："万城穷边，溅不尽，一腔热血。犹记取，干戈影里，雄风飘瞥。叱咤曾摧强虏胆，声名远震妖氛灭。"③ 满族文学的崇高美主要表现在满族入关前的作品中。这时，人与自然还不是一种和谐的关系。人与自然的抗衡中，以痛感为主。满族文学表现出的阳刚美往往是在严酷恶劣的自然环境中，与强大的对立性存在进行斗争时得以彰显。满族作家作品大多"雄浑清俊"，很少有靡靡之音。如满族作家

---

① 参见辽宁桓仁文化馆申遗材料，由桓仁文化馆提供材料。
② （清）昭梿撰，何英芳点校：《啸亭杂录》，中华书局 1980 年版，第 215 页。
③ 张佳生：《八旗十论》，辽宁民族出版社 2008 年版，第 20 页。

铁保的《白山诗介序》中说："及观诸先辈所为诗，雄伟魂琦，汪洋浩瀚，则又长白、混同磅礴郁积之余气所结成者也。"① 铁保所概括的这种满族文学特点正是崇高美。

满族以山为审美对象，辽宁新宾满族自治县产生了特有的搓步秧歌，其舞蹈始终有搓步相贯穿。搓步又叫出溜步、下山步，整个舞蹈模仿下山时的动作，因为新宾地理被称为"八山半水一分田，半分道路和庄园"，也可以说是山决定了新宾具有搓步的舞蹈动作。

在满族民间有独特的满族山歌，热烈而奔放。"他们唱着高亢、热烈、奔放的山歌，抒发欢畅、豪放的情感，把赞美富饶秀丽山川的歌称为'夸山调'，满语的《巴音波罗》属于这种山歌；牧童在'牛背上'对口赛的歌称为'爬山调'，《溜响鞭》可算是这种山歌的典型。"② 满族的"爬山调"常常是你一句我一句地接续对唱，多是即景即兴演唱，节奏随意，曲调高昂。山歌主要有放马山歌，日头出来照西坡，溜响鞭等。如《日头出来照西坡》："日头出来照西坡，张三某人赶着一群大黑猪。日头出琰照西坡，张三某人赶着一群大牲口。"这些山歌反映了满族与山有关的劳动生活。

对于山的描写开创了北方文学的豪放风格。清代满族创作的最大特色是开创了中国北方诗歌豪放的风格。满族作家的作品风格往往清雅刚健，雄浑豪放，出语倔强，咄咄逼人。"金主诸词，独具雄鸷之概，非但其武功之足纪也。"③ 满族文学作品中描写的大漠荒野往往是极尽幅员之辽阔，表现出壮阔之美。郭敏的《出关》中写道："黄沙空大漠，日暮一长哦。"满族文学作品中描写的山往往是巍峨险峻，体积巨大。"云封千涧白，露濯万峰青。""万仞盘危蹬，千峰此独尊。""极目辽天阔，幽怀秋水深。"④ 相对而言，汉族作家作品大多秀丽柔美。汉族作家喜欢描写中原一带、江南水乡的青山绿水、鸟语花

---

① 铁保：《白山诗介》自序，清嘉庆六年刻本。
② 黄礼仪、石光伟编：《满族民歌选集》，人民音乐出版社 1999 年版，第 15—16 页。
③ 《词征》卷 6。
④ （清）铁保辑：《熙朝雅颂集》，辽宁大学出版社 1992 年版，第 4—5 页。

香的秀丽风光。

对山的描写成为满族长期文学创作的一种潜意识情结。满族人关后，由不安定的军旅生活而开始过上安居稳定的太平生活，满族人开始有时间、有心情进行文学创作，但在他们的潜意识中，留存的仍是壮阔的自然风光，这种壮阔的自然风光已经成为他们脑海中的底片，成为一种潜意识存在，因此，满族作家创作的兴奋点仍然是雄浑壮阔的自然风光。如八旗子弟书由于多有慷慨激昂之作，所以子弟书也叫"硬书"。"硬书"名称多见于百本张《子弟书目录》中，有"硬书满床笏"、"硬书叹武侯"、"硬书八郎探母"等，当然子弟书中也不乏缠绵的清音。尽管许多满族作家向汉族作家学习写作，但是满族作家创作的作品仍然和汉族作家有区别。纳兰性德力主唐诗，文昭也学习唐朝的杜甫、王维等人的创作，但是满族作家仍然表现出了雄浑之美。张佳生先生认为八旗诗歌的风格主要在雄浑豪放和清旷疏俊两个方面，多以倾荡磊落、沉着刚隽之笔出之，抒发的感情也多与汉人有别。

第七章　满族文学艺术的生态美

满族传统的渔猎文化和自然环境有着多维度的融合关系，萨满文学艺术以万物有灵论为其哲学基础，以其原始诗性思维尊奉自然、敬畏自然、对话自然，隐含了人类在生态系统中的位置和状况，因而较早地具有了生态美学的维度。满族萨满教推崇天地合一，万物有灵，物我混融，万物同亲。在满族萨满教神话中，人类与自然互动，并与自然万物有一种血亲关系。萨满沟通天地神人，实现了海德格尔所说的天地神人的"四方游戏"，因而，满族文学艺术的创作体现了生态美学的特点。

满族信奉萨满教，因而满族有许多萨满神话。满族萨满神话就是与满族萨满文化有关的神话。在满族的萨满神话中，满族传统的渔猎文化、树居树葬、依山傍水，与自然有着十分密切的亲和关系，这使得满族对生态环境有着更深刻的体验。在满族萨满神话中，人与其他生物是互动的关系，人在自然环境中并不是处于中心的位置，人与自然万物是相互作用、相互影响的。自然生态环境直接影响满族人的生产劳动、生活质量，因而，满族萨满神话较早地具有了生态维度和生态美学因素。满族萨满神话与生态美学不谋而合。

满族萨满教主张万物有灵论，消除主客二元对立，注重协调天地人三者的关系，追求阴阳和谐，有利于营造和谐的生态环境，显然，萨满教具有生态美学的特点，具有族群原初创造的文化形态。

一　自然万物的血亲关系

萨满教神话包括大量的创生神话，探讨了人类最初的起源，以及人与自然的关系。在萨满教神话中，人与自然不是主客对立，而是主客合一，灵肉合一。人的身体就是一个感官的自然的实体，与自然有一种整体性的血亲关系，人与自然共栖、共生。"与禽兽居，与万物并"，"会而聚之，无以相异"，人与自然万物是和谐相处的，因而，萨满教神话具有了生态美学的维度。海德格尔认为："神话限制着科技的肆意扩张，歌唱命名着万物之母的大地，凡·高画笔下的一双农妇的旧鞋子便能轻易地沟通天、地、神、人之间的美妙关系。"①

生态美学反对主客二分的审美静观说，强调生态审美体验的动态的参与性。在生态美学中，审美体验的景观对象通常是动感的、瞬间的，而不是静止的、永久的，这个特点在满族的语汇中有着突出的表现。满族描写大自然的语汇细腻丰富，可以记录下瞬间的动态特征。如满语描绘冰的语汇有"冰、冻、冰冻薄凌、成冰、冰冻成缕、中流未冻、冰已冻合、冰结成渡、忽然冻严、冰冻极坚、冰冻坚硬、冰裂成纹、冰冻裂、冰裂到底、冰冻鼓起、冰冻成冈、冰冻到底、冰雪已干、冰冻成凌、漫流积冻、冰窟窿、冰酥、淹冰水、冰化成凌、冰化碎孔、冰已酥透、流澌（秋天冰一片片流）、冰凌相触、冰凌凝聚、冰解、融化、化冻了、化成水、冰融化了、冰滑处、浮面微化、滑、溜冰"②。满族的语汇特点和满族对自然的体验式融入有关，这恰恰是生态美学的一个特点。

萨满教推崇物我混融，万物同亲，对自然主要不是视觉的感官认知，而是验之以体，融入自身的全部，把自身生命和自然万物进行血缘融合，以切身的

---

① 曾繁仁主编，［美］阿诺德·伯林特：《全球视野中的生态美学与环境美学》，长春出版社 2011 年版，第 5 页。

② 赵阿平：《满族语言与历史文化》，民族出版社 2006 年版，第 40—41 页。

体验与自然建立起了伦理关系，这导致萨满神话具有了生态美学特点。"存在万物都是相互依赖的，其中任何一个微小的变化都可能牵一发而动全身，从这一意义上，这一血缘关系是生态的；存在万物都是在时间中发展变化的，从这一意义上，这一血缘关系又是历史的。"① 在萨满神话中，人类与自然的关系呈现出一种血缘关系。最初的满族人和自然就是一种有着血缘关系的亲属。萨满神话表现了对自然超乎寻常的爱的体验，这种体验就是马斯洛所说的高峰体验，以至于人类用行动和自然建立了伦理关系，人与自然万物成为至亲。满族早期的渔猎习俗使得满族早期与森林、河湖的关系不是观赏与被观赏的关系，满族全身心地融入大自然。在满族人看来，满族与大自然万物具有伦理道德的维度和血缘关系，自然万物的生命可以相互转化孕育，一切都是相互关联的。"我们在生态中取消隔离，因为我们能意识到我们自身在相互作用。"② 满族萨满神话中表现出的是一种建立在相互依赖的基础上的主体性深层的生态转换。

在萨满教世界中，世间万物都是有灵魂的。满族对自然从来都是融入其中，而不仅仅是以自然为观赏对象。人的生命和自然万物的生命是可以相互转化的。在萨满教神话中，人类与动物和植物具有一种血亲关系，在生命的系统中，呈现出你中有我、我中有你的生态结构。其主要表现有：

1. 人类可以和动植物联姻并生育后代

这在现在看来虽然是一种不伦的行为，但在当时确是一种真实的不自觉的存在。它以人兽不分的婚配行为表明了人类与动植物的生态关系。"人类的繁殖没有动物快。人和人配婚以后生儿育女很不容易，阿布凯赫赫就和四对兄妹商量，施行人和动物通婚。这才出现了第三代怪神恩都哩——人面豹身的恩都哩，鹰头人身的额多哩妈妈，通身是鳞的突忽烈玛发，人头鱼身蛇尾的松阿里恩都哩……"③ 金钱豹神阿达格是豹和人结合产生的后代。朱哩黑萨满是半妖

---

① 李庆本主编：《国外生态美学读本》，长春出版社 2010 年版，第 138 页。
② 同上书，第 151 页。
③ 傅英仁讲述，张爱云整理：《满族萨满神话》，黑龙江人民出版社 2005 年版，第 88—89 页。

半人的东西，他的父亲是个狼精，霸占了一个满族姑娘生了他，他上半截长着人身，下半截身子是狼。"那时的人看起来和其他动物没有什么不同。据说，那时还有人和兽类交配的情况，人面兽身、兽面人身以及三肢、多肢的人不人兽不兽的怪物时有所见。"① 后来，堂白太罗废止了人兽通婚。

尽管在现实生活中，满族先民废止了人与动植物的通婚，但在文学作品中，人与动植物联姻，却是作为一种温馨祥和的场面而存在的。在《女真谱评》中，描写了树女嫁给随阔的幸福情景："随阔正和松树爷爷对话的时候，松树爷爷的孙女儿，由随阔的海东青引路来了。松树爷爷说：'你看，我孙女儿来了。正好，你俩在我面前拜堂成亲，我的好朋友全赶来了，为我孙女儿的喜事，前来贺喜！'松树爷爷话音刚落，静悄悄的森林里立刻奏起世上最美的乐曲——百鸟齐鸣曲。原来松树爷爷说的好朋友，就是这鸟雀，它们早就飞来了，落在树丫上，等候喜时的到来。听松树爷爷这一说，这些鸟雀好像得到旨意，一齐哨叫起来，哨得那么和谐，清脆悦耳。松树爷爷喊道：'恭敬，还愣在那儿干啥？还不快过来，趁此吉日良辰，拜天成亲！'恭敬姑娘顿时脸上浮起红霞，羞答答，笑滋滋，忸忸怩怩地低着头，一点一点地挪动脚步走过来，偷着瞧一眼随阔，流露出幸福的神情，站在随阔的身旁。松树爷爷高声喊道：'一拜天地，二拜木主，夫妻双拜，福寿绵长！'海东青高兴地为配合百鸟鸣奏的乐曲，吹起喇叭，不过它这喇叭是用它那嘴吹出来的。就听：'叽叽，嘀嘀拉哒，哩呀唏'，百鸟和声'嘟哩拉嘎'。美好的音乐，直冲云霄，将森林里的一切野兽都听醉了，一动不动地欣赏着这美妙的旋律！"② 它表明了人与自然有着须臾不可分的密切关系。

2. 人与动植物的生命可以互相转化。在萨满神话中，人与动植物的生命是互通的，互变的。柳树变成了佛陀妈妈。榆树变成海兰妈妈。鹰变成了安车骨妈妈。鲸鱼、乌龟变成了突忽烈妈妈。耶鲁里由天神变成恶神，又变成害人

---

① 傅英仁讲述，张爱云整理：《满族萨满神话》，黑龙江人民出版社 2005 年版，第 59 页。

② 马亚川讲述，王宏刚、程迅记录整理：《女真谱评》（上），吉林人民出版社 2009 年版，第60 页。

的九头鸟。"阿布凯赫赫到小山包上一看，山包下有一个洞，正是老虎趴着的那个地方。海兰妈妈冲着洞说了一些什么话，就见从洞里冒出一股青烟。一转身，原来是一位身着白色衣裳的白发苍苍的老太太走出洞来。这位老太太认识海兰妈妈，一出洞便同海兰妈妈唠了起来。"① 在这里，人与动物的生命是同一个生命体，在不同的时间，可以表现出不同的生命形态。

女真的儿子、女儿变成两只雀，表现了人类和雀儿有着直接的血缘关系，也可以说，人类和自然有着直接的血缘关系，这种关系，在文学作品中得到了很好的表现。"单说这天早上，女真还没有起来，就闻听外面传来'报答、报答'之声。她起来出外一看，是两只白肚囊白脖颈儿大雀，朝着她屋门口点头叫唤'报答、报答'。女真眼瞧两只雀儿发呆，它为啥要叫'报答、报答'之音，这是何意？再说，这些年来，她从南至北，穿梭很多森林山谷，见过上千种鸟儿，还从来没见过这样的雀儿。莫非其中有何隐情？女真想到这儿就对雀儿说：'雀儿呀雀儿，你为何朝我叫唤"报答、报答"之声，难道你是我儿我女的再身吗？要是，你就要听我呼叫，叫你一声，你点头；叫你二声，你跳三跳；叫你三声，你落地叫！'女真朝着雀儿连连嘱咐三遍，你要不是，你既不点头又不跳不落地儿也不叫，展翅飞去就算了，女真越说越情有所动，可心里更加悲伤。她自从被洪水冲击之后，孙儿孙女被狂涛巨浪卷没淹死的情景是她亲眼所见，至今犹历历在目。而女儿和儿子自分手后生死存亡未卜，为此始终挂在心上，这说明自古以来所说的猫养猫疼，狗养狗疼，真一丁点儿不假，女真也毫不例外，她始终在内心里惦念着自己身上的肉，做梦都梦见她的儿女被水淹死了。还有一次梦见儿子、女儿变成两只雀儿，飞到她的身旁，叫着'额娘，我变成雀儿报答你来了！'忽儿，两只雀儿又变成海东青大鹰，嘎嘎叫着：'我就是你女，我就是你儿！'今天她听见这两只鸟儿的唤叫，就如同梦里的雀儿一样'我是你女，我是你儿'。她感到心里揪痛，才对雀儿说出这番话儿。她说完这一番话，好像雀儿都听明白了，就等她问呢！她就接着对两只雀儿

---

① 傅英仁讲述，张爱云整理：《满族萨满神话》，黑龙江人民出版社 2005 年版，第 22 页。

说：'是儿是女三点头。'两只雀儿一听，一齐三点头。女真又问：'是儿是女在树枝上跳三跳。'雀儿一听，在树枝上连跳三跳。女真又问：'是儿是女落在地下叫。'两只雀儿轻悄悄地从树枝上飞落在地上，点头叼嘴儿连声欢叫'报答、报答。'女真这时两只眼睛被泪水糊住了，哇的一声哭叫起来：'我的儿呀，我的女呀……'她这一哭叫，两只雀儿扑棱一声，飞到树枝上。女真为了让自己的信念得到证实，忽然想找一个证人。因此，她又想起她的宝儿——海东青大鹰，就一步蹿到屋里，因为海东青大鹰始终睡卧在她的寝室里。她进屋抱起海东青大鹰嘱咐说：'海东青啊海东青，外边来两只雀儿，朝我叫唤'报答、报答'，我端详过来端详过去，好像我的儿、我的女再身雀儿，前来找我，我就提出三项考问，结果都应答了。但我还不相信，人有人言，禽有禽语，如果是我女，是我儿，你去一认便知。如果不是，你将它俩全给我啄死，省我心烦意乱。你听到没有？'海东青大鹰像懂人言似的站在那儿一动不动听女真向它说话，一直听到女真问它听到没有？它才连声嘎嘎（啊啊的意思），扑棱棱展开翅膀，扇达两下，从门口突噜噜向外边飞出去。海东青大鹰没有直接飞向两只雀，而是飞向天空，在落着两只雀儿的松树上盘旋。两只雀儿见海东青大鹰在空中盘旋，突噜一声，从树枝上飞起，向海东青大鹰身旁一穿而过说：'海青！海青！'海东青大鹰也将膀儿一挓挲说：'嘎嘎、嘎嘎'，即欢迎、欢迎。几个盘旋之后，飞回女真面前，嘎嘎欢叫。女真见海东青大鹰不但没捕捉这两只雀儿，反而相互说话，就明白八九分了。又见海东青大鹰飞落在她的面前嘎嘎直叫，验明了她的儿女已再身为喜鹊，向她前来报恩。她感到又悲又喜，她刚想再过去唠唠离别情，就在这时候，又来两只乌黑的雀儿，也落到松树枝上，'呱呱'直叫。女真听在耳里好似通过辨音器似的，却是'傻呀，傻'，女真抬头一望，两只黑雀落在喜鹊蹲着的树枝底下，叫唤着'傻呀，傻'，喜鹊点头回答'愿我，愿我'。女真见这情形，就对海东青大鹰说：'你看，是不是我的孙女孙儿来了，叫唤：傻呀傻。只要是，你就答应，啊啊；如果不是，你就飞上天空，将它俩啄死。'海东青大鹰扇扇翅膀对她说：'嘎嘎，是你孙女、孙儿，别问了。'海东青大鹰叫唤过后，飞在女真头上，对着喜鹊、乌鸦说：'团聚、团聚啦！'"① 从这段描写中，可以看到，女真的女儿、儿子变成了喜鹊，女真的孙子、孙女变成了乌鸦，这种从人到雀儿的生命转化得到了海东青大鹰的检验。喜鹊和乌鸦为女真用口衔来了各类农作物种子，为了永远怀念乌鸦和喜鹊之恩，将原来立的杆子，改名为索伦杆子，和祭神连在一起，这个风俗习惯在满族中一直流传着。

3. 个体生命也可以转换成不同的生命形态，人神兽可以互相转世投胎。在萨满神话中，个体生命不是以单一的生命形态存在，还可以转化呈现为不同的生命形态。人、神、动植物之间都可以进行生命转换，自然万物的生命呈现为一种更为亲和的关系。敖钦大神有九个头，肚子里装着九百九十九个小徒弟，必要时他一张嘴，小徒弟都出来帮他，不用时，就把这些小徒弟吞回肚里。佛赫和乌申阔生育的后代既有人也有兽。道爷玛发救活的一条小泥鳅变成了一位身穿青衣头戴小帽的小伙子。人参可以变成满脸络腮胡子的老头。抓罗格格变成了头生鹿角的人。突忽烈生下来就和一般人不一样，他浑身长着闪闪发光的鳞片，两只脚长得像鸭子爪一样，他是人鱼鸭的三位一体。喜神沙克沙生来就是个鸟人，背上长满了羽毛，嘴又坚又硬。在《鄂多玛发》中，穆昆搭生下来就跟平常人不一样，有时是男的，有时又变成女的。《昂邦贝子》中的大贝子能变成老虎。在《石头蛮尼的故事》中，大萨满变成老虎救了牛古录的命。

在《西林安班玛发》中，西林安班玛发就是由木偶人变成了西林安班玛发："遵照西林色夫嘱咐，将木雕萨玛偶人，植入木槽盆中。木槽里装满从野地采来的野谷穗，用石臼研压，风吹扬晒，筛出鲜嫩的白小米，装入烧制的陶盆中，再将偶人摆入米中，完全用白小米覆盖，日日润海水十滴，牲血三滴，鱼血五滴，鲜花汁水九滴，百日后，白小米呈艳红色。日下有光，再经百日，白小米呈金黄色，经旭日阳光普照，再经百日，众族众再视陶槽盆内白米已经

---

① 马亚川讲述，王宏刚、程迅记录整理：《女真谱评》（上），吉林人民出版社 2009 年版，第 40—42 页。

空荡荡，所放的木偶人不知消迹何处，仅余光洁槽盆一具。众人惊奇，德高望重、恩重如山的西林色夫缘何未见？正狐疑中，突见东天海滨陡现半天霞光，光芒万道，间有迅雷声，犹如天马行空。众族人蜂拥直奔海滨，其景令人心旷神怡，远眺前方，海面高高隆起陡峭山峰般的浪涛，直插天云，浪尖梢上站着西林色夫，大浪向海岸倾斜，恰似海中天桥。西林色夫在浪涛呜呜风吟之中。他兴高采烈地说：'乡亲们啊，你们纯真的赤诚，感动了东海女神，感动了我，我再生了！千年后我重又回到了人间。'"① 从这段描写中，可以看出，西林安班玛发是由木偶人变成的。

4. 人和自然万物相互间具有道德伦理关怀。生态伦理学认为，道德关怀对象不应只是人类，还应包括非人类。满族萨满神话对自然万物具有道德伦理的关怀。反过来，自然万物对人类也具有道德伦理关怀，因而，萨满神话也具有生态美学的特点。

第一，人和自然万物具有伦理的称谓和亲属的关系，也具有了浓浓的亲情。满族萨满教对动植物的称呼都要冠以父亲、母亲的称谓，表现出了明显的生态伦理观。自然界是人类不会说话的亲属，与人的命运息息相关。在萨满神话中，满族人称柳树为佛陀妈妈（佛多妈妈）。祖先神拜满章京大师兄是熊大哥，二师兄是大黄鱼。在《马神绥芬别拉》中，阿布凯恩都哩把南海的巡水鲤鱼送给老穆昆达做儿子，人兽可以成为至亲。在《乌龙贝子和他的情人必拉》中，乌龙贝子的师傅是老虎、黑熊、黑鱼，他学会了老虎、黑熊、黑鱼的本领。

第二，人和自然万物具有相互的道德伦理关怀。柳树成为满族著名的生育神，因为洪水劫难把宇宙的一切都冲刷干净了，只有佛陀（柳树）还生长着，劫后的灵魂都附在柳叶上被保护起来。她是阿布凯赫赫的顶门弟子，是裂生神，专管人间的生死存亡、六道轮回，是三魂七魄的通天大师。水獭对海伦妈

① 富育光讲述，荆文礼整理：《天宫大战 西林安班玛发》，吉林人民出版社 2009 年版，第181—182 页。

妈有救命之恩，因此海伦妈妈以水獭冠名，海伦即满语水獭。海伦妈妈独有的声音鱼类能听懂，海伦妈妈可以保佑江河湖泊中的生灵。窝集国大罕德风阿刚出生是个肉蛋，父母害怕，把他抛弃了，天神派一只母虎下界，给德风阿喂奶，母老虎二话没说，赶紧给他喂奶。天神又派出大鹏下界，保护孩子，为他遮风挡雨。胡达哩的孩子是喝白鹭的奶水长大的，后来胡达哩与白鹭结成夫妻。老鹿用草药为抓罗格格治好了伤，后来抓罗格格就和鹿群生活在一起了。人与自然万物相亲相爱，和谐相处。

在《女真谱评》中，乌雅贤把横扎在老虎嗓子眼上的一支金钗取出来，老虎鸣声吼叫，眼泪像珠子从眼睛里滚落下来，老虎对乌雅贤前爪向前匍匐，像磕头作揖的样子，然后站起来，鸣的一声，上山去了。不一会儿，老虎又从山上下来了，口中还叼个大包袱。吓得可怜儿哎呀一声，手腿一麻，瘫痪在地。"乌雅贤劝慰说：'可怜儿，别害怕，老虎给咱送东西来了！'话音没落，只见老虎已蹿奔过来，将大包儿放在乌雅贤面前，又将前爪向乌雅贤匍匐一下表示拜谢，又腾空而去。乌雅贤高兴地说：'可怜儿，快起来，看老虎给咱送的啥玩意儿？'可怜儿也惊讶地站起来，和乌雅贤将大包袱打开一看，嗬！全是绸啊，缎呀，他们见还没见过哪！赶忙将包包好，放在马背上，还没等捆好，见老虎从山头上'鸣'的一声，又来了。可怜儿这回也不怕了，她一望尖声喊道：'你看，老虎叼个大箱子来！'还没等可怜儿将话说完，一眨眼工夫，老虎又腾跳在他们面前，老虎将箱子放在乌雅贤面前，又将两只前爪对着乌雅贤匍匐一下后转身而去。乌雅贤和可怜儿将箱子打开一看。嗬！里边装的是一台纺织机，可将他俩乐颠馅了，赶忙跪在地下磕头，祷告说：'是神佛保佑，让我们逢凶化吉，遇难呈祥，获得财宝，感谢上苍！'拜毕起身，将木箱子也抬在马背上，捆好。"[①] 在这段描写中，老虎也是知恩图报的。老虎有自己的道德伦理观念，对待于它有救命之恩的人，要加以回报。

---

① 马亚川讲述，王宏刚、程迅记录整理：《女真谱评》（上），吉林人民出版社 2009 年版，第 82 页。

二 敬畏自然的崇拜意识

满族萨满教的思想基础是万物有灵，即自然万物都可以成为人类敬畏的神灵。萨满神话中动物几乎都是神。飞鸟、飞鹰、花雕、大鹤、虎、熊等飞禽走兽都是神。因为早期满族人生产力低下，没有掌握自然规律，人与自然是一种依寓性的关系，一切依附于自然，须臾也离不开自然，自然具有神秘性、神奇性和神圣性，因而，人对自然具有了敬畏感。万物有灵论会将任何神奇的事物都凭附到自然实体上，使自然实体具有灵性，人对有灵性的自然实体敬畏、尊奉，并与自然平等对话。满族人认为自然具有"魅"的神秘色彩，自然存在许多神灵鬼怪，天地诸神赐福于人，人才得以生存，因而满族人对自然有一种神圣的尊敬崇拜意识，对自然的敬畏心理约束了对自然的肆意破坏。有所敬畏，行为才会有所止。"自然崇拜是萨满教最古老的崇拜观念。早期的人类是自然之子，人们视自然与自身为一体，奉自然为生命之母，对大自然虔诚敬畏，由此形成了诸多禁忌意识。对于群体赖以生息的大地以及栖息其上的动植物均崇敬有加，取之有时有节，并世代因袭，形成民间不成文的习惯法。尽管信仰萨满教的先民对山河、土地、生物的保护措施多以神灵的名义实施，但千百年来这种敬畏自然、尊崇自然的原始生态意识有效地抑制了人类对大自然的损毁，客观上起到了保护自然生态、协调人与自然的关系之效果，体现了人与自然环境的和谐。在萨满教的观念中，山川、河流、树木和各种动物皆有生命，有些还被赋予神性，奉为神明，形成很多禁忌，客观上对于保护生态环境，保护物种的繁殖，具有积极的意义。"① 敬畏自然就不会以"万物之长"的身份而凌驾于自然之上，人类因此变得谦卑，承认自己的局限，归顺自然。

当代环境理论家阿尔伯特·施韦泽于 1915 年提出"敬畏生命"的伦理观，

---

① 富育光主编：《金子一样的嘴——满族传统说部文集》，学苑出版社 2009 年版，总序第 2 页。

他认为"一个人，只有当他把植物和动物的生命看得与人的生命同样神圣的时候，他才是有道德的"。这和满族萨满神话表现的"万物有灵"论是一致的。①"棒打狍子瓢舀鱼，野鸡飞到饭锅里"形象地表达了长白山曾经的生态环境，这和北方民族萨满教的生态观念有关系。满族敬树为神，怕触犯树神，不敢轻易砍伐树神。肃慎和树神谐音，就是源于树神。

《西林安班玛发》中表现出了强烈的对自然的敬畏意识：

> 祭者祭天地
> 和日月星辰，
> 这是我们生存之本。
> 天道顺，
> 识天时，
> 人方可安居永乐。
> 祭生存衣食之源，
> 人生于世，
> 靠世间万物滋养，
> 须臾难离，
> 是天务，
> 是万物，
> 均为我有我备，
> 务教、务祭、
> 务奠、务献，
> 同享宇宙之恩。
> 故要祭万牲、万物，
> 万牲有灵，

---

① 曾繁仁：《生态美学导论》，商务印书馆 2010 年版，第 54 页。

皆可惠我，

敬谢之，

诚感之。①

对自然有敬畏才会有约束，有敬畏才会有所爱护，客观上起到了保护自然，不肆意破坏，营造良好的生态环境的作用。

萨满教具有生态美学的早期自然主义观，对自然的敬畏和恐惧使得萨满神话中出现了许多神魔。"在神话时代乃至整个神话系统中，人并不是以神的样貌投射着自己，而是在通过神的故事真诚地表达着自己对生态整体的谦卑的认同。人在自然之中，真正的主宰者是自然力的象征即神魔。"②萨满教具有原生性的生态美学特征。在萨满神话中，阿布卡赫赫成为战无不胜的天神，所向披靡，实际上，天神阿布卡赫赫成为自然威力的缩影，间接地表现了人对自然的谦卑敬畏。

满族萨满教的万物有灵观导致了人与自然的对话模式。满族萨满神话中把自然当作一个平等的对话主体，而不是凌驾于自然之上，自然不是人化的自然，也不需要人化。融入自然，以自然为友，就要了解自然，体验自然，感悟自然，对话自然。人可以和周遭环境的景观对话，和野兽飞禽对话，和花草树木对话，这些对话情景在萨满神话中是司空见惯的。在对话中，人与自然互动，相互影响。这种对话是主体间的对话，具有主体间性的特点。实际上，满族萨满神话就是与自然对话的一种方式。由于对自然的敬畏和崇拜，萨满神话中一切都要膜拜自然，学习自然，连造人也要学习自然。"巴那姆赫赫也不知男人啥样？巴那姆赫赫便想到学天禽、地兽、土虫的模样造男人。"③

---

① 富育光讲述，荆文礼整理：《天宫大战　西林安班玛发》，吉林人民出版社 2009 年版，第175—176 页。

② 王宁主编：《文学理论前沿》，北京大学出版社 2006 年版，第 136 页。

③ 富育光讲述，荆文礼整理：《天宫大战　西林安班玛发》，吉林人民出版社 2009 年版，第17 页。

对自然的敬畏崇拜使得萨满神话中有大量的祭祀天地万物的内容。"祭天祭地是头等大事，但是祭天地得经过萨满。堂白太罗找来天上的大萨满，培养了地上的萨满。通过这些萨满告诉人们如何祭天、祭地、祭神、祭祖，要相信这些神灵，相信萨满，让人们懂得这是生存之本、兴旺之道。"① 正因为人类对自然敬畏，所以人才不以自身的利益为出发点，保护自然。

敬畏自然还包括以自然为师。满族先民敬畏自然，向鸟学会用树木筑房。"空中充满了鸟类的喧闹声和求偶的鸣声，飞来了双双对对的鸟儿，它们筑起巢来，准备居住和哺养小鸟。九天女被鸟儿惊呆了，一屁股坐在地上，两眼直瞪瞪地望着鸟儿筑巢。望啊，望啊，她心里像开锅的水翻花儿，心里想，鸟儿能用树枝筑巢，我们也会用树木筑房，在这里住着不比土洞好吗？这个启发，驱走了她的悲伤，她高兴地跳了起来，两手紧紧搂抱孩子，亲吻着，说：找到阿玛，咱也筑房给你住。九天女真是乐不可支，本来两腿发木，已经不听使唤了，自从发现鸟儿筑巢，在她脑海里猎鱼青年被抢走的悲哀情景也消逝了，他只有一个念头，赶快撵上猎鱼青年，咱俩也得筑窝。"②

阿骨打曾经拜老虎为师。"阿骨打暗下决心，非好好向师父学武艺不可。他有心进洞去取兵器，不敢，没有师父言语，新来乍到，随便进洞取兵器，惹恼师父那还了得。啊！有啦，练习拳脚吧。阿骨打抻抻胳膊，甩甩腿儿，还没练，就听呜一声，阿骨打一惊，还没等他转过向来，突然一只猛虎立在他面前，头上两只眼睛夜间像两盏灯那么亮，下衬着一张大嘴儿，张着，牙齿像手指那么粗，瞪着两只大眼睛，要一口将阿骨打吞了似的。阿骨打不仅没惊慌，反而笑嘻嘻地说：'虎儿，你好啊，我祖先救过你们，不知你知道不？'老虎将头一点，嗷的一声，惊天动地，见他霍地一下子，跃在空中，轻飘飘地落在石棚南面，转过头来，两只明亮的眼睛，盯着阿骨打，嗷的一声，又悬回来，好像向阿骨打扑来，阿骨打身子一动没动，老虎又轻轻落在他的面前。阿骨打见

---

① 傅英仁讲述，张爱云整理：《满族萨满神话》，黑龙江人民出版社 2005 年版，第 59 页。
② 马亚川讲述，王宏刚、程迅记录整理：《女真谱评》（上），吉林人民出版社 2009 年版，第 3 页。

虎这情景，心里一翻个儿，对老虎说：'虎哥，莫非你要教我武艺？如是这样
儿，你点点头。'老虎果然点点头儿，又一跃腾空而起，这下可把阿骨打乐坏
了，赶忙将身子往下一伏，也学着老虎腾跃，但他没跳多远，两脚落地，有嗵
嗵的声音。但他决心跟虎学练腾跃的本领。他想老虎站在地上又粗又大，腾跳
起来却轻如树叶，它是练出来的。他就随同老虎一遍又一遍地练腾跃，一直到
东方发白，老虎才腾跃下山而去。从此，每夜晚老虎必来，而它腾跃得一晚比
一晚快，简直腾跃而起，不见虎形，只见一道金光，似流星般，来回穿梭。阿
骨打跟着苦练。阿骨打跟虎学练腾跃，艮岳真人就像不知道似的，他也不问，
阿骨打也不说。实际艮岳真人对阿骨打进行一系列考验，兰洁来拉阿骨打回
去，是考验阿骨打学艺有没有恒心；让阿骨打担水，考验阿骨打能不能吃苦，
并让他自己找路，自己寻水，包含着学艺也是得靠自己找门路，练功夫；跟老
虎学练腾跃，考验阿骨打的胆量和智慧。见阿骨打真是机智勇敢，胆量过人，
不愧为将来创建金的太祖，才真正收为徒弟，传授兵法和武艺。阿骨打在帽儿
山仙人洞日夜勤学苦练。"[①] 阿骨打向老虎学习，也是以自然为师的一种。满
族先民的最初生活就是向大自然学习。

三 天地混融的和谐意识

生态美学的哲学前提是"天人合一"。生态美学主要是反对人类中心主义。
因为人类中心主义对人类自身具有欺骗性，对自然界也具有危害性。在萨满神
话中，天地万物最初是不可分割的混沌体。没有谁的生命比谁的生命更尊贵，
所有的生命都是平等的。"现代生态学的研究表明，自然界的生物之间，生物
与非生命存在物之间、非生命存在物之间，都是相互联系、相互作用、相互依
赖的关系。万物的交错联系织就了生态系统的整体之网，也织就了宇宙之网。

---

① 马亚川讲述，王宏刚、程迅记录整理：《女真谱评》（上），吉林人民出版社 2009 年版，第
200—201 页。

在这里，自然不是独立于人之外的'外部环境'，而是一脉相连的生命共同体的内在源泉。"① 在天地混融的自然环境中，满族萨满神话表现出了家园意识，而家园感恰恰是生态美学的基础。天地万物在同一个家园中共生共存，自然家园不是人类独自的家园。

（一）天地混融

满族萨满创世神话中最初的世界是宇宙空间充满了水，混沌一片。即使后来有了天地人三界的差别，三界也都是相通的，萨满的职责之一就是沟通天地人三界。"生态是多层面交流结果的总和，也是无限差异的经验关系的总和；这些交流和关系总是依赖于某种共同感知。"② 神可以转世投胎到人间，四方神就是受到耶路哩的欺骗投胎到人间，佛陀妈妈可以把投胎到人间的神送回天界。

满族萨满神话中，最早的世界是个充满了水的混混沌沌的汪洋。这种水叫"巴那姆水"，也叫"真水"，能产生万物。"巴那姆水"互相撞击，产生许多水泡，水泡撞击产生水球，水球撞击产生火花，以此类推，最后产生三种灵气：水、火、光。这就是萨满神话中的创世之神"老三星"。老三星借助灵气造出了万事万物。老三星裂生的五徒弟之一阿布凯赫赫，从动物群中选出能够站立行走的聪明的那一种，请佛陀妈妈装上人的灵魂，便成了现在的人类。在萨满神话中，自然是人类的祖先，人类是从大自然中化生出来的。"世上最先有的是什么？最古最古的时候是什么样？世上最古最古的时候是不分天、不分地的水泡泡，天像水，水像天，天水相连，像水一样流溢不定。水泡渐渐长，水泡渐渐多，水泡里生出阿布卡赫赫……三神永生永育，育有大千。"③

满族萨满神话表现的是生态美学推崇的少有人类痕迹的荒野。从20世纪60年代开始，环境危机加剧，荒野的价值与意义日益凸显。"'荒野'在罗尔斯顿的著作中是作为生态系统的自然的代名词，指原生态的环境，包括原生的自然、原

---

① 章海荣编著：《生态伦理与生态美学》，复旦大学出版社2005年版，第145页。
② 李庆本主编：《国外生态美学读本》，长春出版社2010年版，第142页。
③ 谷长春主编，富育光讲述，荆文礼整理：《天宫大战　西林安班玛发》，吉林人民出版社2009年版，第9—11页。

野等等，即'荒野'不是被人类实践所中介过的自然，而是'受人类干扰最小或未经开发的地域和生态系统'。"满族萨满神话表现了"荒野哲学"。①

（二）三界相通

萨满教突出的生态美学意识在于阴阳和谐，天地合一。萨满教认为宇宙有三界，上界为天界，为神灵所居；中界为人间，为人类所居；下界为阴间，为鬼魔和祖先神居住处。萨满最重要的职责就是沟通天地人三界的关系。"萨满教对于宇宙天地的构思是分层的。在北方萨满教天穹观念中，至今流传着'三界'说。关于'三界'说，清人徐珂在其《清稗类钞》中作了详细的记述：'萨满教又立三界：上界曰巴尔兰由尔查，即天堂也；中界曰额尔土土伊都，即地面也；下界曰叶尔羌珠几牙几，即地狱也。上界为诸神所居，下界为恶魔所居，中界尝为净地，今则人类繁殖于此。'"② 萨满是连接阳界、阴界、天界的桥梁。"萨满是具有人仙传导'介质'的人，他能接受仙界的信号，具有一定的音乐潜质，有副好嗓子，是仙界在人间的使者、化身。古人讲萨满者，先知先觉也，就是强调萨满乃为仙家化身的一面。"③

萨满被认为是神灵选中的，萨满是智者，博学之人，通过"行巫术"与精灵交往，与超世界交往。交往的方式有两种：萨满自行昏迷时，或由其灵魂离开形体去到精灵世界，或作为精灵的代言人"在行巫术时，被认为精灵附在了萨满身上或萨满的灵魂去到精灵世界……他被相信具有一个或一群主动的神灵作为助手，并可能有一个被动的守护神灵，此种神灵表现为一个动物或一个异性——可能作为一个性生活的伴侣"④。

萨满可以上天入地，沟通鬼神，除妖祛病。在萨满教中，很多动物、植物都是萨满的辅助神。在萨满神话中，阿布凯恩都哩想出一个办法，就是在人间

---

① 曾繁仁：《生态美学导论》，商务印书馆 2010 年版，第 57 页。
② 孙金瑛、刘万安：《萨满遗风——辽北莲花萨满文化田野调查》，（香港）中国人民出版社 2009 年版，第 5 页。
③ 同上书，第 145 页。
④ 赵志忠：《满族萨满神歌研究》，民族出版社 2010 年版，第 2 页。

培养一批能沟通人和神之间的关系的人，用以沟通人和神之间的音信，这些人就是萨满。萨满是协调神人鬼三界的。"神人隔绝后，天上有什么事人间不知道，人间有什么事天上也不知道，双方难以沟通，也不便于管理。阿布凯恩都哩就想出一个办法，就是在人间培养一批能沟通人和神之间关系的人，用以沟通人和神之间的音信，并称这些人为萨满。"① 萨满神话《堂白太罗》记载："当时萨满成为这个最原始部落的领袖，他在神与人之间沟通，形成天人合一。"② 堂白太罗教 48 个大小萨满学艺，到天国参观。著名的满族说部《尼山萨满》（《音姜萨满》《尼姜萨满》）中的"尼山""音姜""尼姜"便是汉语"阴阳"或"阴间"的转音。

西林色夫为了医治病患，到天界求访古老的众神："东海人早年寿命短，还是青壮年有为时，就四肢不用，很早离开人世了。西林安班玛发看在眼里，痛在心上。他到山林采药，治得慢，而且极其难治，病者仍日日增多。如何解决？西林安班玛发，是东海女神之子，又是有千年高寿的萨玛，想到自己不到神界、天界访问众神，这个难关是难以解决。唯有不怕千里万里跋涉，遍访神医、神药，或许能有拯救世人的好办法。于是，他告诉莎吉巴那和查彦都鲁哈喇几位萨玛，让他们精心照料好他的身体，他要昏睡在地，灵魂出游，去遍访神界。你们要好心帮助，护理好我。你们也不必劳累，但要静静守护着我，天天往我嘴里滴三滴海水，用温水轻轻地擦敷我的胸膛心口，不让猫、不让狗或陌生人来碰我，打扰我沉睡的梦乡。三位女萨玛深为西林安班玛发拯救人类的精诚情感所感动，便一一应允，说：'西林安班玛发，你为族人的安危不顾生死，我们还能不精心守护好你吗？敬请放心。'西林安班玛发安卧在野花铺成的魂床上，很快闭目睡了过去。西林安班玛发的魂魄，离开了他的躯壳，翱翔穹宇。"③ 西林色夫到天界寻访星神德鲁顿玛发，又寻访风神额顿妈妈等各个

---

① 傅英仁讲述，张爱云整理：《满族萨满神话》，黑龙江人民出版社 2005 年版，第 125 页。
② 同上书，第 60 页。
③ 富育光讲述，荆文礼整理：《天宫大战　西林安班玛发》，吉林人民出版社 2009 年版，第187—188 页。

天神。西林色夫到天界寻访未果，为了追索世人患病之源，认为世人像小树一样离不开大地，要想摸透病源，要分解土质。"于是，他想到一个非常奇妙的办法：到地中去，看一看地下水土的究竟。他是海神之子，有无限的神力，进入大地对他来说，易如反掌。西林色夫想来想去，若深进地下，究竟变个什么好呢？蚂蚁？蚯蚓？白蛇？蜥蜴？他总觉这些虫类体魄幼小，所穿行的地域也不会那么辽阔。想来想去，最终他想到了鼹鼠。"① 西林色夫告别部落族人，嘱咐三位女萨玛，"我为了探知东海寒苦的土地，使人类永远不至于被土气所害，永远成为这片土地的主人，我要到地下巡游一番。你们要为我严守秘密，不必为我安危担心。只要我在地上沉睡时，你们每天往我口中，滴三滴取自生育过我的东海活水，我就会青春常在，睡眠香甜而安静。再用生长在海边'孛勒格'阔叶，遮盖我的脸庞，用海石围护我的身躯，日日用深海'尼玛哈'油脂，擦敷我易干燥的皮肤，我便会永生不死。我只要办完了应办的事后，会很快平安回来"②。西林色夫化作一只鼹鼠，钻入穆林阿林地下，于是知道了东海一带的地况，返回地上，由此，西林色夫完成萨满沟通三界的职责。

"天地人神四方游戏说"是海德格尔提出的重要的生态美学观范畴。满族萨满可以沟通天地，既能承接天神的佑护，还能入地府，与魂灵沟通，"同时逗留着大地与天空、诸神与终有一死者。这四方是共属一体的、本就是统一的。它们先于一切在场者而出现，已经被卷入一个唯一的四重整体中了"③。萨满实现了"天地人神四方游戏说"。《尼山萨满》就是描述了尼山萨满如何沟通天地人神，拯救了死去的小男孩的生命。"德扬库，德扬库，众人、扎里请听着，德扬库，德扬库，巴尔都·巴彦你自己，德扬库，德扬库，也认真地听着，德扬库，德扬库，把你的儿子，德扬库，德扬库，用金香炉，德扬库，德扬库，装着拿来了，德扬库，德扬库，用爪子抓着，德扬库，德扬库，带了，德扬库，德扬库，当做宝贝，德扬库，德扬库，夹来了，德扬库，德扬

---

① 富育光讲述，荆文礼整理：《天宫大战　西林安班玛发》，吉林人民出版社 2009 年版，第 204 页。
② 同上书，第 206 页。
③ ［德］海德格尔：《演讲与论文集》，生活·读书·新知三联书店 2005 年版，第 188 页。

库，使死了的身体，德扬库，德扬库，复活了，德扬库，德扬库，让失去的灵魂，德扬库，德扬库，附体了。"① 这段描述了尼山萨满是如何不畏艰险，承神保佑，到阴间，取回小男孩的灵魂，拯救小男孩的生命，并为此献出了生命，成为"同时逗留着大地与天空、诸神与终有一死者"的四方一体。

满族萨满教与生态论的存在观是相契合的："当代存在论哲学则是一种'此在与世界'的在世关系，只有这种在世关系才提供了人与自然统一协调的可能与前提。他说'主体和客体同此在和世界不是一而二二而一的'。这种'此在与世界'的'在世'关系之所以能够提供人与自然统一的前提，就是因为'此在'即人的此时此刻与周围事物构成的关系性的生存状态，此在就在这种关系性的状态中生存与展开。这里只有'关系'与'因缘'，而没有'分裂'与'对立'。"② 在萨满神话中，鄂多里人甚至和鹿开歌舞晚会，类似的描写很多。

（三）生态环境

满族人对生态环境有着十分深刻的认识，因为满族人的渔猎文化和生态环境息息相关。在满族作品中，理想的环境是具有生态和谐美的环境。

1. 满族人对于好的生态环境表现出了鲜明的喜好态度

满族文学艺术作品中讴歌好的生态环境。《女真谱评》（上）中，公元1035年，石鲁出兵，天色已晚，他感到浑身无力，甚是疲倦，着急歇息。见前面有一噶珊，想奔去歇宿。"他见这地方山峦重叠，树木稀稀拉拉，山上的怪石凸凹不齐。石鲁越看越像山上长些疙瘩疖子，千疮百孔一般，心里甚忌之。当他来到噶珊后，问此地何名？当地人告曰：'此地乃仆魔也！'石鲁心里惊悸，啊的一声，嘴里没说心里想，我见这地方像千疮百孔一般，果然叫此地名，说啥也不能在此歇宿，忙命令兵丁说：'不在此歇宿，速往前赶，另找地方歇宿。'兵丁心里也埋怨，天都这般时候了，人困马乏，不在此歇宿，还往

---

① 赵志忠：《满族萨满神歌研究》，民族出版社 2010 年版，第 179 页。
② 曾繁仁：《当代生态美学观的基本范畴》，《文艺研究》2007 年第 4 期。

哪赶啊？埋怨是埋怨，得听从命令，兵丁都知道石鲁的脾气，沾火就着啊。还是狠加一鞭，马蹄嗯嗯，穿过此噶珊，又往前赶路。那时候，人烟稀少，噶珊和噶珊之间，相距很远。大概二更时分，石鲁率领人马来到姑里甸旁边的一个小噶珊住下。兵丁弄些吃的，将马也喂上了。忽见石鲁大汗淋漓，气喘吁吁，兵丁见之惊恐万分说：'部落长，你病啦。'就在这时候，忽听外面吵喊：'可不好了，来强盗啦，来强盗啦！'石鲁想要领兵丁打强盗，但他感到已支持不住，急忙说：'快，快将我扶上马，速往家里赶路！'兵丁将他扶上马，石鲁咬着牙，在马上说：'我们不征伐乌林答部了，赶快回家！'半夜他带病领兵往回赶路。石鲁趴在马上，不住地鞭打马匹，恨不能一下子飞回家去。哪知天刚亮，来到逼刺纪村时，他从马上掉下来，已经死了。兵丁都放大悲声痛哭。石鲁六弟撒里辈跟随，将石鲁尸体抬进村中，弄几根大木头做成棺材，将石鲁入殓，用几匹马驮着棺材往回进发。"① 从这段描写中，可以看到，环境的好坏直接影响人的心理甚至命运。生态环境不好使得人的生命受到威胁甚至使人丧命，石鲁就是由于到了"仆魔"（恶疮）之地，所以才死于非命。在所有的满族艺术作品中都表现了这样一种观念：生态环境恶劣的地方是令人忌讳的不祥之地，能够给人带来厄运。

2. 满族文学艺术作品中，神仙和妖怪的居住环境都和生态环境关系密切。神仙的生态环境是良好的，妖怪的居住环境是恶化的

在满族的文学艺术中，神仙居住的环境往往都是鸟语花香、水草肥美、树林茂盛、百兽齐聚。神仙住的长白山："五色彩云绕山腰。苍松翠柏，百花盛开。各种鸟兽在林子里飞呀，叫呀，跑呀，跳呀，简直像到了天堂一样。"② 老三星的三星洞和人间天国都不一样，"遍地花草树木，处处莺歌燕舞，美妙的景象目不暇接，萨满们怎么看也看不够。"③ 萨满神话中描述的习俗也具有

---

① 马亚川讲述，王宏刚、程迅记录整理：《女真谱评》（上），吉林人民出版社 2009 年版，第 77 页。

② 傅英仁讲述，张爱云整理：《满族萨满神话》，黑龙江人民出版社 2005 年版，第 175 页。

③ 同上书，第 61 页。

环保的特点。他拉伊在临死前，叮嘱大家，在她死后，把她用桦皮包好，挂在东山口大松树上，这种古老的树葬习俗，有利于环保。

在满族的文学艺术中，凡是恶魔妖怪住的地方，生态环境都是不好的。《女真谱评》中阿骨打寻找妖怪的地方是这样描写的："阿骨打半信半疑，离开部落长家，准备按部落长媳妇刚才说的方向，去寻找妖怪的栖居之处，一问族人，才知道在这西北方有个黑石砬子，阿骨打就奔黑石砬子去了，来到这黑石砬子一看，这大黑石头好似有人摆弄的一样，高高矮矮的参差不齐，好似用墨染的一般，全是黑绿色。在这旷野荒凉凄清的，四周一望无际，全是荒地。除了这望不穿的大黑石砬子和叫不破的寂静以外，一无所有。这矗立的黑石砬子，使它四周的东西都呈现出愁惨的景象，几棵矮树摇晃枝杈，仿佛要追捕什么人似的，阿骨打正在凝望黑石砬子，忽然见一只狡猾的狐狸跳跃在一个黑石砬子上，站在那里望着阿骨打，它的红尾巴搭在黑石砬子上，黑色的尖鼻颤动着，望着，望着，突然跳下石砬拖着尾巴走了，阿骨打尾随着，见它向西北山根去了，山根下有一石洞，阿骨打奔洞口去了，狡猾的狐狸坐在洞口望着阿骨打，阿骨打不停步地往前走，它似乎满不在意地瞅着他。"[①]

妖怪居住的地方往往是荒无人烟的生态环境不好的地方。"这地方一向荒无人家，传说这块儿有妖怪，谁也不敢来住，这八户野女真人家，为躲避腊碴、麻产的掠夺，无奈逃至这无人敢住的地方来居住。他们开始想要在涞流水岸边，尤其这白土崖旁建房屋，既能防风又能防水。这八家二十来口人，就在崖旁过宿，第二天好动手建房，就在这天晚上半夜的时候，突然这沙丘红烟四起，呜呜号叫，将他们全惊醒了，眼看这沙丘要开花啦，妖怪要出来了，吓得他们哭爹喊娘，跟头把式地逃跑到这来，再也跑不动了，豁出来了，一个个瘫在地上不会动弹了，虽说腿不好使，可心里明白，都趴在地上这深草窠里，眼睛望着这白土崖子，只见这白土崖子下边的沙丘上，红光四射，发出吹打弹拉的怪声怪气儿，听着顺耳，心里却惊怕，心里转念这是什么妖怪的声音呢？有

---

① 马亚川讲述，王宏刚、程迅记录整理：《女真谱评》，吉林人民出版社 2009 年版，第 278 页。

时还听马嘶、人喊、狗吠，可是见不着影儿，快到亮天的时候，一点儿动静没有了，第二天胆子大的跑那儿一看，还是那堆大沙丘，啥异样没有，更奇怪的是，白土崖这段水面不能打鱼，打鱼就翻船，也打捞不着鱼儿，这些日子更怪了，在这涞流水口，水里有二个龇牙鬼把着，白天在水里，夜间出现在水面上，吓得谁还敢去……"① 在满族的文学艺术中，有一个共性特点，凡是好人、神仙居住的地方，生态环境都是极好的，凡是妖怪居住的地方，生态环境都是极差的，好像生态环境是一种可以由居住的主体决定的东西，而不是一种客观存在。

3. 满族文学艺术表现出了一种自觉的生态保护意识

在满族文学艺术中，人们的渔猎都有自觉的环保意识。满族捉鱼不竭泽而渔，而是以保护鱼的生态为主，满族先民认识到，保护好鱼的生态，可以使人的生活更好。在《女真谱评》中，班惑从环保的角度谈论捕获大马哈鱼的经验："'汝不知，这大马哈鱼可有意思啦，还一夫一妻哪！它生在涞流水，活在松阿哩乌拉。每到繁殖的时候，两口子就从松阿哩乌拉游到涞流水里，再到这套子里来甩籽，将鱼籽甩在草窠上后，夫妻俩呆在草窠旁，瞪着眼珠子瞧它的后代。一遇风吹草动，夫妻俩怕损伤后代，就张开大嘴，各将鱼籽含到口腔中，将鱼籽保护起来，等风平浪静的时候，再将鱼籽吐出来，就这样精心地护卫着鱼籽，直到鱼籽变成小鱼，会游泳啦，小鱼就奔向松阿哩乌拉去生长，大马哈鱼也就饿死了。所以我净捞这鱼吃，还晒了好多鱼干，将来汝带兵攻辽时，我可将这些大马哈鱼干送给队伍，食着方便，打仗上哪弄鲜鱼去?'阿骨打又问班惑说：'这水套子是蓄宝池，真得好好保护，最怕的是啥呀?'班惑说：'最怕是有人进里边祸害，洗澡啦，舀鱼啦，你可知，一个人进去洗澡，得扑腾死多少鱼籽呀？再说，将草都践踏完了，鱼还咋往上甩籽呀！咱女真人有的还懒，干啥图省事儿，你没听说，契丹人说咱们'棒打獐子，瓢舀鱼，野鸡落在饭锅里'。有人就是，要吃鱼就到水套子里舀，将要产鱼籽的鱼舀吃了，

---

① 马亚川讲述，王宏刚、程迅记录整理：《女真谱评》，吉林人民出版社 2009 年版，第 286 页。

得瞎多少鱼呀？真够损的啦。没想想，你这辈子吃鱼，下辈子就不吃了，得为子孙后代着想嘛。这就人留后世，草留根嘛，应该懂这个理儿才行！阿骨打感到班惑老人是位养生的专家，非常感激他，使阿骨打长了不少知识，对班惑说：'你使我长了不少知识，汝是我女真人养生的专家，我拜汝为师！同时，我一定下令，有到水套子里洗澡和舀鱼者，要受到责罚！'从这，阿骨打才下达这道禁令，保护鱼类发展，受到后人的赞颂！"① 同样，阿骨打按照草神爷爷的指教，按教移草，各得其生。

满族的萨满神话和浪漫主义的大胆幻想还不一样，萨满神话的背后隐含的是原始初民的原始思维。原始思维的重要特征是神秘互渗律，满族萨满神话的思维特征实际上就是这种神秘互渗律。祖先神拜满章京本是不会游泳的，他之所以会游泳、水性高强，是因为他坐在二师兄大黄鱼的背上，大黄鱼边游边往拜满章京的身上喷着鱼的黏液，他立刻就会游泳了，这不是他后天实践的结果。在《乌龙贝子和他的情人必拉》中，乌龙原本不会水，"黑鱼跳上岸，口吐三口黏液，抹了乌龙全身。然后用尾巴打着乌龙，逼他下水。乌龙往水里一跳，河水一点儿也不沾身，游来游去的就和在岸上一样自由。"② 抓罗格格到长白山力量大增，不是因为别的，而是因为吃的糕的形状是虎、熊、金钱豹的形状。虎、熊、金钱豹通过糕的相似形状产生了神秘互渗，把力量传给了抓罗格格，这是典型的原始思维的神秘互渗律。

满族萨满神话之所以具有生态美学的特点，与它的时代特点、原始诗性思维、习俗文化具有密切关系。对自然的敬畏和道德关怀是永远应该提倡的。

---

① 马亚川讲述，王宏刚、程迅记录整理：《女真谱评》（下），吉林人民出版社 2009 年版，第486—487 页。
② 傅英仁讲述，张爱云整理：《满族萨满神话》，黑龙江人民出版社 2005 年版，第 271 页。

第八章　满族文学艺术的形式美

满族民间说唱艺术形式别具风采。满族文学艺术的独特形式最主要表现在用满族语言进行文学创作。"满文是努尔哈赤在公园 1599 年下令创制的，在公元 1632 年达到完善。从它产生时起就成为后金和清规定使用的文字。"[1] 马克思认为语言是思维的直接现实，语言的不同恰恰表现了思维的不同。满族的语言富有独特的民族之美。

满族文学之所以能迅速兴起，和满族人爱好文学有很大关系。乾隆时诗人袁枚写道："近日满洲风雅，远胜汉人，虽司军旅，无不能诗。"

满族文学艺术的创作主要有四种语言形式：

第一，完全用满语创作的文学作品。

满族早期的文学作品完全用满语创作。清政府定都北京之时，朝廷公文只用满文，不用汉文。这时满族还普遍使用满语。满族文学创作是用满语创作的。"国初惟以清语为本，翻译为后所增饰，实非急务。"[2]

第二，用满语翻译汉族文学。

天聪五年（1631）设立六部，每部设启心郎一人。启心郎就是为满族介绍汉族典籍，通常为通晓满语的汉族人担当。满族最开始翻译汉族书籍，是为了学习统治经验。他们翻译的书籍主要有《刑部会典》《三略》等，随之，《三国

---

① 张佳生：《八旗十论》，辽宁民族出版社 2008 年版，第 259 页。
② （清）昭梿撰，何英芳点校：《啸亭杂录》，中华书局 1980 年版，第 19 页。

演义》等文学作品也开始被翻译来，受到满族人的喜爱。

第三，满汉文交叉使用。

康熙年间，满汉官共事，由于汉官不懂满文，于是开始满汉文并用。汉语逐渐普及后，主要用汉语创作。于是，在汉语的创作中交叉着满语。如八旗子弟书《满汉合璧寻夫曲》就是用一半满文，一半汉字写的作品。《满汉合璧寻夫曲》写一句满文，再写一句汉文，采用了满汉文交叉的形式。作品借用孟子的观点"固国不以山溪为险"，批判了修建长城无益于巩固国家。

第四，用汉语创作，并用汉字形式音译满语。

乾隆年间，汉语占据绝对优势。据《养吉斋丛录》卷6记载，乾隆年间，只用汉语，汉语逐渐代替了满语。这种创作是满族的思维，汉族的文字。到乾隆年间，已经很少有人认识老满文字了，满族已经使用汉语创作了。

如八旗子弟书《叹旗词》，尽管用汉语创作，但作品中有很多满语译音，如果不懂得满语，这部作品是看不懂的。如其中一句："也有那身同傀儡随人戏，也有那得伯祁呢认不全。""得伯祁呢"就是用汉语音译出来的满语中的虚词。这时期，满族人对汉语已经相当熟悉了，在文学创作上以汉语为主，而对满语已经生疏了。

一　满族民间说唱艺术形式通俗易懂

满族民间说唱艺术一般都是口碑艺术，通过口耳相传，代代承袭。满族古代少文墨，只是口耳相传。"父子世为君长，无文墨，以语言为约。"① 满族说部本身就是口碑文学。

满族民间说唱艺术形式之所以通俗易懂是有其深远的历史文化渊源的。满族民间说唱艺术过去多为口碑艺术，这主要和满族的生产方式、文化习俗有关。满族先世以渔猎为主，世代生活于森林中。"森林民族世代游猎于丛山密

---

① 《晋书·勿吉传》卷九七。

林中，几乎与外界处于隔绝状态。加之原始的游猎经济，生产力低下，没有剩余劳动，社会进展缓慢，直至晚近他们仍处在原始社会状态。这些民族迄今都没有文字，没有成文史，研究这些民族的历史只能借助其口碑传说，和近世以来中外人士的调查资料，更早的汉文史籍中，有一些片段的记载，大多是靠间接传闻，很难记述其社会生活全貌。故对这些原始民族历史的研究，不是单靠文献所能解决的，也不同史前考古靠死亡的社会骨骼——生产工具等来推测其历史。这些森林民族由于自古就与中原有着一定的联系，在几千年前就见于汉文史籍，这一点是其他外国原始民族所不具备的特有条件。"① 满族先民的原始生产方式决定了满族艺术形式是口碑艺术，只能口耳相传，这就从根本上决定了它的艺术形式要通俗易懂。

口耳相传的艺术就要满足以下条件：第一，便于上口。王宏刚在研究《尼山萨满》时认为："满文的语言流畅活泼，生气勃勃，尤其原文是满语，押头韵，隔行押尾韵，更使诗文具有一种磅礴的气势，铿锵上口。"② 第二，便于背诵。第三，便于记忆。口耳相传的艺术是听觉艺术，稍不留神，转瞬即逝，如果晦涩难懂，不便于记住、理解内容。第四，通俗易懂。说唱艺术作为一种听觉艺术，面对的是各阶层的人，有识字的，有不识字的。说唱艺术要让识字的不识字的人都能听得懂。因此，满族民间说唱艺术必须要通俗易懂。

满族民间说唱艺术之所以通俗易懂，主要在于以下几点：

1. 语义易懂俚浅

由于满族民间说唱艺术要表演给各个阶层的人，最大的接受者是民间百姓，为了便于听众领会内容，语言必须俚浅明白，晓畅易懂，艰深晦涩的语言是不容易被广大的群众接受的。"子弟书之价值，不在其歌曲音节，而在其文章。词句虽有时近于俚浅，妇孺易晓，然其写情则沁人心脾，写景则在人耳

---

① 黑龙江省社会科学院文学研究所，中国北方民族文化史课题组：《北方文化研究》，黑龙江省社会科学院文学所出版 1987 年版。

② 王宏刚：《满族与萨满教》，中央民族大学出版社 2002 年版，第 127—128 页。

目，述事则如出其口，极其真善美之至。其境界之妙，恐元曲而外殊无能与伦者也。"① 鹤侣在他的子弟书《柳敬亭》中就明确说明他用俚语创作："梧桐叶落扫窗棂，夜深微雨醉初醒，挑灯欲写秋声赋，奈子天性欠聪明。且排俚语成新调，拾人牙慧谱歌声，拙人自得拙中趣，一任那骚客提豪费品评。"

2. 语言的口语化

很多满族民间说唱艺术往往是口耳相传，这就需要口语创作，朗朗上口，便于记忆。满族先世没有文字，只能凭借记忆，口耳相传，并佐以刻镂、堆石、结绳、积木等方法。这和满族先世"无文墨，以语言为约"有关。② 例如萨满神歌世世代代靠口头传承。由于满族注重敬重祖先，追根溯源，所以满族人视先人口传下来的事物为神圣，故加以严格遵守，萨满神曲就像活化石一样被传承下来。满族民间说唱艺术讲究节奏韵律，有诗的节奏韵律美。"子弟书虽然大多以中国明清小说、戏曲为题材，但它究竟不是小说、戏曲，而是叙事诗。中国叙事诗过去著名的只有《孔雀东南飞》和《木兰诗》，现在子弟书这类叙事诗却是大量的，其中好多篇杰作并不比《孔雀东南飞》和《木兰诗》逊色。"③ 在满族歌谣《金鸡的故事》中："阿玛说：'我家三辈穷透腔，这回得了狗头金。'额娘说：'牛粪堆子会发烧，穷人坟上也会冒青气。'"④ 可见这首歌谣的口语化特征突出，十分接近百姓生活。

正因为满族的神话传说是口头文学，口耳相传，没有固定的文字记载，听故事的人可以继续讲，讲故事的人可以再创造，加以润色加工，所以满族神话传说中同一个故事有很多流传版本，如据初步统计，《红罗女》就有七种传说版本，《百花公主》就有十三种传说版本。

3. 满族自古就对通俗易懂的说唱艺术情有独钟

在《金史》中就有对说话人的记载。乾隆五年（1740），怡亲王弘晓为

---

① 傅惜华：《曲艺丛谈》，上海文艺联合出版社1953年版，第98页。
② 《太平御览》卷七八四。
③ 关德栋、周中明：《子弟书丛钞》，上海古籍出版社1984年版，第2页。
④ 博大公、季永海、赵志忠、白立元编辑：《满族民歌集》，辽宁民族出版社1989年版，第59页。

《平山冷燕》写了题词:"夫文人游戏之笔,最宜雅俗共赏,阳春白雪虽称高调,要之举国无随而和之者,求其拭目而观,与倾耳与听,又乌可得哉?"作品若只是阳春白雪,艰深晦涩,就难以被人接受,理解。若作品通俗易懂,耳目近习,则易于被大家接受,受到欢迎。

由于满族民间说唱艺术受众是大众,有的满族民间说唱艺术还需要有大众的参与,所以必须通俗易懂。萨满神歌表达了人们的祈神愿望,在演唱时,间有众人配唱和陪唱,大众性很强,很难想象,若萨满神曲演唱艰深晦涩难懂,大众该怎么接受。

4.满族民间说唱艺术改变了大量的汉族经典作品,满族善于把喜爱的作品改编成说唱艺术

鹤侣在子弟书《借靴》中有代表性地说明了他创作的改编情况:"秋雨梧桐叶落多,金风飒飒打窗槅,蜗屋闷坐添秋兴,蟋蟀唧唧掠耳聒。且将旧曲翻新调,莫哂新声谱旧歌,非是无知拾人唾,鹤侣氏只因无计遣睡魔。"《红楼梦》在清朝影响非常大,"闲谈不说红楼梦,读尽诗书是枉然"。满族艺术家把《红楼梦》改编成说唱艺术。如韩小窗的《露泪缘》《芙蓉诔》《一入荣国府》《宝钗代绣》《悲秋》《双玉听琴》,蕉窗的《遣晴雯》,竹窗的《二玉论心》等都是由《红楼梦》改编而成的说唱艺术。得硕亭的《草珠一串》中写道:"儿童门外喊冰核,莲子桃仁酒正沽。西韵悲秋书可听,浮瓜沉李且欢娱。"这首诗写的正是欣赏由《红楼梦》改编的满族说唱艺术《悲秋》的情景。

二 满族文学艺术形式的"尚白贱红"

满族的艺术有着浓郁的生活气息。满族艺术直接来源于生活实践。其艺术创作材料也往往直接取材于生活。在过去,满族的生活环境、生活用品、土特产、宗教信仰的主色调都是白色。

白色是满族艺术形式美的重要特征,是满族审美心理的一种抽象化的外

显。白色被满族赋予了情感想象。满族以白色在对象世界中肯定自己。

满族之所以长期保留"尚白"的艺术形式美，有如下原因：第一，历史原因。满族自古就有尚白习俗。满族先世靺鞨建立渤海国。白色成为满族先世的部族特征。《礼记·檀弓上》记载殷人尚白。完颜阿骨打创建金国，"完颜部多尚白"①。"金俗好衣白。"②《满文老档》记载满族用白马祭天。满族自古就把白色作为尊贵的象征。第二，民族习俗。满族尚白习俗是由于满族民俗决定的。满族民俗超越了时空的界限，满族传统有意地保留了尚白习俗。满族传统喜欢追踪溯源，不忘祖宗恩德，满族一直以白色祭祖，祖宗板上的挂笺世代为白色。第三，宗教原因。满族信奉萨满教，萨满教一直流传至今。在萨满教中，白色是一种尊贵的颜色，萨满教仪式中的神衣有许多都是白色的。萨满教中的许多神偶都是白色的。萨满教的稳固传承导致了满族的尚白习俗的传承。

（一）满族"尚白"艺术形式美成因

满族尚白习俗和其长期的生活实践是密切相连的。满族尚白习俗的形成主要有以下原因：

1. 满族生活环境主要为白

满族先民的生活环境史书称为"朔方"，地处苦寒，有不释之冰。满族创世神话《恩切布库》中的生活环境就是这样一种环境："话说海中有一棒槌长岛，地处高山之巅，冬日冰封百里，素有'雪岛'之称。"③

满族以长白山为发祥地，号称"白山黑水"。长白山是东北的最高峰，满语称长白山为"果勒敏珊延阿林"。长白山的主峰白头山直插入云天。唐朝称长白山为"太白山"。金朝时把"太白山"改称"长白山"。古时记载长白山："山体皆沙石，而草木不生，积雪四时不消，白头之名，似以此也。"④ 长白山

① 《金史》卷一〇七。
② 《大金国志》卷三九。
③ 富育光主编：《金子一样的嘴——满族传统说部文集》，学苑出版社 2009 年版，第 162 页。
④ 《李朝实录》，转引自王纯信、黄千主编《满族民间剪纸》，吉林文史出版社 2009 年版，第 1 页。

因此而得名。从肃慎到满族，满族在长白山繁衍生息了三千余年。满族尚白习俗和长白山"情结"有密切的关系。情结是荣格心理学中的一个术语。"个人无意识有一个重要而又有趣的特征，那就是，一组一组的心理内容可以聚集在一起，形成一簇心理丛，荣格称之为'情结'。"① 荣格认为情结就像完整人格中一个个彼此分离的小人格一样，是自主的，有自己的驱力，可以强有力地控制人的思想和行为。满族的长白山情结成为艺术创作动力。

长白山有丰富的自然资源。长白山森林密布，具有丰富的野生动、植物资源，山中有山禽野鸡、獐狍鹿兔、狐狼豺貂、虎豹熊猪等，长白山成为满族人重要的衣食来源。"长"为山脉特征，"白"为季节特征。满族人喜爱长白山，敬奉长白山，白成为满族人生活资源的象征。

由于满族世世代代在白色的环境中生活，白色与满族的和平生活形成了固定的联系。长白山冬季长夏季短，冬令时节，大雪封山，坚冰锁河，银装素裹，玉树琼花，一片冰雪的白色世界。满族在白色中积淀了浓厚的情感，这与满族的生活环境有着密切的关系。

满族喜欢白色和雪的实用价值有密切关系。雪可以造福人类。本来满族天神阿布卡赫赫为了"让世上温暖常驻，永无寒潮，廓清玉宇，荡尽冰雪、严寒，让世上生灵再不为寒风瑟瑟，死亡僵尸不见"②。阿布卡赫赫命令风神额顿妈妈吹散银子峰，就是九十九座天大雪山，当最后一座茫茫大雪山无法被风神额顿妈妈吹散时，雪神化作白净净的小银孩女娃，小银孩个子忽然长成像天上云彩一般高大，唱起了自述性质的儿歌："唉—咿—唉—咿—安巴安巴阿布卡咿，安巴安巴阿布卡咿，孟温霍绰阿布卡咿，孟温霍绰阿布卡咿，孟温乌勒滚咿——图门乌勒滚咿——布勒给咿—阿户耶，尼莫呼咿—阿户耶！""我是伤害过天母的尼莫吉女神，也就是奶奶您要吹灭的大雪山呀！我们是天宇的清洁工，我们是万牲的驱瘟散。甘溶自身逐浊世，喜看世间长寿仙。"③

---

① 霍尔等：《荣格心理学入门》，冯川译，生活·读书·新知三联书店 1987 年版，第 35 页。
② 富育光讲述，荆文礼整理：《天宫大战 西林安班玛发》，吉林人民出版社 2009 年版，第 191 页。
③ 同上书，第 193—194 页。

　　雪神的自述使额顿妈妈转愁为喜，面对大雪山敬佩感慨，转变了驱除雪山的念头，反而无限钟爱塞北那暴雪和雪山，额顿妈妈将爱雪的诚意禀报阿布卡赫赫，从此让雪为人类造福。这段描写了满族先民对雪由恨到爱的一种转变态度，而这种对雪的认知是在长期严寒的生活实践中获得的。阿布卡赫赫听从了风神额顿妈妈的话，赐名尼莫吉女神为尼莫吉妈妈，让雪神尼莫吉妈妈掌控雪，为人类带来福祉："阿布卡赫赫听从了额顿妈妈之语，便赐名尼莫吉女神为尼莫吉妈妈，终生终世，执掌塞北冰雪。雪大时，将雪收入她的鹿皮褡裢里；雪小时，将褡裢里的雪撒向人间。她时时关照地上的雪，不多不少，让万牲永远不为雪多雪少而愁。"① 雪可以医治疾病。"西林玛发这次就来造访尼莫吉妈妈，请他帮助医治地下族人的顽疾。尼莫吉妈妈向西林色夫传授了雪屋、雪疗、冰灸、冰丸、冰床、雪被，医治霍乱、伤寒、腐烂、热症、疯癫等杂症。"② 而关于用冰雪治病的方法在 20 世纪 90 年代中期才有报道。冰灸法是近年来出现的一种新的灸疗方法。冰灸法是采用冰结晶圆垂体对经络腧穴进行局部的冷冻刺激，具有疏通气血、调节人体脏腑的功能，从而达到防病治病的目的。本法是基于中医学热病寒治的"反治法"观点而研制出来的。运用"冰水为之而寒于水"的寒性，刺激经络腧穴，以调节脏腑功能，促进肌体阴阳平衡。尽管刺激的方式不同，但具有灸治的共同的特点与作用。满族的雪屋、雪浴、雪中育婴医病按摩都与满族的冰雪环境有关。

　　2. 满族的萨满教崇拜白色

　　满族先世认为白色是驱魔洁世的吉祥之色。满族萨满创世神话《天宫大战》中女神用白色神花战胜了恶魔。天神阿布卡赫赫被抓，天要塌陷，日月无光，天鸟地兽相继死亡，在这千钧一发的时刻，者固鲁女神们化作了一朵芳香四散、洁白美丽的白芍药花。恶魔们争抢着摘白芍药花，百花突然变成千条万

---

① 富育光讲述，荆文礼整理：《天宫大战　西林安班玛发》，吉林人民出版社 2009 年版，第 194 页。
② 同上书，第 195 页。

条光箭，射向恶魔的眼睛，恶魔痛得满地打滚，逃回了地穴。从此，满族人无论是戴花、插花、贴窗花、雕冰花，都喜欢用白芍药花。

在萨满教中，白色的雪花也是满族人膜拜的对象。"雪花，也是白色的，恰是阿布卡赫赫剪成的，可以驱魔洁世，代代吉祥。"① 满族雪坛主祭神尼莫妈妈身披洁白皮斗篷，骑着豹花点的白色母鹿。满族先人热情地讴歌雪花："瑞雪降临了，吉祥的雪呀，幸福的雪呀，富庶的雪呀，灾难远遁，兽群繁盛。"满族的萨满教认为白色的雪花可以给人们带来吉祥。

满族的萨满教离不开白色。满族同族祭星，要用白羊、白马、白兔皮做祭服。用白石磊灶烤肉。用白雪冰块堆成银塔般的观星台。在山顶用雪做成神兽、神鸟等。富育光在黑龙江搜集的星祭资料有这样的记载："山坡上的祭坛是用洁白的冰砌成的，通往祭坛的梯子也是用冰制的，祭坛的左后方有冰砌的星塔，内有长明兽头灯。星塔前竖立着冰雕成的神兽偶，称为护塔神兽。"②

满族祭祀的神灵也和白色有密切关系。《请笊篱姑姑歌》："笊篱姑姑本姓白，戴朵花儿，背捆柴儿，扭扭搭搭下山来。你也不怕，我也不怕，拍着手儿跳起来。"③

3. 满族尚白习俗和渔猎文化有关

满族尚白习俗和满族的渔猎文化有关，最直接的原因是有利于获取猎物。"女真服色尚白之俗，当与其生产活动的特点有关。女真及其先世，长期在冰雪环境中从事狩猎，白衣与冰雪同色，便于靠近被猎取的禽兽，提高命中率，具有保护色的作用。世代因袭，遂成尚白之俗。"④ 《三朝北盟会盟》卷三载："其衣服，则衣布好白，衣短而左衽。"《大金国志》记载："金俗好衣白。"《清稗类抄·宫闱类》也记载过"大内联色尚白"。

---

① 王宏刚：《满族与萨满教》，中央民族大学出版社 2002 年版，第 34 页。
② 同上书，第 53 页。
③ 博大公、季永海、赵志忠、白立元编辑：《满族民歌集》，辽宁民族出版社 1989 年版，第 39 页。
④ 杨英杰：《清代满族风俗史》，辽宁人民出版社 1991 年版，第 65 页。

满族尚白还源于崇尚雪。"满族的先人生活在长白山林海雪原中，他们在冬天雪野中狩猎、伐木、砍柴，与白雪结下深厚的感情，随之产生了对雪的崇尚。"①

满族渔猎重要的工具是海东青，海东青以白为贵。"海东青者，鹰品之最贵者也。纯白为上，白而杂他毛者次之，灰色者又次之……若色纯白，梅勒章京亦不能蓄，必送内务府。"②

满族的许多习俗都和冰雪有关。满族妇女穿的绣花的旗鞋，史称"高底鞋"，或称"花盆底"鞋、"马蹄底"鞋。其鞋以木为底，木底高跟一般高5—10厘米，有的可达14—16厘米，最高的可达25厘米左右。一般用白布包裹，然后镶在鞋底中间脚心的部位。这种鞋就是满族妇女既为了满足审美的需要又为了避免冰雪把鞋子的绣花弄脏而设计的。

4. 满族采摘习俗离不开白

满族人自古就有采摘习俗。满族的经济是从狩猎、采集经济向农业经济过渡的。满族先人大宗的经济来源是采集经济，其中主要的有人参、蘑菇、蜂蜜、松树子等，有的部落以采集为生。采参时，"倾落采参，逾大岭布野"。满族采摘的野物中主要有人参、白附子、蜜蜡、松子、榛子仁、菱仁、桦皮、珍珠、白芍药、海象牙、盐、白苞米等。这些采摘物和采集物有一个共同的特征——白颜色。如白色桦树皮有重要的用途。桦皮筐成为满族的重要生活生产工具，可以用来挖人参、装松子、拣蘑菇、采药材等。"东山桦树，性柔而坚好，麻性绵而韧，可以造纸。"③ 桦树皮还可以苫房顶。满族采摘的最著名的野菜为"白芍药"。满族自古有采食白芍药之俗。《松漠纪闻》卷记载："女真多白芍药花，皆野生，绝无红色。好事之家，采其芽为菜，以面煎之。凡待宾客斋素则用，其味脆美，可以久留。"④

---

① 王纯信、黄千主编：《满族民间剪纸》，吉林文史出版社2009年版，第20页。
② 《柳边纪略》卷之三。
③ 《长白汇征录》。
④ 杨英杰：《清代满族风俗史》，辽宁人民出版社1991年版，第278页。

5. 满族生产工具离不开白

满族先民对白色金属的需求导致了独特的审美。满族对于铁是敬重的。"其国东北有山出石，其利入铁。将取之，必先祈神。"① 《金史·太祖记》记载："辽以宾铁为白，取其坚也。宾铁虽坚，终亦变坏。惟金不变不坏，金之色白，完颜部尚白。"② 明朝时的女真人要交铁赋，女真人用貂皮与李朝换回牛铁等必需品，牛以厚其农，铁以利其兵。满族先民最大的贸易品是铁。各部女真由于缺乏铁的来源，致使女真人陷入"男无铧铲，女无针剪"的困难局面。满族先人以白色金属为美，因此，满族好的生产工具是白色的。

满族对于铁的独特审美观源于对铁的需求。在满族的四处征战中，"铁以利其兵"。明代女真的多数生产工具，在一段时期，来自朝鲜李朝。李朝官民"贡物，多非其产，貂、鼠之贡皆定于六镇，民间多以铁贸于野人"③。这里的"野人"就是指女真人。满族各部女真由于缺乏铁的来源，陷入了"男无铧铲，女无针剪"的困难局面。铁成为满族的传世之宝。吉林省九台市莽卡满族乡塔库村三家子屯著名大萨满赵云阁就有祖传的紫铜阿勒玛力刀，实际上就是跟随祖先四处征战过的铁刀，这把铁刀还有神奇的传说。"还有一次，那是在炎热的夏季，部落的族人们在热风煎熬之中，彻夜难眠。这时，晚上突然听到神匣中传出哈勒玛神刀上的铁环在哗哗作响，好像有人用手在摇动似的，声音很大，很急迫，响一气儿停一气儿，然后又急迫地响起来，震动一阵又停下来，全族的人都惊动起来，按照往常经验，神匣的哈勒玛力神刀平时安静无声，若是有响动，族人必须注意和警觉，肯定会有什么异兆。"④ 族人们于是进老山密林里躲些日子，结果族人躲过了一场"山塔哈"（天花）瘟疫，没有躲进密林的族人遭了灾，这些传说都对铁的审美增加了迷幻的色彩，使满族人更加相

---

① （唐）唐太宗文皇帝御撰：《晋书·四夷传》，见《二十五史》，上海古籍出版社、上海书店1986年版，第296页。

② 《金史·太祖记》。

③ 《朝鲜李朝实录·成宗》卷263，第305页。

④ 富育光、赵志忠编著：《满族萨满文化遗存调查》，民族出版社2010年版，第187页。

信铁具有神奇的力量。

《女真谱评》中对于女真先民完颜部发展采掘铁矿，大搞冶炼有过描述："眼看他身上就要起火了，忽然雷雨交加，将青石浇凉了，青石山上的火也浇灭了。等他来到起火的青石山下一瞧，一座炼铁炉还在燃烧，炉这边有个大铁砧子，旁边有把尖嘴钳子，一把铁锤。他各处寻找，函普、女真全不见了，见这情形，想起'天书'的头幅图来，画的也是这情景。他明白了，图旁的字就是：天书之谜，全在铁离，函普化炉，女真化砧，鹰变尖钳，狗变铁锤，冶炼钢铁，完颜有责，奠基后裔，兴金灭辽，天机勿泄，记牢记牢！女真其他子女赶来，先哭后笑，在山前舞跳，祈祷函普、女真以示祝贺之意，后来发展成祭祖跳单鼓的礼仪。完颜部从此发展采掘铁矿，大搞冶炼，制造枪、刀、剑、戟各种兵器和铁式农具、器皿。（可是这神鹰和神犬感到委屈，意思是不跟着你函普，我们能死吗？每逢打铁的时候，便可听到：叮当叮，该打，该打，叮当叮，该打，该打的发泄声。这声音就是神鹰与神犬的泄气之音。）"① 在满族先民看来，炼铁是天机神授，有着神圣的意味和使命。

（二）满族尚白的艺术形式美

满族尚白艺术长期处于一种相对封闭的状态，为民间百姓自娱自乐。满族尚白艺术的发现与开发是比较晚的。

满族尚白艺术是满族民众长期审美实践的结果，是满族群众集体审美意识的结晶。它不是某一个天才艺术家独到的发现和创作，而是满族民众自觉自愿的，不知不觉的，超越时空的一种创作，满族民众甚至都没有意识到这本身就是一种艺术创作，而仅仅把它看作是生活中的一种必需品，看作是生活的一种程式化的模式。

满族尚白艺术兼有民俗生活和艺术的二重性，处于生活和艺术的混沌状

---

① 马亚川讲述，王宏刚、程迅记录整理：《女真谱评》（上），吉林人民出版社 2009 年版，第50 页。

态，艺术还没有和生活截然分离。满族的尚白艺术是满族民俗生活中不可缺少的一部分，是满族民俗生活中的必用之物，同时，满族尚白艺术也是满族的一种民间艺术。这种艺术是非专业艺术家创作的，艺术媒介往往为生活中信手拈来之物，包括树叶、苞米窝、桦树皮、鱼皮等。满族艺术散发着浓郁的生活气息。满族艺术作品往往取材于生活中的用品。满族艺术媒介与满族民俗生活、地域气候密切相连。

1. 满族尚白习俗在萨满服饰艺术中有鲜明的表现

满族星祭神服是白色对襟的上衣，衣襟上缀饰七颗黄黑色星星。左衣襟有三颗星星，右衣襟有四颗星星。萨满海祭神服是白色缀有黑白图案。黑白图案位于海祭神服的领口周围，衣襟下摆，袖肘部位。萨满祭的骨披肩，骨裙都用白色骨片装点而成。萨满鹰祭大白鹰舞曲的表演服饰为白色神鹰。萨满神偶、冰偶、鹰神神偶、医病神偶、神鼓、九千岁面具等都为白色。"往昔，在满族背灯祭时，萨满要身围白裙，摇动腰铃或洪鸟（铃），两肘扇动，象征布星女神卧位多妈妈的非凡来历，她是创世之姊妹祖之一，她人身鸟翅，身穿白色羽皮袍，背着装满星星的小皮口袋。"① 可见，满族的萨满教祭祀当中注重白色，彰显白色。满族绣花女神伊尔哈生前绣出的花都有生命，死后化作雪白的大石头，那个姑娘坐到这个白石头上，就会自动绣花。绣花女神变成白色石头不是随意为之，而是满族传统的审美习俗使然。

2. 满族尚白习俗在满族作品中有大量表现

满族民间说唱艺术表现出了对白色的喜爱，这是由于满族人喜爱的许多土特产都是白色的。满族人喜爱的食物很多是白色，如人参、桦树、蘑菇、蚕蛹、豆腐、林蛙油、柞蚕丝，满族服饰如萨满祭祀服饰，服饰原料蚕丝，满族的游戏用品如嘎拉哈等都为白色。满族人喜爱的笊篱姑娘就姓白，戴着白花。

满族的许多神话传说都描写了这些白色的土特产。《罕王赏参》《人参蜜》《扇子参》《棒槌姑娘》《棒槌鸟与达六哥鸟》《参女搭车》《人参泪》《桦皮篓》

---

① 王宏刚：《满族与萨满教》，中央民族大学出版社2002年版，第51页。

《桦树精求亲》《桦树姑娘》《养蚕姑娘》《蚕姑姑》《不爱财的豆腐儿》《白云格格》，这些满族说部都与白色有关，于潜意识中歌颂了白色。满族说部《女真谱评》中兰洁、赤金死后变成白家雀仍然保护阿骨打，还为阿骨打寻找黄金。

满族文学艺术中白色的动物也往往是吉祥的、对人有贡献的。《女真谱评》中，兰洁、赤金变成了白家雀。"大约在半夜的时候，阿骨打睡得正酣的时候，觉得脸上痒痒的，他半醒的，用手拨弄一下脸，又睡着了。刚入睡，觉着像什么啄他的耳朵，他又半醒地用手拨弄一下，翻个身儿，又睡着了。刚睡实成，觉着是什么玩意啄他眼皮，感到非常不好受，可就是醒不过来。就在这时，就听阿娣'哎呀'一声，说：'吓死我了！'才将阿骨打惊醒。阿骨打毛愣愣地坐起来一看，见阿娣坐在他身旁说：'是啥玩意戏弄我的脸，将我吓了一跳！'阿骨打忽见两只白点在他面前'喳喳'叫了两声，阿骨打立即明白了，是白家雀，就悄声对阿娣说：'快穿衣服，白家雀唤醒咱俩，有贼！'阿骨打说着，急忙穿上衣服，手持宝剑站起来，只见两只白家雀扑棱一声，从窗户眼儿飞出去了。他毫不迟疑地，轻轻开开窗户，也从窗户蹿到外边，借着他的夜光眼举目一看，见两只白家雀在房檐上等着他。阿骨打立刻来个旱地拔葱，蹿上房去。两只白家雀扑棱棱向北飞去。阿骨打毫不怠慢，蹿房越脊紧紧跟随。飞过他家的院落，前面就是盈哥住的院落，见盈哥房顶上趴着两个人，两只白家雀已躲到房苦头上。阿骨打明白了，房顶上这两人，不是来偷盗的，准是来行刺国王盈哥的。他便将身一跃，蹿上盈哥寝室的房脊上，准备砍死一个，活捉一个。哪知，房顶上这两个贼人，耳朵更灵，阿骨打两只脚刚沾房脊，他俩就一跃而起，双刀直向阿骨打砍来，阿骨打急架相迎，只听当啷啷，连声响，阿骨打用宝剑架过双刀。"[①] 白家雀唤主提贼，使主人免于被害。白家雀又双双口里叼着金粒放入阿骨打的木碗里，以报答主人的恩情，白家雀俨然是吉祥之鸟。

---

① 马亚川讲述，王宏刚、程迅记录整理：《女真谱评》（下），吉林人民出版社 2009 年版，第362—363 页。

3. 满族尚白习俗在满族剪纸中有重要表现

满族有很多白色剪纸，属于具有自发性的传统的民间文化艺术，以满族民众的自娱自乐为其审美特征。满族旧俗春联用白，丧事用红。满族白色剪纸图案多为神偶、动物、花卉图案。满族剪纸大多表现了满族民俗生活。满族的狩猎生活、萨满宗教、英雄故事、饮食习俗等都在满族剪纸中有所表现。

满族祖宗板上的满文挂笺为白色。挂笺大体呈长方形，下部为锯齿状穗子，中下部为蜂巢状镂空底子，上面刻有满文。白色挂笺上的满文为"佛尔郭出课"，汉语的意思为"奇"、"瑞"之意，意在歌颂祖宗的功德。挂笺洁白无瑕，庄重肃穆，用来祭祖。祖宗板上的白色挂笺为三张、五张、七张不等。

另外，满族人还用风干的白色苞米窝铰剪纸。苞米窝即苞米叶，苞米叶剪纸独具特色。苞米叶剪纸采用干燥的苞米棒里面的二层至三层叶片，一般叶宽10—15厘米，最长可达17厘米。苞米叶剪纸粗犷简括，自然古朴，纹理天成，取材方便，生态环保，图案吉祥。

红色剪纸艺术为满族祭祀的必用品。满族坟地祭祀用红色，这和汉族正好相反。满族肃武亲王取硕特塔的墓是典型的满族墓："墓在沙窝门外，墓上有松一株，老本直上，柔枝四垂，周围架以朱栏，广可数亩，俗呼架松。"[1] 满族的墓地有红色，这个风俗和汉族是不同的。汉族的墓地是不能用红色的围栏的。满族人丧俗中要挂"红幡"。清明时，满族坟头插上"佛头"，佛头用红红绿绿的纸剪成车轱辘钱的形状，作为摇钱树，希望死者不受穷。

4. 白色特产成为满族人的审美判断标准

满族说部《萨布素将军传》中描写萨布素"身板像小白桦树一样挺拔"[2]。"那女子的面容，娇嫩得就像山坡上刚要开放的芍药花。"[3] 满族说部《白喜

---

① 辽阳、杨钟义撰集，吴兴、刘承干参校：《雪桥诗话续集》，北京古籍出版社1991年版，第87页。

② 谷长春主编：《满族口头遗产传统说部丛书——萨布素将军传》，吉林人民出版社2007年版，第4页。

③ 同上书，第125页。

鹊》充分表现了满族尚白的审美心理。白喜鹊招人喜爱是因为它帮人找到了银子。"喜鹊脖子上、肚子上被银河水染成白色，尾巴让银河水涮掉不少毛，就剩下长长的几根翎了。白脖白肚长尾巴的小喜鹊，变得更美丽，更惹人喜爱了!"①《红罗女》中描写"绣出一个山英依尔哈"，汉语的意思就是绣出一个满山的鲜花白灿灿。以白为美，为吉。

满族说部《乌布西奔妈妈》中的吉祥之物是白色的:"我用洁白的桦树嫩皮，做了嘹亮无比的口哨，我用洁白的海螺嫩壳，做了震耳无比的口笛;我用洁白的翎羽嫩毛，做了清脆无比的口琴;我用洁白的海石水晶皮，做了优美无比的口铃。"②

白色服饰也是美的。白云格格穿的衣服之所以美，在于白云格格穿的衣服是由"九十九朵雪花云织成的银花衫"。雪祭的《报祭词》中歌颂了圣洁的雪:"阖族集众虔诚雪祭。九层天上的雪呀，圣洁的雪呀，吉祥的雪呀，阿布卡赫赫赐给人间。"③满族之所以歌颂雪，是因为雪能使子孙绵延，福寿无疆。

5. 正面形象、神武之人往往和白色有关

白色人物形象大多是英雄。满族口碑文学《白姑娘》(或称《白老太太的故事》)中，一群从关里来谋生的人结伙进东海锡霍特阿林刨山参，挖药材，套貂鼠，走迷了路，连续三天三夜在老林子里转，赶上连绵雨天，暴雨如注，在危急时刻，白老太太救了一群赶山人的命。满族说部《乌布西奔妈妈》中的乌布西奔妈妈就是由一颗白如明镜的鸟卵"乌莫罕"幻化而成。

满族崇尚骑射，满族文学艺术中描写的马多为白色的。《俺家受过皇上封》中:"刮呀刮，刮春风，一道圣旨到家中。叫我玛，进北京，走马上任受皇封。

①　谷长春主编:《满族口头遗产传统说部丛书——萨布素将军传》，吉林人民出版社 2007 年版，第 140 页。
②　鲁连坤讲述，富育光译注整理:《乌布西奔妈妈》，吉林人民出版社 2007 年版，第 16 页。
③　王宏刚:《满族与萨满教》，中央民族大学出版社 2002 年版，第 67 页。

全家老少心高兴，都给阿玛来饯行。阿玛他起了程，骑白马，一溜风。晓行夜宿八天整，四月十六到北京。"① 在阿玛受皇帝加封时，要骑白马进京。《我盼阿哥早立功》中："青石板，青石青，青石板上挂红灯。红灯照亮羊肠道，我送阿哥去出征。去出征，好威风，左挎雕翎箭，右背宝雕弓，白马银枪挑红缨。"②《夸女婿》中也有白马的形象："婆婆丁，水凌凌，我的爱根去当兵。骑白马，配红缨，扬鞭打马一溜风。"③

满族艺术媒介充分体现了满族艺术的民间普泛性。

（三）满族尚白艺术形式美的深层社会心理

色彩能引起人不同的生理与心理感受。对于白色的喜爱，与满族长期的社会生活实践有着密切的关系。

满族栖息地的自然地理环境、气候的冷暖对其民族心理有很大的影响。白山黑水、冰天雪地的生活环境使得白色已经在满族人的潜意识中积淀、抽象，逐渐成为和平的符号。白色是和平稳定生活的象征。满族繁衍生息的地理位置多白色冰雪，白色在满族人的心中积淀为主要颜色。满族地处北方的"白山黑水"，冬季时间漫长，夏季时间短暂。常年与冰天雪地打交道，满族生活生产环境和白色结下了不解之缘。白色生活环境经过长久的历史积淀，成为满族人生产劳作的要素，白色也逐渐抽象为和平生活的象征符号。白色背后深蕴的社会心理是满族人对和平生活的追求与向往。白色成为平安稳定的生息地的象征。

孟德斯鸠认为地理环境，尤其是气候、土壤和居住地纬度的高低、地域的大小，对于一个民族的性格、气质、风俗、道德、精神面貌、法律性质和政治制度有着决定性的影响。马克思认为，在人和环境的辩证关系中，首先是环境创造人，然后才是人改造环境。清人沈德潜说："余尝观古人诗，得江山之助者，诗之品格每肖其所处之地。"④

---

① 博大公、季永海、赵志忠、白立元编辑：《满族民歌集》，辽宁民族出版社1989年版，第47页。
② 同上书，第150页。
③ 同上书，第162页。
④ 《芳庄诗序》。

　　满族长期处于民族的迁徙、战争之中。在不断取得胜利的同时，内心是痛苦的、紧张的、不安定的；生活是艰苦的、困顿的、凄惨的。"沙漠万里程，安得善水草。长嘶西北风，筋力不奈老。""胡笳曲就声多怨，破镜诗成竟自惭。"① "惊风随毂转，残雪扑鞍飞。战地人烟少，颓垣雉兔肥。"②

　　满族之所以尚白贱红，原因主要如下：第一，渔猎文化形成的传统。"因为红色是鲜肉的颜色，在山林中行走时很容易受到野兽的攻击，平时很少有人穿这种颜色的衣服。"③ 第二，办丧事时挂红幡，最初用意是以其鲜艳的色彩引起人们注意，亲友知道有丧事后就会前来吊唁。也可以避免无关之人造成误会。《女真谱评》中描写阿骨打的父亲劾里钵去世，就在院中立一杆，挂上红布幡，高搭灵棚，孝子披麻戴孝。家族的神龛要蒙上红布，避免被死者的"殃气"所冲。死者的棺材上方钉一块红布，称为"怀头布"。供桌和棺材之间放一个红色的褥子，象征死者坐在上面。"满族人家如有丧事，要在大门口西（门里）挂一个用五尺红布做成的幡，以昭告乡邻。往昔，奔丧和路过此地的骑马、坐轿者，见此幡，百步外须下马或下轿。布幡在辞灵时多被大家撕抢，做小孩尿布或衣服。据说，给孩子穿用幡布做成的衣服好养活。"④ 在出殡拦材时，"两人站在棺材两侧，用红色毛线将棺材横着绕一圈，象征性地来回拉两下，拉断为佳。"⑤第三，常年的征战流血，使得满族人把红色作为丧事时使用的颜色。在满族看来红色预示着血光之灾。红色意味着流血牺牲。"日暮荒祠，泪如雨下。饥食草根，草根春不生。单衣曝背，雨雪少晴……杀戮流血，祸及鸡狗。日凄凄，风破肘。流民掩泣，主人摇手。"⑥ 第四，满族最初崇拜白色和太阳的光明有关，太阳在东方，所以，满族的神匣挂在东方。"东方是太阳升出地，光明

　　① 辽阳、杨钟义撰集，吴兴、刘承干参校：《雪桥诗话续集》，北京古籍出版社 1991 年版，第 5 页。
　　② 同上书，第 17 页。
　　③ 佟悦、陈峻岭：《辽宁满族史话》，辽宁民族出版社 2001 年版，第 63 页。
　　④ 郭淑云：《追寻萨满的足迹——松花江中上游满族萨满田野考察札记》，广西人民出版社 2009 年版，第 35 页。
　　⑤ 同上书，第 37 页。
　　⑥ 辽阳、杨钟义撰集，吴兴、刘承干参校：《雪桥诗话续集》，北京古籍出版社 1991 年版，第 1 页。

而温暖，因此满族先世同北亚、东北亚许多少数民族一样崇东。后来满族绝大多数部落先世以农为主，建起了一个个定居村屯。这些居址的房舍多依山傍水，东南向河水，西北靠山峦。太阳日照南、西较长，西北风也常被山峰遮挡，而东面开阔，清冷风直入，因此西屋暖和，东屋寒冷。老人为一家之长，长者为尊，所以老人住西屋，祖先神灵也只能和老人在一起，这便是西屋的西墙神匣。外挂东与室内居西均为取光明、温暖处敬神之意。"①

尚白和满族的自然崇拜意识有关。"在漫长的寒冷冬夜中，他们企盼光明与火。由此，他们对日、月、星光有着特殊的崇拜意识，认为日、月、星光可以祛祟避寒，使冰天雪地的人们得以生息繁衍。他们更认为星星具有超凡的神力，像披有白色光羽的鸟一样飞翔于空中。在满族萨满神谕中称星辰为'爱新嘎思哈'（金鸟）、'猛温嘎思哈'（银鸟）。它们日夜展动着白翅膀飞翔，追赶着日神和月神，把白色的光耀洒向人间。人们认为白色是日、月、星光与火的本色，由此而崇拜白色为天色、正色、生命色、吉祥色。"②

满族尚白的艺术表现和满族人渴望平安幸福的生活有关。满族人的内心深处渴望结束动荡血腥的征战生活。这种心理在艺术作品中有大量的表现："老人进屋去取一只古色古香的南泥小壶，拿出四个小瓷杯……萨布素戎马生活几十年了，像这样清淡的生活，太难得了。心想，好啊，这才是安乐的生活呢。可惜我什么时候能过老人家一样的生活呢？心里非常羡慕，这就肃然起来一种洗心涤虑的心情。"③

满族大量的民间艺术反映了对和平生活的向往。萨满神曲《求太平》中唱道："众神灵聪明、善良，精壮、勇敢，白山总兵，二十名勇汉随行，四十名骑士护卫。战骑所到之处，天下太平。神坛前祈祷保佑，今后吉顺太平。神主

---

① 富育光、孟慧英：《满族萨满教研究》，北京大学出版社 1991 年版，第 148 页。
② 赵阿平：《满族语言与历史文化》，民族出版社 2006 年版，第 184 页。
③ 谷长春主编：《满族口头遗产传统说部丛书——萨布素将军传》，吉林人民出版社 2007 年版，第 219 页。

前恳请保佑，今后富贵吉庆。陈述情由，敬祭家神神主。"① 这首《求太平》萨满神曲真正表达了满族人内心深处渴望和平安祥的生活。《正月十五雪打灯》这首民歌中写道："正月十五雪打灯，我和哥哥喜相逢；热炕上喝团圆酒，你我交杯饮不尽。忽听门外差人叫，要抽情哥去当兵；闯进门来把绳抖，活活绑走我的心。正月十五雪打灯，情哥当兵一年整；望断雁飞不见信，梦里才见又哭醒。差人二次闯上门，传话情哥已送命；哭声哥来喊声郎，只有梦中去会魂。"②

满族尚白贱红习俗的改变主要有两种说法：第一，从狩猎经济到农业经济的转变，满族尚白贱红习俗发生改变。"在诸申人中，世代一向依照全屏原色，如各种皮衣之色，多为白板，后来随着对树皮、草料、花卉的使用，才增加了各种颜色，形成五色之光，七色之质，九色之耀，衣着益加斑斓夺目，绚丽多彩。"③ 第二，由于受汉族习俗的影响，满族尚白贱红习俗发生改变。满族入关后，随着满族汉族杂居，满族受汉俗影响，"尚白"习俗逐渐减弱。《燕京岁时记》记载："惟内廷及宗室王公等例用白纸、缘以红边、蓝边。"满族喜爱的颜色开始和满族八旗所属颜色相关。大约在晚清以后，满族人沿袭汉俗，开始喜红丧白。启功先生在《古诗四十首》之六中写过满族尚白习俗的转变："长白雪长白，皓洁迎新年。神板白'挂钱'，门户白春联。地移习亦变，喜色朱红鲜。筋力自此缓，万事俱唐捐。"④ 历史生境使得满族的审美习俗有了改变，满族审美习俗逐渐和汉族相仿，时至今日，满族喜爱的颜色越来越丰富。

三 满族文学艺术中的"三"

在满族文学艺术中，以奇数为吉祥数字，在奇数中，尤其喜欢三这个数

---

① 宋和平译注：《满族萨满神歌译著》，社会科学文献出版社 1993 年版，第 299 页。
② 戴月琴、匡国良编著：《满族民间艺术》，京华出版社 2009 年版，第 11—12 页。
③ 富育光讲述，荆文礼整理：《苏木妈妈 创世神话与传说》，吉林人民出版社 2009 年版，第 78 页。
④ 启功：《启功丛稿》，中华书局 1999 年版，第 242 页。

字，三在满族的宗教艺术中有大量的表现，成为满族艺术形式美的一个鲜明的特色。数字三的高频率出现，表面上看是一种巧合，实际上有深厚的文化渊源。

1. 满族喜三和宗教信仰有关

满族喜三和萨满教有直接的关系。满族萨满教认为世界分为天、地、人三界，萨满的职责就是沟通三界的，满族人比较完整地继承了萨满教。满族史诗《尼山萨满》很形象地再现了尼山萨满怎样沟通三界，拯救小孩灵魂的故事。

在满族的萨满神歌中，经常有"三"出现。如在《恭祭神杆礼节册》中："吉期，先将应用一切物件预备齐集，放在三神殿堂屋。至时前二刻，将供桌设摆在栏杆北面。迤东桌上设黄米二碟。派官一员，率苏拉二名，将殿内细柴引火，执柴水等出，随添入神皂，再将殿内隔扇合掩，开东边偏扇。三位爷在殿内向外行九叩礼毕，派官三员敬谨恭请神杆下。"① 早年傅察氏家族"萨满祭祀有三顶神帽。一顶是木刻百羽彩穗神帽，一顶是铁雀金铃神帽，一顶是九雀卧虎三镜铜铸大神帽。三顶神帽三个等级，即祈愿、驱邪、联盟野祭"②。

满族民间立杆祭天有六个环节：准备、初祭、升猪、再祭、小肉饭、吃大肉等。在再祭环节中："初祭时全族人要脱帽跪拜，再祭时要戴上帽子。首先，老萨满率众跪，读祭文，抛盏，撒米三次，脱帽三叩首，起立。全体起立后，再由两名萨满扎上裙子、腰铃，手持手鼓在房门内边向天唱诵词，边击鼓舞动。至此再祭结束。"③

黑龙江沿岸满族瓜尔佳氏祭祖时："首先摆好祭桌和祖宗牌位架，将黏豆饼摆成三排，家主行一跪三叩礼，请祖宗升位。满族祖先大都是布偶、木偶、画像等实物，而瓜尔佳氏的祖先却是用布做成的牌位。三位祖宗分别为红色、黄色、蓝色牌位。"④ 黑龙江黑河市关氏《祖宗祭规》记载："祭长先满酒三

---

① 崧佩等撰：《恭祭神杆礼节之册》，光绪二十四年，清殿本。
② 富育光、赵志忠编著：《满族萨满文化遗存调查》，民族出版社2010年版，第170页。
③ 同上书，第52页。
④ 同上书，第57页。

杯，次满水三杯，每位前摆水酒各一杯。家长拈香三炉，全行摆列齐备。祭长在前，家主在旁，其余人在后列跪听祭长跪诵祭文。众听诵毕，随行三叩礼平身。祭长将供杯酒水向各祖位寮弹一点，将香炉稍微抖动，再请祖宗升匣，由左边起收至右边末位。收完，末后收黄缎垫袱，敬谨收讫，仍供祖宗龛上。家主再行一跪三叩礼。"① 可见，在满族的祭祀仪式中，满族对三情有独钟。

黑龙江四季屯满洲张姓，曾经为自己家年过七旬的母亲请了三个大萨满跳神治病，在夜祭结束时的过程是："窗外已现鱼肚白，犬吠声声，星光渐稀，离晨时很近了。庆刚第二次敲响了神案上悬摆的铜镜。据说夜里背灯驱魔时，以此镜的敲击声互相传报时序、进程。共敲响三次：第一次为夜祭始行，第二次为夜祭即临结尾，第三次为夜祭结束，室内灯烛点燃，一应就绪。"②

在萨满神歌中，老三点和快三点的节奏是常见的。

2. 满族喜三和渔猎文化有关

三的节奏无论是作为说唱的韵律，还是作为伴奏的鼓点，都简短、急促、紧张、铿锵有力，这与满族惊险刺激的渔猎行为协调一致，也与满族早期的四处征战相配合。在满族惊险紧张的打猎行军中，配上节奏缓慢的靡靡之音，那一定是极不协调的滑稽可笑的音乐。

满族的老三点节奏是"当当当——扎扎扎"，节奏简短有力。满族的快三点节奏是："当当当，当当当。""萨满鼓点是整个萨满音乐的重要组成部分，那咚咚咚的鼓声，配合着歌声与舞蹈，让人们更能够全方位地体会到萨满神歌的魅力，尤其是当萨满驱妖逐魔、上天入地时，那急促、快速的鼓点，更加动人心魄，引起人们情感上的共鸣。"③ 老三点与快三点，像快速的步履，急促的呼吸，疯狂的奔跑，惨烈的厮杀，艺术内容总有与之相适应的形式，在满族紧张的打猎征战中，还有什么节奏能比三点更加简短有力，催人奋进呢？

黑龙江张姓家族在驱邪的萨满祭礼中，"庆刚和玉祥两人，这时在屋里把

---

① 富育光、赵志忠编著：《满族萨满文化遗存调查》，民族出版社 2010 年版，第 80 页。
② 同上书，第 66 页。
③ 同上书，第 127 页。

放神服的木柜打开，开始在神堂前摆出自己珍贵的萨满神服。摆神服，又称'亮神威'，因为神服是神界的象征，凡神服一摆出，万邪惊遁，神武盖世。摆神服，族中任何人都无权染指，就连族中额真和穆昆都不得随意动手，唯有萨满才能动神服，摆神服。摆神服时，要由众栽力们敲托离（Toli，神镜），摇晃洪乌（honggon，腰铃），要击响通肯（tunken，抬鼓），以碎点连续音响，像群马奔跑的马蹄声。有时有的栽力还要边敲鼓边学'布谷''布谷'的叫声，象征百鸟齐鸣，迎春报喜"①。

3. 满族喜三和军队凯歌

鼓点成为满族军队中喜爱的凯歌，八角鼓的来源本是军队里所唱的凯歌，其中不乏快三点鼓点。满族鼓点也成为激励将士、鼓舞士气的一种文艺形式。"乾隆时代有大小金川之乱，帝命云贵总督阿桂兵伐金川、讨灭戎人。讵阿桂统兵前往。战斗日久，战绩毫无。因所率之军皆为满人，不习出战。后阿桂思一攻山之法，命兵士以草料合泥，用布为斗，将泥置斗中抛于山岭之上，迨经雨浸，泥中草滋生甚长。阿桂晓谕将士攻山之法，然后进兵攻山，鼓声击动，清兵攀起登山而上，踏破叛军之营寨，因之获胜。"② 满族入关时，军中即有以满语演唱的八角鼓军歌。"自康熙朝、雍正朝乃至乾隆朝，经历次用兵，特别是乾隆时平定'大小金川'之乱期，朝廷为了在战地军营的修整和后防营地的稳定，都有意识地借民族间传统文艺形式的'八角鼓'，来作为鼓舞士气，激励军民，并宣教'天威圣德'，必胜信念的有力的宣教工具。"③ 八角鼓为高腔脆白的六字凯歌。

吉林省扶余市流传的八角鼓民谣《八角鼓》歌词唱道："八角鼓，咚咚咚，我的爱根去出征。八面旗，彩色新，我的爱根粗骨轮敦。粗骨轮敦有力气，骑上大马奔正西。奔正西，打罗刹，打败罗刹快回家。快回家，好团圆，恩恩爱爱过百年。"④ 这

---

① 富育光、赵志忠编著：《满族萨满文化遗存调查》，民族出版社2010年版，第140页。
② 陈若培搜集整理：《满族八角鼓》，呼和浩特市群众艺术馆1985年版，第8页。
③ 同上书，第22页。
④ 吉林省政协文史资料委员会，政协伊通满族自治县委员会编：《吉林满族》，吉林人民出版社1991年版，第191页。

里，明显看出八角鼓快三点的节奏。

4. 满族喜三在艺术中的表现

三在满族的文学艺术中，出现的频率非常高。艺术作品中的人物形象、过程仪式、韵律音节往往都和数字三有关。满族的祖先人物中，主人公很多是三个人物形象。在满族族源神话《长白仙女神话》中："相传有天女三：恩固伦、整固伦、佛固伦，浴于布库里池。季女佛固伦得神鹊所送朱果衔口中，不意吞入腹中成孕，生布库里雍顺，其同族系满洲国人矣。"① 长白山仙女人物主要有三个仙女。

满族的起源神话也和三有关，在满族的起源神话中，最初人类栖息的土地是由三条大鱼驮着的。"原来没有地。天连着水，水连着天。是天神阿布卡恩都里照着自己的样子，造了一男一女两个人，然后把他们放在一个石头罐子里，又把石头罐子放到了水里，罐子就在水面上飘着。这一男一女婚配生了许许多多的人，一代又一代，这个罐子也跟着越长越大。后来，石头罐子里的人太多了、太挤了。阿布卡恩都里就给自己造的人再筑一个栖身的地方。于是用土做了一个很大的地，把地放在水面上，又命令三条大鱼驮着它。还打发一个天神，每隔几天给三条大鱼送一次食物。有时，送食的小天神贪懒，没按时送到食物，驮地的三条大鱼饿了，忍不住要晃动身子，地也就随着晃动起来，这便是地震。"② 在满族的萨满神话中，最初的生物有三种形式，即飞虫、爬虫、人。"很古很古的时候，世上还刚刚有天有地，阿布卡恩都里把围腰的细柳叶摘下了几片。柳叶上便长出了飞虫、爬虫和人。大地从此有了人烟。"③

满族绘画也与三结缘。"在吉林省永吉县满族关氏家曾发现一幅神图。这幅神图大约是清代中后期的文物，显得异常珍贵。神图长约一米，宽约一米二，为绢帛彩绘。整幅神图分上、中、下三个部分。上部：左上为雷神，右上

---

① 中国第一历史档案馆：《清初内国史院满文档译编》（上），光明日报出版社 1989 年版，第161页。

② 乌丙安等编：《满族民间故事选》，上海文艺出版社 1983 年版，第 1 页。

③ 富育光、孟慧英：《满族萨满教研究》，北京大学出版社 1991 年版，第 204 页。

为云神。中部：绘有三层神群。下部：左边为飞虎（公虎）、豺和缠在树上的莽，中间为高耸入云的神树（萨满树），右边为卧虎（母虎）、豺和狼。中部的三层神群是这幅神图的主要部分。"①

满族萨满神谕三音节韵律极其丰富，如满族《闭灯神谕》中唱道："纳拉呼西尼鄂，比新博，梭林必，纳拉呼，纳拉呼，撮阔梭林活，活里哈额林德，梭林比，纳拉呼，纳拉呼，音打浑年哈托木活，梭林必，纳拉呼，纳拉呼，朱奢年玛德都喝，额林德索林必，纳拉呼，纳拉呼，尊秃洼博布克非，梭林比，纳拉呼，纳拉呼，木出克敦博，没打非，索林比，纳拉呼，纳拉呼，三音阿妈孙博，索林德多布非，索林比，纳拉呼，纳拉呼，哈滩阿拉刻，汉气新打非，索林必，纳拉呼，纳拉呼，温德其喝，乌颠博我勒艮博，我克聂非，发特哈博秃牙非，哈同阿牙里，苏方阿苏奢博，多博非，索林比，索林比，纳拉呼，纳拉呼，阿浑德阿叉非，索林比，纳拉呼，纳拉呼，阿沙乌根—沙非，索林比，纳拉呼，纳拉呼，衣木乌希哈，秃其克，我林得，索林比，纳拉呼，纳拉呼，明安乌希哈，墨他哈，我林得，索林比，纳拉呼，纳拉呼，秃门乌希哈，秃其克，我林得，索林比，纳拉呼，纳拉呼，德也莫嘎沙哈，卧佛罗，苏墨哈，我林得，索林比，纳拉呼，纳拉呼，风希我，古勒古佛昆，洼西哈，我林德，纳拉呼，纳拉呼，三因阿玛孙得，梭林德，多布非，索林比，纳拉呼，纳拉呼。"②

四　满族文学艺术独特的修辞方法

1. 衬词

满族民间说唱艺术善于在文本中加入衬词。所谓衬词是出现在说唱艺术中，并不是直接表现思想内容的正词，而是为完整表现说唱艺术而穿插的一些

---

① 富育光、赵志忠编著：《满族萨满文化遗存调查》，民族出版社 2010 年版，第 131 页。
② 同上书，第 160—161 页。

由语气词、形声词、谐音词或称谓构成的衬托性词句。它们与正词无意义上的关联，不属于正词基本句式的范畴，大多无意义。衬词尽管无意义，但衬词是需要与正词配曲唱诵的，衬词在说唱艺术中的作用表现在，鲜明衬托出情感，有助于情感的抒发，是整个说唱艺术中不可分割的重要组成部分。如满族《乌布西奔妈妈》引曲中的第一句："德乌勒勒，哲乌勒勒，德乌咧哩，哲咧！"① 这一句在以后章节的开头都有出现，为整部史诗定了基调，"它以激昂悦耳的长调为主旋律，起到调动群情，收拢众心的良效"②。有些衬词用在句子内部做垫字或做落尾字，如《古德玛法的歌》中乌布逊族众聆听神训的一段，每一句后面都有一个衬词"乌咧哩"，同样在聆听神训之后族人群情激奋的呼喊，以及助神人（萨满助手）的唱词在每句的结尾都出现了衬词"乌咧哩"。这些衬词加强了节奏，加强了语气，更重要的是加强了神对乌布逊既严格又慈爱的情感；助神人一段的衬词则给人一种要勇往直前的气势。《乌布西奔妈妈》中使用了大量的"乌咧哩"作为诗歌的衬词，无论在祭祀的神歌还是在群欢时唱的歌中都有出现。使音乐形象生动，加深了感情的表现。

2. 韵律

满族说唱艺术善于在作品中加入头韵、中韵、尾韵。如《乌布西奔妈妈》的语言具有鲜明的满族特色，其中带有满语诗歌的韵律，分为头韵、中韵、尾韵，相同于满语诗歌韵律。"满语属阿尔泰语系满—通古斯语族语支。满语有元音和谐规律，并将 6 个元音分成阳性元音（a、o、ū）、阴性元音（e、u）、和中性元音（i）。满族诗歌韵律的主要依据是元音和谐律。"③

头韵是指在诗行的开头要押相同或相近的韵。《乌布西奔妈妈》中有很多带头韵的诗句，如《德里给奥姆女神迎回乌布西奔——乌布林海祭葬歌》中的一段：

---

① 鲁连坤讲述，富育光译注整理：《乌布西奔妈妈》，吉林人民出版社 2007 年版，第 2 页。
② 同上。
③ 赵志忠：《满族萨满神歌研究》，氏族出版社 2010 年版，第 199 页。

（原文）

bi budehe golmin amgaha	我死了长睡不醒时
mim be umlin bira dalin hada umbume	把我埋在乌木林河岸山崖
gaha hehe be tacire gaifi	要学乌鸦女
manggasika jalin banjime bime	为难而生
gam ji akū silhidan akū	勿贪勿妒
banuhūn dkū cokto akū	勿惰勿骄
aim an mukdeme	部落兴旺
tanggū baita dek jike	百事克成①

　　这是乌布西奔临终安排后事时所说的话。从头韵上看，这一段韵文的韵律是比较完整的。除第一行的第一个元音与第二行的第一个元音押的是（b）i—（m）i外，其余头韵均为a韵。这种形式的头韵为AAAA型，读起来也比较上口。

　　萨满神歌的开头和结尾有固定的套语，形成了固定的格式。萨满神歌有较完整的头韵和尾韵，按照满语的发音，头韵往往两句两句相押，然后换韵。萨满神曲中的头韵往往都是相同的，有相同的节奏，这使得文本具有了音乐美。萨满神曲一般节奏规整，节拍分明，音域基本控制在八度以内，神歌中的一个乐句往往反复吟唱。如《萨满神曲译注》中歌颂英雄的神曲开头都有相同的韵律美。

　　如《按巴瞒尼》的开头是：

ai　i　mene　turgunde　wei　jalin　de

爱一　莫讷　秃拉滚得　卧一　札林　得

汉语的意思是："是什么原因，为谁家之事，在此时请神？"② 其他的英雄

---

① 戴光宇：《〈乌布西奔妈妈〉满语采记稿译注》，出自《满语研究期刊》2008年第1期。
② 宋和平译注：《满族萨满神歌译著》，社会科学文献出版社1993年版，第37页。

神曲如《巴图鲁瞒尼》《多呇洛瞒尼》《胡牙乞瞒尼》《玛克鸡瞒尼》《按巴阿立瞒尼》《梯梯库瞒尼　梯拉库瞒尼》《查憨布库瞒尼》，都和《按巴瞒尼》有相同的头韵，使得作品具有循环往复的韵律美。

满族萨满神歌主要押头韵、中韵、尾韵。《尼山萨满》保留了一些完整的野神神歌，旋律比较固定，音乐性强，听起来悦耳动人。如"亲爱的丈夫，海兰比，舒伦比，快快听着，海兰比，舒伦比，亲爱的男人，海兰比，舒伦比，赶紧听着，海兰比，舒伦比，把薄耳朵，海兰比，舒伦比，打开听着，海兰比，舒伦比，把厚耳朵，海兰比，舒伦比，压住听着，海兰比，舒伦比，你的身体，海兰比，舒伦比，筋脉已断，海兰比，舒伦比，死得太久，海兰比，舒伦比，腐烂枯干，海兰比，舒伦比，骨头和肉，海兰比，舒伦比，已经朽烂，海兰比，舒伦比"①。

这段神歌，押三音节的尾韵，朗朗上口。

3. 排比

子弟书大段地使用排比，在《芙蓉诔》中，连用了 16 个"可爱"，16 个"可感你"，16 个"可叹你"，16 个"再不能"，16 个"我为你"，16 个"想得我"，16 个"只哭得"。

---

① 富育光、赵志忠编著：《满族萨满文化遗存调查》，民族出版社 2010 年版，第 103 页。

第九章 满族文学艺术的主要种类

满族说唱艺术形式种类繁多，主要有以下几种。

一 八角鼓

八角鼓既是一种乐器，也是一种曲种的名称。八角鼓是单弦和八角鼓曲种不可缺少的伴奏乐器。

现在八角鼓演唱已经近乎失传，对于八角鼓的研究只能在文献中进行。早在明嘉靖、隆庆年间就有书记载北京有刘雄善击八角鼓。明代沈榜著的《宛署杂记》（1593年成书）中就有八角鼓记载："刘雄八角鼓绝：刘初善击鼓，轻重急徐，随人意作声，或以杂丝竹管弦之间，节奏曲合，更能助其清响云。"① 可见，满族入关前，北京已经有八角鼓演出了。有人认为早在关外牧居时，满族就有用八角鼓演唱的习俗。满族在行围打猎之余，用八角鼓自歌自娱自乐，表现劳动生活的方方面面，其内容包括劳动、祭祀、渔猎、游戏、爱情、出征等。满族入关时，就曾用满语演唱八角鼓军歌。姚颖认为清代八角鼓始制于乾隆十四年（1749），阿桂平定金川之后钦命制作。

---

① 吉林省政协文史资料委员会、政协伊通满族自治县委员会编：《吉林满族》，吉林人民出版社1991年版，第192页。

对于八角鼓的产生说法不一，八角鼓产生的原因有如下几种。第一，八角鼓和满族八旗制度有关。现在大部分学者认为八角鼓和满族的八旗制度有直接的关系。八角鼓象征着八旗。八角鼓大小不一。八角鼓有木制等边的八角形框。八角鼓一般用蟒蛇皮制作，鼓只有单面有蟒蛇皮。在《萨布素将军传》中有这样一段描写："这时大蟒一看草就剩下一半了，气坏了，张开嘴就把草都吃了。大伙一听说下面有大蟒，就有人下去把两条大蟒都拽上来了，把蟒皮扒下来了。会做八角鼓的可以高兴了，这可以做八角鼓。"① 云游客在《江湖丛谈》中介绍了八角鼓："当奏曲时所用之八角鼓，其八角即暗示八旗之意。其鼓旁所系双穗，分为两色，一为黄色，一为杏黄色。其意系左右两翼。至于鼓之八角，每角上镶嵌铜山，总揆其意即三八二十四旗也。惟八角鼓儿只是一面有皮、一面无皮并且无把……鼓无柄把，取意永罢干戈，八角鼓儿之意义不过如此。"② 第二，八角鼓和满族的祭祀有关。康熙年间李振声写的《看戏竹枝词》中也解释了八角鼓为何有八个角："闻说雷鼓曾八面，天神可复降南郊？"《宋史乐志》中写有："雷鼓八面前世用以迎神"。可见，八角鼓最初和八旗制并没有直接的关系，八角鼓和萨满祭祀迎神有关。第三，八角鼓和满族的军旅生活有关。"相传，阿桂将军见军中将士思乡思归，情绪低落，就在战息之时以树叶为题，编就各种歌曲，教军兵演唱，安慰军心，使将士们乐而忘返。阿桂将军把所唱的小曲儿命名为'岔曲'，据说是以树生岔之缘故。又传说，阿桂将军麾下有一个极具音乐天赋的八旗士兵名叫宝小槎，此人积累了许多流传在民间的满族民歌曲调，受阿桂将军之命，编成六字凯歌，教八旗兵用八角鼓伴奏演唱，蔚然成风。宝小槎所编小曲最初被定名为脆唱。阿桂将军凯旋归朝，给乾隆皇帝唱了一曲《得胜歌》，博得乾隆皇帝欢心。乾隆皇帝受此启发，亲作《大有年》《万民乐》《龙马吟》《飞黄词》等满文军歌，令太监们歌唱。

① 谷长春主编：《满族口头遗产传统说部丛书——萨布素将军传》，吉林人民出版社 2007 年版，第 392 页。

② 吉林省政协文史资料委员会，政协伊通满族自治县委员会编：《吉林满族》，吉林人民出版社 1991 年版，第 191 页。

由于受到乾隆皇帝的重视，又因宝小槎名字中有个'槎'字，所以将这种小曲命名为岔曲。"①

演奏八角鼓时，左手拿鼓，右手击鼓面。八角鼓艺人程殿选总结八角鼓的演奏技法主要有"坐、弹、挫、垫、轮、摇"。左手持鼓，右手演奏。程殿选还编了八角鼓持鼓法口诀："怀中抱月不许偏，四平八稳忌耸肩，摇鼓腕抖臂别动，打垫轮戳应和弦。"② 徐达音总结了八角鼓的音乐唱腔结构形式属于曲牌联套体。八角鼓的结构公式为八角鼓包括四句板、(数唱)若干曲牌、煞尾。

姚颖认为八角鼓自身衰落了，但却促成了相声和单弦牌子曲等新的形式。戴月琴也认为北京的单弦直接承袭于八角鼓。道光、咸丰时期的司瑞轩，清末民初的得寿山、荣剑尘、谢芮芝、常澍田、谭凤元都是单弦演奏大师。

八角鼓的演出效果令人振奋。八角鼓之所以在八旗军中最开始演唱，是因为八角鼓可以提神，令人精神振奋。八角鼓铿锵有力的声音很适合鼓舞士气，活跃气氛。另外，八角鼓小巧轻便，便于携带，在部队中使用起来很方便。相传，鼓曲艺人的祖师爷是周庄王。因为周庄王继位后十分孝顺自己的母亲，上完朝后回宫里总要把国家大事讲给他母亲听，他的母亲听着听着就睡着了，后来，周庄王想了一个办法，讲几句就打几下鼓，这样他的母亲再也不困了，周庄王可以让他的母亲听完他的话，再听他母亲的吩咐。从这个传说中可以看出，鼓确实有令人精神倍增的效果。八角鼓可以令人清醒不懈怠，有利于鼓舞士气，在军队中使用八角鼓可以说是满族的一个创举。吉林省扶余市流传的八角鼓民谣《八角鼓》歌词唱道："八角鼓，咚咚咚，我的爱根去出征。八面旗，彩色新，我的爱根粗骨轮敦。粗骨轮敦有力气，骑上大马奔正西。奔正西，打罗刹，打败罗刹快回家。快回家，好团圆，恩恩爱爱过百年。"③ 从这首民谣来看，八角鼓可以用来鼓舞士气。

① 杨丰陌：《御路歌谣——满族民俗传说》，辽宁民族出版社2005年版，第39—40页。
② 吉林省政协文史资料委员会，政协伊通满族自治县委员会编：《吉林满族》，吉林人民出版社1991年版，第198页。
③ 同上书，第191页。

最初的相声亦源自八角鼓演唱中的"拆唱这些演出形式"，对清代北方曲艺以及此后中国曲艺的发展，产生了巨大影响。[1]

二　岔曲

满族岔曲的起源很难找到确切的资料论证。人们认为岔曲为清乾隆时阿桂攻金川时所唱的歌曲，由宝小槎创作。满族的岔曲在乾隆年间的军旅中产生。岔曲是八角鼓中最原始最重要的一部分。

岔曲以八角鼓、三弦伴奏，因而也称"八角鼓"，并从中衍生出后来的"单弦"曲艺形式。[2]

岔曲的结构有比较固定的格式。岔曲首句为题，曲名，第一乐句。岔曲中间夹有"过板"和"卧牛"。"过板"就是歌曲中的"过门"。过门，就是指贯穿连接曲首、曲尾和句、逗之间唱腔中段处的器乐伴奏。"'过板'在岔曲中位置很重要，它正处在一个岔曲的前三个乐句与后三个乐句的中间，起着承上启下的作用，同时也正是演员施展自己才艺的机会。在演唱时（指第三个乐句中最后的一句曲词），前辈名家都用清脆嘹亮、高昂挺拔、气势大、难度高的大腔，来博得听众的掌声。"[3] 按句式划分，"过板"位于首两句或四句（后）。中国古老剧种如昆曲均不用过门，梆子、皮簧等板式变化体剧种均用伴奏过门。过门分为起调过门、句间过门和曲尾过门。起调过门有引领唱腔，规定调高、板式、速度的功能；句间过门有陪衬唱、做，分清逗句韵协的作用；曲尾过门起补充全曲情感，连接动作与念白气势的作用。过门的艺术处理方法有：重复式、承递式、律动式、韵音式、填充式、延续式等，一般由文场伴奏乐器担任，有时也衬以锣鼓。

章学楷描述过赵俊亭演唱岔曲"过板"时的情况：1951 年夏，赵俊亭曾

---

① 李红雨：《清代满洲民族的文化进程与文化涵化的一种范式》，《满族研究》2014 年第 3 期。
② 同上。
③ 金启平、章学楷编著：《北京旗人艺术岔曲》，北京师范大学出版社 2007 年版，第 11 页。

应邀在中山公园音乐堂为北京园林系统职工唱岔曲"赞松"。当唱到过板时，原词是："碧森森，微微影动龙蛇乱，高枝长供白鹤眠。"他把"高枝长供"四个字，用了一个婉转流畅的行腔，"白"字戛调突起，高昂挺拔，音韵宽厚，"鹤"字上用了一个难度很大的双音嗖儿，清脆嘹亮，"眠"字上用一口气甩了一个很长的大拖腔，当时台下数千观众掌声骤起，响彻全场。从章学楷的这段描述中，可以看到"过板"可以是演员演出的出彩处，可以看出演员的真功夫。

岔曲的"卧牛"就是停顿的意思。"卧牛"是"满语'停顿'的意思，特指岔曲基本结构［非指具体曲目］的第五句中间一字拖腔，经过一个小过门，再从此字唱起［又称软卧牛］，或从下一字唱起［又称硬卧牛］"①。卧牛"也指的是第五乐句和第六乐句的切分间奏过门儿，间奏前的曲词是全曲中第六句曲词的前半句，也就是把一个七字句按前四字、后三字切开，把前四字用作第五乐句中曲词的尾句，而后三字则为第六乐句中曲词的首句。演唱时，前四字的字尾应用阳平声，如果字尾不是阳平声，就把后三字的字头加一个重字当作前句的落脚字"②。唱到"卧牛"处，要重唱，要顿挫，以便引起下文。

"卧牛"处有的叠字，有的不叠字，但岔曲要有"卧牛"。如岔曲《因我的账沉》："因我的账沉，短了精神，天天发闷，夜夜揪心，穷得我不敢出门，净在家裹盆。（过板）忽听外面有人叫，只当是，要账的找上门。叫人答应问信音，原来是，模机格传我去谢恩。想来又是半年赏，乐得我也不在炕上蹲。对弄着，到了神武门，我各处留神（卧牛）见人就问，打听真，才知道，原来是年年儿展限那两个月的库银。"③ 这首岔曲就是"卧牛"不叠字的岔曲。如岔曲《小孩语》："顽顽罢，踢圈儿打杂杂。咱们大伙商量，官儿官儿递手牌，一递递了个羊尾巴，家家板上有什么？一个金娃娃，银娃娃，咱们背着他。黄狗

---

① 伊增埙编著：《古调今谭 北京八角鼓岔曲研究评注》，学苑出版社 2011 年版，第 26 页。
② 金启平、章学楷编著：《北京旗人艺术岔曲》，北京师范大学出版社 2007 年版，第 12 页。
③ 同上书，第 177 页。

黄狗你看家，我到南园采梅花；一朵梅花无有采了，双双媒人到我家。咱们散打罢，藏闷歌要回家。耗子耗子你藏、藏、藏严着罢，提防猫儿把你拿。"①这首岔曲中的"藏、藏、藏"这类重叠文字，并不是多余的文字，而是曲中一种腔调，即"卧牛"，唱到此处，一字重唱，故意顿挫，以便引起下文。这是有叠字的"卧牛"。

演唱者在"卧牛"处的演唱能显示出演唱者的功力，因此在此处非常下功夫，演唱者水平的高低在此处能显示出来。如有人把此处唱成了"双葫芦腔"，有人唱成了"嗖儿腔"。

三　子弟书

子弟书是八旗子弟书的简称，子弟书唱本是由八旗满洲作家和八旗汉军作家创作的，主要表现旗人特有的生活内容和思想感情。子弟书又称"清音子弟书"、"弦子书"、"子弟段儿"。中国俗文学史上艺术成就最大的、影响最深远的是子弟书。子弟书顾名思义，是以八旗子弟为主体的说唱艺术。子弟书是北方清代的满族说唱文学，属于曲艺中的鼓词类。子弟书主要盛行于乾隆、道光、嘉庆三个朝代，讫于清末。子弟书为单唱鼓词，韵律优美。子弟书句式简练，全部为韵文。

子弟书之所以兴起，是因为满族入关后，清政府对八旗子弟实行恩养政策，八旗子弟，不劳而获，不事生产，武备废弛，奢靡腐化，沉于享乐，因而，八旗子弟书得以兴起。

对于八旗子弟书起源的说法不一。很多人认为子弟书演唱从乾隆年代至清末，主要在北京流行。子弟书主要盛行于乾隆中后期，直至清朝末期仍有流传，持续一百六七十年。如戴月琴认为子弟书兴起于乾隆年间，是一种只唱无白的"坐唱"演唱文学艺术。李仲元认为："子弟书是创于八旗子弟，词雅声

---

① 林虞生标点：《升平署岔曲》（外二种），上海古籍出版社 1984 年版，前言第 4—5 页。

和的说唱鼓词。始于雍乾之间，初流行军中，后轰动京师。嘉庆时安置闲散宗室，遂于盛京流传。"① 姚颖认为子弟书起于清乾隆年间，衰于光绪末年。曼殊震钧在《天咫偶闻》中说："旧日鼓词，有所谓子弟书者。始刱于八旗子弟，其词雅驯，其声和缓，有东城调、西城调之分。西调尤缓而低，一韵萦纡良久。此等艺内城士夫多擅长，而瞽人其次也。然瞽人擅此者，如王心远、赵德璧之属，声价极昂，今已顿绝。"②

子弟书分东城调和西城调两个流派。

子弟书只有唱词，没有说白，配合鼓板三弦演唱，没有乐器伴奏的子弟书叫"清音子弟书"。

八旗子弟书代表人主要有罗松窗、韩小窗、奕赓、文西园、竹轩、煦园、渔村、虬髯白眉子、古香轩、蕉窗、竹窗、梁霜毫、芸窗、蔼堂、蛤溪钓叟、符斋、叙庵、二西等。还有大量的无名氏传下来的作品。子弟书的作者往往来自底层民间百姓，他们对老百姓的生活疾苦有着切身的感受。

子弟书内容泼辣大胆，爱憎分明，大多表达了底层民间百姓的情感。

子弟书有很多对明清小说、戏曲加以改变。子弟书多取材于明清小说和传奇的故事。

对于子弟书的体裁划分一直存有争议。有学者认为子弟书属于叙事作品，有学者认为子弟书属于诗歌作品。赵景深认为子弟书属于叙事诗。

子弟书"始创于八旗子弟，其词雅训，其声和缓。有东城调、西城调之分。西城调尤缓而低，一韵萦纡良久"。

子弟书语言优美，句式大体一致，对称。

四　萨满神歌

"神歌是举行跳神仪式时，萨满和助手描述神灵特征、颂扬神灵神通广大

---

① 李仲元赋：《缘斋吟稿》，辽宁人民出版社 2011 年版，第 76 页。

② （清）曼殊震钧：《天咫偶闻》，北京古籍出版社 1982 年版，第 175 页。

以及表示祭祀者的虔诚态度和决心等为内容的歌词，因为是唱给神灵听的，所以叫神歌。"① 在东北地区，除了满族，还有锡伯族、赫哲族、鄂伦春族、鄂温克族、蒙古族、土族、东乡族、保安族、达斡尔族、维吾尔族、撒拉族、乌孜别克族、塔塔尔族、裕固族，以及朝鲜族等民族也都在不同程度上存在着萨满教信仰活动。但是，相对而言，萨满教在满族、蒙古族、赫哲族、鄂伦春族、鄂温克族、达斡尔族，以及在部分锡伯族当中得到了较为完整的继承。

萨满教得名于通古斯语，因为通古斯语称巫师为萨满。萨满，通古斯——满语，意为"激动不安"、"狂怒之人"，是从事萨满宗教的巫师。据说，只有出生时胞衣不破、患病由萨满治好或有过癫病的人，才能做萨满的继承人。萨满有一套法衣和法器。萨满跳神或是治病，或是祈福，或是祭祖。萨满跳神时闭上眼睛击鼓请神，过后全身颤抖，表明神灵附体，法器发出响声，萨满开始念咒语，代神说话。萨满作法，降服魔鬼神祟。萨满教最主要的特点是崇拜自然。萨满教崇拜的对象非常广泛，包括各种神灵、动植物、无生命的自然物和自然现象。"萨满们那灵佩斑驳、森严威武的神裙光彩，那激越昂奋、响彻数里的铃鼓声音，那粗犷豪放、勇如鹰虎的野性舞姿……一代又一代地铸造、陶冶、培育着北方诸民族的精神、性格和心理素质。"②

萨满神歌主要包括萨满诸姓创世神话、族源历史、萨满传奇、英雄业绩等内容。满族信奉的萨满教成为东北地区的主要宗教。有大量的书籍记载了萨满教，如宋朝徐孟莘的《三朝北盟汇编》、清代西清的《黑龙江外记》、杨宾的《柳边纪略》、方式济的《龙沙纪略》、萨满神话《尼珊萨满传》等都对萨满教有详细的记载。

五　满族说部

满族说部是满族世代口耳相传的长篇叙事说唱艺术。以歌颂祖先和英雄

---

① 宋和平译注：《满族萨满神歌译著》，社会科学文献出版社1993年版，前言第1页。
② 富育光：《萨满教与神话》。

人物为主要内容。满族说部往往以家族的方式传承，与家族活动关系密切。流传于黑龙江流域的满族创世神话《乌车姑乌勒本》，描述记载了三百多位女神。在乌苏里江流域流传的神话《乌布西奔妈妈》描述记载了一百六十多位女神。

满族说部有说有唱，总体来说，满族先民的说部是唱的，越到后期，唱的成分越少。满族说部的概念大约兴起于明清时期，在《四库全书总目提要》中大量提及说部一词。满族说部主要在满族"讲古"、"说史"、"唱诵根子"的习俗中得以流传。《金志》中记载"贫者以女年笄行歌于途，其歌也乃自叙家世"。可见，满族先世说部是以唱的形式叙述家事的。

满族说部被列入中国首批国家级非物质文化遗产名录，成为中国民族民间文化保护工程试点项目，全国民族民间文化保护工程试点项目，全国艺术科学"十五"规划国家课题。满族说部越来越受到重视。满族说部是满族的百科全书。满族说部主要包括四种类型：

第一种，窝车库乌勒本，Weceku ulabun。

即满族民间说部的神本子。如《天宫大战》《西林安班玛发》《西林大萨满》《恩切布库》《乌布西奔妈妈》《尼山萨满》《音姜萨满》等。窝车库乌勒本由于是神本子，传播范围十分狭小，只能是历代萨满口耳相传，而且只有在重大祭祀活动中才能听到。

在咏唱窝车库乌勒本之前，要沐浴更衣，以示对神的敬重。在讲述主体内容之前，唱一段"序歌"，以营造庄严的氛围。如不是祭祀之日咏唱窝车库乌勒本，还要焚香祷告，请求神灵的宽恕。一旦开始咏唱窝车库乌勒本，就要不停歇地唱到结束，以示对神灵的敬重。

富育光就回忆过童年时听窝车库乌勒本的情景："满族先世萨满创世神话《天宫大战》在族中传讲，那可是非常神圣而隆重的一桩盛事，多在氏族萨满春秋大祭后一日或萨满祭天祭星同日，增设'窝车库乌勒本'祭礼。此项祭礼就是专门颂扬氏族初兴发轫的故事，即讲唱《天空大战》。一般来说，满族诸姓平时讲唱满族传统说部'乌勒本'，可请族中妈妈、玛发或萨满色夫们讲唱，若是讲唱'窝车库乌勒本'《天空大战》则不同了，因它自始至终是在唱颂天地万物的众神谱，是讲述惠及人类的'神们的事情'。《天空大战》中大大小小原始神祇多达数百位，都是满族萨满教神系中世代崇祭之各类大神，包括开天辟地的穹宇风云女神、人类生存其间的自然界所有天禽百兽虫属及山川花卉树木众神，不是任何族人都可以不分场合随意传讲的，必须要由族中最高神职执掌者，即德高望重的安班萨满玛发（即大萨满）才有口授故事和解释故事的资格，虔诚备至。往昔，萨满咏讲《天宫大战》，俨然如同阖族举行一次萨满颂神礼。"①

第二种，包衣乌勒本，ulabun。

包衣乌勒本即家传、家史。如《萨布素将军传》（《老将军八十一件事》）、《萨大人传》、《忠烈罕王遗事》、《扈伦传奇》、《东海沉冤录》、《东海窝集传》等。

包衣乌勒本《萨布素将军传》（又名《老将军八十一件事》），描写了黑龙江首任将军萨布素的英雄业绩，由宁安著名满族文化传承人傅英仁先生，承继其三爷傅永利老人与家族传留下来的满族长篇说部，故事情节生动感人，在宁安各族中流传甚广，已传讲百余年，影响深远。

《萨大人传》是久居爱辉一带萨氏后裔富察家族传世说部，与宁安满族说部《萨布素将军传》是姊妹篇。描述了萨布素奉康熙圣旨，率故乡百姓在宁古塔（宁安）爱辉等地戍守边疆的不平凡一生，说部内容具有重要的史料价值，丰富了《清史稿》和近代中国北方边疆史的重要研究内容。此外，有影响的满族包衣乌勒本说部还有河北王氏家族《忠烈罕王遗事》、爱辉江东葛氏、陈氏《雪山罕王传》，爱辉富氏家族《顺康秘录》与《东海沉冤传》，宁安傅氏家族《东海窝集部传》，成都已故著名文士刘显之先生《成都满蒙八旗史传》，等等。

第三种，巴图鲁乌勒本，ulabun。

巴图鲁是满语英雄的意思，巴图鲁乌勒本就是英雄传的意思。满族巴图鲁

---

① 高荷红：《"窝车库乌勒本"叙事特征研究》，《民族文学研究》2012 年第 4 期。

乌勒本中不仅有男巴图鲁，还有女巴图鲁，如《金兀术传》中有男巴图鲁，《红罗女》中有女巴图鲁。

《两世罕王传》（又名《漠北精英传》），记王杲与努尔哈赤的兴起，为河北京畿陈氏说部。《红罗女》为宁安傅氏家族说部，有多个版本流传，依兰、珲春、永吉、牡丹江亦有残传。《比剑联姻》《红罗女三打契丹》《金兀术传》为宁安傅氏与关氏说部。已故关墨卿老人为上述说部重要搜集整理者和传承人之一。《双钩记》（又名《窦氏家传》）、《飞啸三巧传奇》、《黑水英豪传》为爱辉富氏、穆氏、杨氏三族长篇英雄说部，已故杨青山为说部重要完成者和传承人。《松水凤楼传》《姻缘传》为永吉徐明达先生家传满族说部，他已是第三代传人了。《雪妃娘娘和包鲁嘎汗》讲述的是 16 世纪末至 17 世纪中叶努尔哈赤父子开基创业并与蒙古科尔沁部联姻的历史故事，传承人为富育光。

第四种，给孙乌春乌勒本，gisun ucun ulabun。

给孙乌春乌勒本即讲唱故事，以唱为主。给孙乌春乌勒本主要歌颂各氏族流传已久的历史传说中的英雄人物，如渤海时期的《红罗女》《比剑联姻》，明代的《白花公主传》以及民间说唱故事《姻缘传》《依尔哈木克》《苏木妈妈》等。如《苏木妈妈》就属于满族说部中的"给孙乌春乌勒本"，它有着简短的句式和完整的说唱形式，歌颂阿骨打的大夫人苏木帮助阿骨打灭辽兴金建立的英雄业绩和传奇的一生。

给孙乌春乌勒本和巴图鲁乌勒本有重合的部分。

满族信奉万物有灵论，相信祖先魂灵的存在。满族人渴慕祖先的魂灵能够保佑子孙后代，因此，满族人供奉祖宗板，竭力赞美、抚慰祖先魂灵，不忘祖宗之恩，由此具有"讲古"、"讲史"、"唱诵根子"的习俗，这些习俗表现在日常的演唱和流传中，就有了满族说部。

满族说部有说有唱，总体来说，满族先民的说部是唱的，越到后期，唱的成分越少。满族说部的概念大约兴起于明清时期，满族先世说部是以唱的形式叙述家事的。

满族说部是满族世代口耳相传的长篇叙事说唱艺术。以歌颂祖先和英雄人物为主要内容。满族说部往往以家族的方式传承，与家族活动关系密切。

满族说部被列入中国首批国家级非物质文化遗产名录，成为中国民族民间文化保护工程试点项目，全国民族民间文化保护工程试点项目，全国艺术科学"十五"规划国家课题。满族说部越来越受到重视。

六　满族民间故事

民间故事是人民口头创作的不押韵的叙事类作品的总称。民间故事总体特点是故事篇幅不长，单线索发展，故事情节完整，生动吸引人，并在情节中伴有附会传说等虚构成分，表达了劳动人民的生活习俗，理想愿望。

满族民间盛行讲故事。俗称"讲古"或"讲瞎话"。满族民间故事反映了满族的风俗习惯，审美理想，生活态度。满族民间故事主要包括幻想故事、生活故事、动植物故事、智人故事等。满族民间故事表现了满族对真善美的追求，对智慧的热爱。

满族生活故事立足于现实，直接反映现实生活，表现了满族民众的生活百态和日常生活中的喜怒哀乐。这类故事内容较多地表现了家庭成员的关系、家庭生活、爱情生活、学习技能手艺、风土人情、地方特产等。

满族动植物故事是富有满族特色的故事，源于满族的渔猎文化生活，在满族的渔猎文化和采集经济中，动物植物是生活的主要来源，与满族人民密不可分。由于对动物、植物的热爱，有许多满族民间故事表现了满族人与动物、植物婚配的故事。

满族民间故事总体上属于欢乐的叙事。"在农耕出现之前，主要依靠狩猎来争取生存的部族，他们的生活是极端困苦的。"[①] 满族民众尽管生活艰苦，身处底层，但是他们积极乐观，不怕吃苦，敢于抗争。满族智人故事是描述满

---

① 朱狄：《艺术的起源》，中国社会科学出版社1982年版，第147页。

族优秀人物的机智、幽默的故事。故事表现满族人用智慧战胜丑恶现象和贪婪自私的人，表现了满族人积极乐观的生活态度。满族人民正是依靠聪明智慧才战胜了生活困难，开创了美好的生活。

七 满族歌谣

满族歌谣都是满族民众在日常生活中口头创作的篇幅短小的具有韵律的文学作品，能够最直接地表达劳动人民的呼声。由于劳动人民地位低下，往往没有话语权，歌谣成为表达心声最直接的途径。满族歌谣不分演出地点，山间河边、田间地头都可以随口而唱，随性而发。

满族歌谣流传广泛，主要在东北三省、河北、广东等地流传。满族人几乎人人都会唱几首满族歌谣。东北流传的满族歌谣是最丰富多彩的。满族歌谣既可以唱又可以说，可以唱的一般为歌，可以说的一般为谣。满族歌谣多以抒发主观感情为主，在日常生活中，只要是心中有感，都可以自由大胆地说唱。只要是主观感情，无论喜怒哀乐爱恶惧，都可以成为歌谣的内容。为了配合旋律的齐整，往往还用衬字调剂节奏，使得歌谣更有韵律感，更有音乐美。满族歌谣具有珍贵的史料价值和美学价值。

满族民谣对于平衡内心情感世界，维护人的健康心理，提高民众精神生活质量具有重要的作用。"民歌，是一个民族高度文化的象征，是一个民族才艺的体现，在民族文化的交流上有着不可小视的影响。""民歌集的出版，对增进满族的民族自尊心、自信心和凝聚力，对促进民族间文化交流、互相了解、和谐发展、共荣进步，提升民族的自豪感和激发年青一代的爱国主义精神以及'资质、存史、教化'等方面，必然起到较好的积极作用。"[①]

---

① 耿玉琨、宫伟主编，孟聪：《宽甸满族歌谣》，作家出版社 2009 年版，第 3 页。

八　满族单鼓

满族单鼓从 1877 年至 20 世纪 90 年代，主要流传在辽宁丹东宽甸。大鼓又名"鼓书"，俗称"说书"。丹东宽甸段子分大书、小段两种。大书多说历代演义故事。小段分"平段"和"子弟书段"。"平段"多以劝人为内容。"子弟书段"首推《红楼梦》的改编段。

第十章　满族文学艺术的作用和现存状态

满族对于民间说唱艺术是非常看重的，有些满族民间说唱艺术如满族说部、萨满神歌等，在表演之前要举行隆重的肃穆的仪式。

第一节　满族文学艺术的作用

一　道德训诫

满族民间说唱故事最直接、形象地告诫人们，一个满族人的为人、品质、作风、道德观念应该是什么样的。它不是以抽象的道理、枯燥的说教训诫人们，它以审美形象的方式寓教于乐，使人们在不知不觉中，以"润物细无声"的方式，使人们在审美享受中心甘情愿地得到启迪和教育。满族说部是满族讲古习俗中的重要内容。讲古是满族进行族规族教的主要方式之一。在满族说部《萨布素将军传》中，"传讲老将军的故事，是进行族教的大事。为了将这部传说世代相传，在我们哈拉中有专门的传承人"①。"满族说部不是一般的娱乐性

---

① 谷长春主编：《满族口头遗产传统说部丛书——萨布素将军传》，吉林人民出版社 2007 年版，第 2 页。

的民间传说故事，而是有凝重的英雄崇拜的文化情愫，是进行氏族自我教育的庄严方式。"① "讲唱说部的目的，不只是消遣和余兴，而是非常崇敬地视为培育儿孙的氏族课本和族规祖训，是对族人进行爱国、爱族、爱家的教育，起到增强氏族凝聚力的作用。因此，讲述内容、目的以及题材艺术化程度，均与话本、评书有较大区别。"② 可见，满族说部已经成为满族家族教育的一种重要方式。

满族歌谣《满族族规训词歌》的道德训诫意味十分明显。"《一、酒色财气歌》：酒色财气四堵墙，旗人都在里边藏。有人跳出此墙外，不能成仙寿也长。酒色财气不可贪，贪来贪去两无端。不是分身就丧命，丧不了命受牵连。《二、满族八旗子弟》：人在青春美少年，认真学习别贪玩。长江后浪催前浪，人老哪能还少年。《三、创业难》：创业难，创业难，创成家业如盘山。五更起，半夜眠，直到老来不等闲。祖业田产不易来，恐怕儿孙后来难。《四、满族姑娘》：姑娘能忍乐逍遥，家中要紧把活学。到婆家攒葫芦抢马勺，抢风使气且莫刁，婆婆也是媳妇熬。"③

满族民间说唱艺术中蕴含了浓厚的道德训诫意味。它们以感性的形象告诫人们什么是真、善、美，什么是假、恶、丑。

第一，尊老敬老，保护妇女儿童。

满族尤其注重敬老爱老，尊老敬老成为满族民间说唱艺术的重要主题。《西林安班玛发》中有这样的描写："人生于世，念父母之功，慎终追远，祖德宗功，继往开来，奋志蹈进。祭先祖，祭远祖，源远流长，永世其昌。此礼勿惰勿废，人生有道，大义非悖。"④ 这种敬重祖辈的观念在满族文学艺术作品中随处可见。赵素芳讲述的满族说部《秃子王爷府》中，讲述了满族老太太年轻时为了喂养王爷的十个儿子，给王爷的儿子当奶妈，自己的儿子相继饿死。

① 谷长春主编：《满族口头遗产传统说部丛书——萨布素将军传》，吉林人民出版社 2007 年版，第 595—596 页。

② 富育光主编：《金子一样的嘴——满族传统说部文集》，学苑出版社 2009 年版，第 10—11 页。

③ 博大公、季永海、赵志忠、白立元编辑：《满族民歌集》，辽宁民族出版社 1989 年版，第 126—127 页。

④ 富育光讲述，荆文礼整理：《天宫大战 西林安班玛发》，吉林人民出版社 2009 年版，第 176 页。

但王爷的十个儿子长大后，忘恩负义，对奶妈不好，最后遭报应的故事。这个故事告诫人们要知恩图报，尊老敬老。满族说部《小黄旗的故事》告诫满族子女如何与汉族和睦相处。《萨布素将军传》中介绍了满族的"三不射"族规：一不射背面人，二不射女人，三不射猎人。"三不射"本身就具有道德训诫的意味。

第二，抗击侵略者，保家卫国是又一个主要内容。

满族的萨布素将军的一生是抗击侵略者罗刹的一生。他团结东北各少数民族保家卫国，浴血奋战，他成为满族人的骄傲和楷模，满族人敬佩他，世代传诵他。萨布素将军的故事成为满族人教育后代的生动教材。

第三，告诫满族八旗子弟自食其力成为满族独特的内容之一。

满族八旗兵管理严格，依靠俸禄过日子，等俸禄没有了，八旗兵都变得穷困潦倒。满族说部中有大量的作品描写了落魄的八旗兵，生动形象地教育八旗子弟如何自食其力。

《满族说唱文学——子弟书珍本百种》中描写了很多落魄的八旗子弟，如《荡子叹》《阔大烟叹》《大烟叹》《老斗叹》《浪子叹》等都对落魄的八旗兵表达了一种哀其不幸，怒其不争，希望他们自食其力的感慨。刘德发讲述的《刘海卖线》描写了八旗兵的"铁杆庄稼"、"老米树"没了，在连饭都吃不上的情况下，刘海开始做点小买卖。相比之下，刘海的大哥因为什么事也不干，结果一家都穷病而死。"这几年他们的日子过得太惨了。大哥一天到晚啥事不干，又死要面子，不肯向人去借，全家都靠大嫂给人缝缝补补过日子。大侄子饿死了，侄女病死了，家中只剩下哥嫂和一个小侄子了。"① 最后，大哥大嫂都穷病而死，刘海收养了小侄子，他们过着自食其力的生活。

二　传授技艺

满族许多生产劳动技艺在文学艺术中都得到体现，有的描述得很详细。满

---

① 谷长春主编：《满族口头遗产传统说部丛书——八旗子弟传闻录》，吉林人民出版社 2009 年版，第 171 页。

族文学艺术生动形象地描述满族传统手工技艺，打猎经验，采集经验，生产发明，有时满族文学艺术就是技艺生动展示的复现。满族民间说唱艺术已经成为传授满族独特技艺的重要渠道。满族渔猎技艺在作品中有详尽的描写。如猎熊的描写："这是一只很狡猾的大狗熊。猎人常说熊瞎子在林子里净走直道，不会拐弯。可它却左一步右一步地颠来颠去，还往大树后头躲，使萨布素连发三箭竟没有射死它。其实呢，萨布素并不想很快就结果它，他想再逗一会儿，让这个狗熊把肚子气得大大的，把熊胆涨得满满的，再把熊胆割下来，据老萨满说，这样的熊胆个大饱满，治眼病最有效果。"[①] 在这段描写中，猎物的习性、打猎的经验、打猎的技巧都得到了详尽的表现。在《女真谱评》中，详细地描写了猎鹿的方式、打天鹅的方式。

满族对于弓箭的发明在满族说部《西林安班玛发》中有详细的记载："西林安班玛发，总感到仅有这些兵刃，还无法擒获猛兽。冥想中，他在林中突然发现，一只只飞豹在树巅之上，踏着枝干从这棵树跃上另一棵树，追赶山鸡、山狸、飞鼠、飞鸟，飞豹的腾跃多么灵巧，真像两肋生翅。这些，都深深地启发了西林色夫。飞豹所以能腾飞，转瞬之间便可捕俘腾飞的小兽，就是因为利用树干坚硬的弹力，与飞豹的腾跃两力相合，使它产生了无穷的飞升速度。这些为什么不能学用到人类手中？利用弹力，为生存效劳。聪慧的西林玛发，他领着查彦都鲁妈妈，从山里砍来各种湿木的树干，用猛火煨烤生弯，又取来野猪、马鹿、黑熊的皮革，刮掉皮上的毛，在盐水中浸泡、槌软，然后切成无数条长长细丝，又将细丝互相编织成为粗壮的皮绳，又用这些皮绳，将已经煨烤的弯木干勒成弓形，用磨尖的石块，插在选好的细枝上，将它放在那把有皮绳的弓弦上，猛力后拉，然后突然放手，真没想到这个小小的细枝，'嗡'的一声，从弯弓上飞出，竟扎在三十步远的粗树桩上。"[②] 从此以后，满族就有了

①　谷长春主编：《满族口头遗产传统说部丛书——萨布素将军传》，吉林人民出版社 2007 年版，第 48 页。

②　富育光讲述，荆文礼整理：《天宫大战　西林安班玛发》，吉林人民出版社 2009 年版，第 219—220 页。

弓箭，弓箭大大提高了生产力和战斗力。

满族挖参的技艺也有独特的套路："快到了，萨布素放开嗓子，大喊了一声：'棒槌！'同时，又立时把准备好的红线拴在那参苗上。据老辈人讲，这样，那人参即使是千年老参，也会被定位，再也不能化作精灵逃跑。"①

赵瑞林讲述的满族说部《祭祀肉》描述了清宫里满族大祭时杀猪的方式。甚至杀猪时应该说什么话都描述得很清楚。

《女真谱评》中介绍了女真先民怎样学会了使用火："自从九天女和猎鱼青年被黑龙救下天池，从白头山西北，开辟出一条粟末水，他俩就在粟末水旁定居下来。猎鱼青年利用土崖挖个山洞，便和九天女居在洞中。九天女心灵手巧，等青年进粟末水里打渔，她没事，就弄几块石头互相磨呀磨啊，磨得火星乱冒。天长日久，她用石头磨成刀、凿、斧、锥等器皿。在磨石头时，蹦跳的火星，一下子将干草引着了，这火越燃越大，九天女吓得嗷嗷哭叫。猎鱼青年惊吓得从粟末水跑回来，见这大火也吓得直眉瞪眼。忽见一只兔子被大火烧得蹦几个高，被烧焦倒在地上。他俩心疼地到跟前一看，一股香味扑鼻，猎鱼青年拎起烧焦的兔子，吭哧就咬一口，香得他卡了个跟头，瞪着眼睛对九天女喊：'香，真香，火是宝哇！'九天女一听，也抢过兔子尝了一口，香得她身子直晃悠，好似喝醉了酒。就这样，九天女和猎鱼青年拽起一块正在燃烧的树枝，放在洞前，又拣些干柴树枝放在火上，一堆篝火继续燃烧着。从此，猎鱼青年把打来的鱼呀、兔子、狍子都用这火烤熟了吃。这火真成了他俩的宝贝，不仅能烤食物，晚上还能照亮，还能防备野兽。是凡老虎哇、狼啊，见着火苗，都吓得嗷一声就飞跑了。更使他俩高兴的是，火还给他俩带来了温暖。这年冬天，他俩将火移进洞里，烤得身上直冒汗珠。"②

萨满教中的萨满神歌需要技艺动作配合。萨满神歌不仅需要舞蹈，还需要

---

① 谷长春主编：《满族口头遗产传统说部丛书——萨布素将军传》，吉林人民出版社2007年版，第78页。

② 马亚川讲述，王宏刚、程迅记录整理：《女真谱评》（上），吉林人民出版社2009年版，第1页。

武术、魔术等，这些也都在说唱表演中得到了传承。萨满跳神技艺也得到了细致的表现。"梅赫勒老萨满听完萨布素的介绍，她忙穿上法衣，扎上腰铃，点起香火，手拿抓鼓，在地上作起法来。口里叨叨咕咕地像是跟谁说着什么话，有问有答的。"① 这里对萨满作法的仪式顺序、服饰法器都进行了描写，使人一目了然。

三　传承历史

满族的许多历史都是靠满族民间说唱艺术传承的。满族许多失传的历史都在满族民间说唱艺术中得到了记载。满族说部"乌勒本"，汉语的意思是"传"、"传记"之意。"乌勒本"又称为"家传"、"英雄传"、"满族书"、"说史"，其实质就是一个家族的历史。满族的神话传说往往是间接地或者说用了原始思维描述家族史。满族的子弟书、岔曲有很多都具有自传性质，因此，满族的民间说唱艺术具有传承历史的作用。

满族民间说唱艺术通过作品的细节记录了历史，使人们了解了过去。例如描写符号女神觉昆恩都赫赫的神词是："这位山路神，生长着鹰爪、虎牙、啄木鸟嘴、刺猬的针毛。她先知先觉将林莽山岩刻出符号，传递信息，保佑北征的人有活路，看到生存之光。"② 这段描写隐含的信息十分丰富，它通过细节告诉我们满族先人如何在森林中寻找方位。在这一段非常细致的描写中，我们知道了满族先人在林莽山岩上刻上记号，可以找到出路，不至于迷失方向。这是一种经验的传授，是历史真实的再现。通过这段描述，我们还了解了过去的森林是什么样的，过去的森林有各种飞禽走兽，其中以鹰、虎、啄木鸟、刺猬为主。

第一，满族民间说唱艺术间接地表现了人类发展的历史轨迹。满族文

---

① 谷长春主编：《满族口头遗产传统说部丛书——萨布素将军传》，吉林人民出版社 2007 年版，第 72 页。

② 王宏刚：《满族与萨满教》，中央民族大学出版社 2002 年版，第 80 页。

学艺术往往间接地反映了满族历史，尤其是大量的满族神话对满族历史进行了间接反映。"《天宫大战》带有浓重的神话史诗的意味，折射出人类社会进化史的轨迹。神话中说，不知过了多少万年，洪荒古远，阿布卡赫赫人称阿布卡恩都里大神。母系社会过渡到父系社会非一夕之功，可能经过了万千年的漫长岁月，但社会变革终于来到，女性主神变成了男性主神，男神世界接替了女神王国。男性天神阿布卡恩都里高卧九天之上，且又懒惰散漫，带有父系氏族社会后期男性酋长的时代特点。"①《乌布西奔妈妈》也反映了母系氏族社会向父系氏族社会过渡时期两性的激烈冲突。"魔女罕王重女轻男，岛人均由魔女喝岛上湖水而生，生女为仆，降男弃野。"②这段描写女罕王单性生育，仇视男性，恰恰表现了人类历史上男女两性冲突的历史状况。

《女真谱评》基本上就是对女真族历史的一个反映。女真族建立金朝和金星有关。自从叛乱被平息，黑子被砍头后，劾里钵夫妇的次子阿骨打每天夜晚号哭不止，四处讨药，毫无效果，请神卜断，是魔鬼缠身夜哭闹，降魔伏邪需要魔鬼的替身一个，祖传雌雄宝剑一把，五把神沙装盘中，成双的黑驴蹄子狗熊掌，五色系线结三丈，院内扎上八卦门。准备妥当，到夜深人静的时候，女大神披挂神衣，腰束腰铃，在供奉伏魔大帝的神位前，摇摆着腰铃，请伏魔大帝降临。伏完魔后，"阿骨打脖子上拴上五色线，并没有睡觉，两眼瞪得溜圆，望着天空出神儿。今天晚上这么折腾，他也没哭一声。女大神给阿骨打拴线绳时，发现他两眼盯住金星，拴好线绳后，女大神便唱唱咧咧地说：'幼主本是金星下凡，妖魔驱除后，还需要七七四十九个夜晚，夜夜抱他看金星，从此妖魔不敢缠身，病除矣！'从此后，每天晚上都抱阿骨打在外面观星，大人指着天空说：'那是金星。'阿骨打便咧嘴一笑，观看一会儿才闭上眼睛睡觉。再抱到屋里，能一觉睡到大天亮。从这以后，后人有分解，说这与阿骨打建立金

① 王宏刚：《满族与萨满教》，中央民族大学出版社 2002 年版，第 44—45 页。
② 同上书，第 112 页。

朝，成为金太祖有关，也是女真族有关金字的起源，给女真族留下了祭祀伏魔大帝与跳家神中拉锁换锁的风俗"①。

第二，满族说部往往就是一个家族的历史。

满族包衣乌勒本就是家传、家史的意思。《萨布素将军传》实际上就是满族傅氏家族史。《女真谱评》《忠烈罕王遗事》《东海沉冤录》等都属于满族家族史。《乌布西奔妈妈》实际上就是东海女真部族乌布逊部落的一位赫赫有名的女萨满，她是统一东海七百噶珊（部落）的女罕。《女真谱评》实际上就是女真的发展史，全面地反映了女真人的起源、发展历程、生活习俗、风物特产、宗教信仰、思维方式等。

四　传播性学

以往的学者对于描写"庸俗低级趣味"的说唱文学作品采取回避的态度，回避并不能代替问题的解决。现在人们已经能够比较客观、公正地看待性学问题。

在中国漫长的封建社会，封建礼教等级森严，男女授受不亲。传播性知识只有两个途径。正如外国人对中国人的评价："中国人忌谈浪漫主义的爱情和性的享乐，由此免去人际间许多纠纷，家庭生活也相当平稳和谐。"②

在封建社会，没有生理解剖课，没有性知识的书籍，民间说唱艺术的部分内容就承担了性启蒙教育的任务。有部分民间说唱艺术承担了传播性知识的功能，这是一个人们不愿承认的事实，但却是真实存在的事实。满族民间说唱艺术也同样具有这样的功能。后人在整理满族民间说唱艺术作品时，往往删去了这部分，认为这是不雅的内容。张寿崇认为："由于时代的

---

① 马亚川讲述，王宏刚、程迅记录整理：《女真谱评》（上），吉林人民出版社 2009 年版，第 180—181 页。

② ［美］鲁思·本尼迪克特：《菊与刀》，商务印书馆 1990 年版，第 127 页。

局限，有些作品表现了比较浓厚的封建伦理观念或没落士族的庸俗趣味。"①
这里的"庸俗趣味"实际上包括了这部分内容。这也是民间文艺屡禁不止的一
个原因。

满族子弟书从审美趣味上划分主要包括"笑"、"苦"、"春"、"粉"四
种类型。"笑"代表喜剧，"苦"代表悲剧，"春"、"粉"代表情色类。如
"春"类作品《送枕头》《调春戏姨》等，再如"粉"类作品《路旁花》
《灯草和尚》等。"春"、"粉"类作品包括了性学知识。当然，有时人们难
以区分性学和黄色，因而往往避而不谈，但事实上，"春"、"粉"类作品
的售价要比"笑"、"苦"类作品高，对这种现象，我们不应该一味地回
避，回避并不能解决问题。实际上，人们的一些性知识也是从这些作品中
获得的。陈勤建认为："在民俗文艺中，实际上尚有一批所谓的'荤故
事'。过去学界一直持批判态度，认为其黄色、下流。那么它们为什么还
能在劳动人民中长期广泛流传呢？按照劳动人民思想的政治性鉴定，这二
者似乎不应该连在一起的，可事实毕竟是事实，各地都有这么一批荤故
事。它之所以不胫而走的原因中重要的一条，这是在性禁锢的中国民众中
传播性知识、性技巧的一种民俗手段。当然，其中是有不健康的、黄色、
下流的情绪，但是，前者也是不应抹杀的。"② 启功先生认为子弟书艳词虽
不能登堂入室，不能在公开场合演唱，但在民间"秘密地授受流传"。启功先
生说出了子弟书艳词传播的一种真实的形态是秘密的。同样，张克济先生也分
析过子弟书艳曲。张克济认为凡主要写男女交欢之事的子弟书称为子弟书艳
曲。"这些艳曲的编者对故事的驱遣手法各有不同，但都切合故事情境，绝
非一味的皮肤滥淫，其会心处，往往令人莞尔。"③ 从张克济的分析中，可以
看出张克济对子弟书艳曲并非一味地否定。也正是这些"春"、"粉"类作品
使书坊主人获得了极大的利润。

① 张寿崇主编：《满族说唱文学子弟书珍本百种》，民族出版社2000年版，第5页。
② 陈勤建：《文艺民俗学导论》，上海文艺出版社1991年版，第180页。
③ 张克济：《子弟书的艳曲》，见《车王府曲本研究》，广东人民出版社2000年版，第119页。

第二节　满族文学艺术的局部区域分布研究

满族民间说唱艺术主要分布在东北三省，主要在辽宁省、黑龙江省、吉林省、北京等地流传，而在其他省份少有遗存，原因复杂。满族民间说唱艺术在全国区域较少的原因如下。第一，在过去，由于满族民间说唱艺术主要是口碑艺术，靠口耳相传，因此，少有文字记载。第二，由于历史上，少数民族被错误地认为是"夷"、"狄"、"戎"、"蛮"，因此在文学艺术史中数量很少，大部分仅仅是在正统文学艺术中被间接地提到。第三，满族文字产生比较晚，没有文字记载，导致很多满族民间说唱艺术只能口耳相传，随着传承人的离世，很多艺术也随之消逝。第四，新中国成立后，由于文艺政策以阶级斗争为纲，满族民间说唱艺术没有被重视，因此很多满族民间说唱艺术的研究出现了人为的空白。第五，"文化大革命"的浩劫，使得满族民间说唱艺术的研究更加雪上加霜，使得许多文化遗存受到了严重的破坏。

现在，我们认识到了历史文化的重要性，积极地开展拯救非物质文化遗产工作，大量地抢救、整理、研究少数民族民间艺术。

黑龙江省的说部比较丰富。《乌布西奔妈妈》在黑龙江省乌苏里江流域流传。

吉林境内曾有永吉一带的扶余支和扶余一带的扶余支，流行的曲目主要有《奥尔厚达喇》（满语，意为歌唱人参王）、《笊篱姑娘》、《三阿哥从军》、《排张郎》等几十出。

辽宁丹东地区主要有满族单鼓、萨满神曲、东北蹦蹦戏、大鼓书等。

关于子弟书的分布。八角鼓和子弟书兴起在乾隆年间。清朝吉林盛行子弟书。

吉林八角鼓主要流传在扶余民间。扶余八角鼓有 27 个曲牌。其唱腔结构属曲牌联套体。每个曲目唱段必用〔四句板〕开头，继用其他若干曲牌联结，最后必用〔煞尾〕结束唱段。吉林传统的满族剧目为《红罗女》。满族传说主要是关于老罕王努尔哈赤、康熙皇帝、乾隆皇帝、慈禧等的传说。还有关于动物、植物的传说。满族最著名的传说是关于三仙女的传说，各地关于三仙女的传说虽然略有差异，但大体内容相同。

清代时，满洲八旗和汉军八旗的兵队被派到广州驻守。广州的满族人主要有民间歌谣，但广州满族人不擅长满族舞蹈，这是广州满族人和北方满族人不一样的地方。民歌主要有《灯盏子花》《太平年》《十二重楼》等。民谣主要有《卖糕谣》《打贴歌》《跑白马》《月光光》等。民间故事主要有《祖宗袋的故事》《包饽饽的传说》《大天仓的来历》《腊八粥的来源》《广州满族祠堂》等。

辽宁满族民间艺术分布

时间	地区	艺术类型
1986 年	新宾	地秧歌，满族民间音乐、舞蹈，二人转
1988 年	本溪	满族民间传说，故事
1986 年	凤城	单鼓，快板书，民间故事，拉场戏，大秧歌，二人转，皮影戏
1992 年	凤城	满族歌舞，皮影戏，流寇影，八角鼓
1990 年	清原	二人转，拉场戏，评书
1991 年	岫岩	剪纸，高跷
1993 年	北镇	满族歌谣
1999 年	桓仁	满族民间故事，满族歌谣
1994 年	宽甸	满族民间故事，满族歌谣，满族单鼓，满族传奇
1992 年	丹东	单鼓，神话传说，满族神话剧，满族歌舞，满族民谣，民间故事，剪纸

辽宁满族民间艺术分布分析：

20 世纪 80 年代，人们还没有意识到要保护民族文化遗产，突出满族民族特色，特别是在"文化大革命"期间，有一些非物质文化遗产如萨满神歌等被视为封建余毒，很多满族民间艺术呈隐性存在的态势，因此，少有记载。在满族民间艺术的分布上，越是比较偏僻的地区，原生态的元素越多，越是靠近都市，原生态的元素越少。有些调查缺少全面性、真实性，有的记录只是一些表面现象。

本溪满族民间艺术主要有民间传说与故事，主要有《三仙女沐浴》《罕王蒙难记》《被灯记》《罕王葬父》《漆树咬罕王》《索罗杆子的来历》等，故事发生的年代往往为金代，比较古老。凤城主要有满族歌舞《蚕娘》《五魁舞》《腰铃舞》《狩猎舞》《八角鼓弹唱》《笊篱姑娘舞》《扬烈舞》《单鼓舞》等。凤城已经没有萨满神歌了，仅有当年给萨满当过下手的人能回忆一些萨满神歌的片段。岫岩的满族艺术留存比较少，有满族剪纸、枕头顶、高跷等。岫岩的满族民间说唱艺术尤其少。

丹东神话传说主要有《白鹅仙女》《罕王的故事》等。民谣主要有《出征歌》《挖参歌》等。满族民间故事有《蚕娘》《山铃铛》等。还有莽式空齐舞、八角鼓联唱等。

姚颖划分的清代北京满族说唱艺术分布

名称	别名	形成期	形成地	主要曲调	流布地区	附注
子弟书	弦子书、子弟段儿	清代乾隆初年	北京		北京、天津、沈阳	
拆唱八角鼓	牌子曲拆唱、牌子曲、八角鼓带小戏	清代中叶	北京	[柳子腔]、[云苏调]、[南锣北鼓]、[耍孩儿]、[流水板]	北京	清代曲艺"八角鼓"的一种演出形式
岔曲		清代中叶	北京		北京地区	

注：清中叶为乾隆、嘉庆时期，晚期是从 1840 年鸦片战争到中华民国成立之前。

目前，整个东北满族民间说唱艺术主要以东北三省为传播区域，以一种活态口头流传的方式存在，还有很多大型的叙事处于搜集整理阶段，或者加入了艺术再创造的因素。在政府部门的政策指导下，满族文化人以一种强烈的民族责任感，承担着拯救非物质文化遗产的历史使命，积极进行满族民间说唱艺术的研究工作。

吉林的说部研究成果丰富。满族说部的传承地主要在黑龙江，而说部能够进入中国非物质文化遗产名录是由吉林申请的，目前说部的主要传承人也在吉林。吉林出版了大型满族说部系列丛书，有《碧血龙江传》《比剑联姻》《女真谱评》《阿骨打传奇》《恩切布库》《平民三皇姑》《木兰围场传奇》《金世宗走国》《红罗女三打契丹》《元妃佟春秀传奇》《伊通州传奇》《天宫大战　西林安班玛发》《苏木妈妈　创世神话与传说》《瑞白传》《八旗子弟传闻录》《飞啸三巧传奇》《尼山萨满传》《雪妃娘娘和包鲁嘎汗》《萨布素外传　绿罗秀演义》《乌布西奔妈妈》《东海窝集传》《扈伦传奇》《伊通州传奇》《萨大人传》等。吉林省的满族锡克特里氏的说部传承，有世界萨满文化研究的"活化石"之誉。现在吉林有满族民间长篇说唱艺术锡克特里窝车库给孙乌勒本《五辈太爷掌劈狐狸精》、儿童给孙乌勒本《貉子和獾》等。锡克特里家族第十二代传人石光华是最年轻的萨满，他掌握了萨满的说唱技艺。吉林省民族研究所研究员富育光（1933 年生）致力于研究满族民间文化、萨满文化。赵东升（1936 年生）长期从事满族历史与文化的研究。他们作为说部的主要传承人，也就是我们提到的"知识型"传承人，对民族文化颇有贡献。他们在 20 世纪 80 年代初就开始搜集说部，他们讲唱的满族说部都是以家族的形式传承下来的。赵东升能够讲唱的说部《扈伦四部传奇》是家传的，从祖父那里听到的。富育光从祖母富察美容、父亲富希陆那里传承下来很多说部，另外，从其父那里获得线索做进一步的调查，从而搜集到更多的说部。吉林的满族说部在传承中已经有了许多艺术再创造的因素。

满族萨满文化研究成果日益丰富。研究萨满文化的成果主要集中在吉林、黑龙江、北京等地。学者大多研究了中国萨满文化艺术的产生、发展及传承历史，并论述了申请世界遗产保护的重要意义和价值。长春大学萨满文化研究中心萨满文化研究最有代表性，其特点是研究方向明确，研究资料丰富，收藏萨满实物最多，成为首批吉林特色文化研究基地。

北京地区对于子弟书、岔曲、八角鼓的研究成果较多。如《北京旗人艺术——岔曲》《书斋与书坊之间——清代子弟书研究》《古调今谭：北京八角鼓岔曲研究评注》《八角鼓》等，这些研究系统地阐述了岔曲、子弟书、八角鼓满族说唱艺术源流、特点、内容。此外上海也出版了《升平署岔曲》，山东胶州市委出版了《胶州八角鼓》。

丹东满族民间有代表性艺术传承人

姓名	性别	出生时间	地点	作品
佟凤乙	男	1929 年	岫岩县城西佟家沟	52 篇入《满族三老人故事集》
李成明	女	1914 年	岫岩县城西北 30 公里的李家堡子	16 篇入《满族三老人故事集》
李马氏	女	1922 年	东沟县大孤山镇	22 篇入《满族三老人故事集》
徐均祥	男	1915 年	宽甸县长甸镇古哨村	40 多篇满族故事，民歌集等
姜一堂	男	1891 年	宽甸南古楼子碴子沟	40 多篇满族故事
佟德军	男	1929 年	岫岩县牧牛乡德北村	60 多首满族民歌

本溪满族民间故事分布图（2010 年调查统计）

本溪满族民间故事分布（地区从北至南分布）			
花岭村	西麻户村	清河城村	万利村
富家楼村	团山子村	马家沟村	泥塔村
松树台村	太平村	碱厂镇	磨石峪村
久才峪村	柜子石村	小市镇	柳堡村
兰河峪村	陈英村	新城子村	草河掌村
姜家堡村	崔坊村	祁家堡村	连山关镇
草河口村	草河城村		

本溪满族民间故事调查分析：

本溪满族民间神故事分布比较广泛，故事分布从北到南，从西到东，覆盖了整个本溪市。相比较而言，西部故事分布比东部要多。本溪满族民间故事尽管进入国家级非物质文化遗产保护名录，但从其内容看，故事发生的时间比较晚，很多在光绪年间和民国时期，明末清初的内容少，明末清初之前的故事、神话传说就更少了。而且汉族内容较多，如关于诸葛亮、曹操、孔明、赵子龙、罗成、薛仁贵、赵匡胤、萧太后、施耐庵等的传说在人物传说中占了较大的比例，而关于罕王努尔哈赤的传说却较少，这说明很多内容是满族汉化的结果。

现在，国家政策非常重视和扶植满族文化研究。在第一批国家级非物质文化遗产名录中，就有满族说部、满族民间故事、满族珍珠球、满族二贵摔跤、满族刺绣、满族新城戏等。国家的政策扶植给满族文化的研究提供了强有力的保障。各地学者尤其是东北三省的学者积极进行满族非物质文化遗产的拯救，满族说部整理研究成果颇丰。

辽宁省国家级、省级满族非物质文化遗产名录

所在城市（地）	项目名称
满族居住地区	※满族民间故事，※满族珍珠球，※满族二贵摔跤，※满族刺绣
沈阳市	沈阳东陵满族民间故事，※辽东满族民间故事，沈阳满族堆绫技艺，初春枝满族剪纸
抚顺市	※满族地秧歌，※新宾满族剪纸，巴图鲁乌勒本，抚顺满族民间故事，新宾满族传统小吃制作技艺，满族清明节插佛陀习俗，新宾满族放路灯习俗，满族婚礼习俗，满族祭祖习俗
鞍山市	※岫岩满族民间刺绣，※岫岩满族剪纸，岫岩满族民间歌曲
本溪市	本溪满族民间故事，满族珍珠球，本溪满族剪纸，本溪永隆泉满族传统酿酒工艺（铁刹山酒），祭山习俗
丹东市	凤城满族荷包，凤城满族珍珠球，凤城满族传统小吃制作技艺
锦州市	※医巫闾山满族剪纸，※锦州满族民间刺绣
铁岭市	西丰满族剪纸
葫芦岛市	兴城满族秧歌

注：带※号为国家级非物质文化遗产。

满族姓氏演变

原来姓氏	现在姓氏
他塔拉氏	唐
瓜尔佳氏	关
库雅喇氏	胡
达尔立阿氏	戴
乌勒锡氏	呼
都勒氏	杜
墨克勒氏	孟
锡玛拉氏	纪

原来姓氏	现在姓氏
西克特哩氏	西
栋鄂氏	董
富察氏	富
奇德哩氏	祁
布尔察氏	卜
巴彦	富
倭赫	石
沙拉	边
哈斯呼	左
毕拉	何
尼玛哈	余
宁古塔	刘

参考文献

博大公、季永海、赵志忠、白立元编辑：《满族民歌集》，辽宁民族出版社
　　1989 年版。

波·少布主编：《黑龙江满族述略》，哈尔滨出版社 2005 年版。

崔蕴华：《书斋与书坊之间——清代子弟书研究》，北京大学出版社 2005 年版。

陈若培搜集整理：《满族八角鼓》，呼和浩特市群众艺术馆 1985 年版。

《车王府曲本研究》，广东人民出版社 2000 年版。

《长白仙女——满族民间故事集》，岫岩县文化馆《山地》增刊，1980 年。

曹雪芹、高鹗：《红楼梦》一、二、三、四，人民文学出版社 1981 年版。

陈勤建：《文艺民俗学导论》，上海文艺出版社 1991 年版。

《朝鲜李朝实录·世宗》卷 113，朝鲜前期春秋馆的史官，宣祖三十六年。

崇禄讲述，赵东升整理：《碧血龙江传》，吉林人民出版社 2009 年版。

《丹东满族　宽甸专辑》，辽宁民族出版社 1994 年版。

《丹东满族　岫岩专辑》，辽宁民族出版社 1991 年版。

丹东市民族事务委员会民族志编纂办公室编：《丹东满族志》，辽宁民族出版社
　　1992 年版。

戴月琴、匡国良编著：《满族民间艺术》，京华出版社 2009 年版。

端木蕻良：《科尔沁旗草原》，人民文学出版社 1981 年版。

［德］鲍姆加登：《美学》，简明、王旭晓译，文化艺术出版社 1987 年版。

［德］海德格尔：《演讲与论文集》，生活·读书·新知三联书店 2005 年版。

恩格斯：《路德维希·费尔巴哈和德国古典哲学的终结》，《马克思恩格斯选集》
　　第4卷。

《二十五史》，上海古籍出版社、上海书店出版社1986年版。

傅英仁搜集整理：《满族神话故事》，北方文艺出版社1985年版。

傅英仁讲述，张爱云整理：《满族萨满神话》，黑龙江人民出版社2005年版。

傅英仁讲述，王宏刚、程迅记录整理：《红罗女三打契丹》，吉林人民出版社
　　2009年版。

傅英仁讲述，程迅、王宏刚记录整理：《萨布素将军传》，吉林人民出版社
　　2007年版。

傅英仁讲述，宋和平、王松林整理：《东海窝集传》，时代文艺出版社1999年版。

富育光主编：《金子一样的嘴——满族传统说部文集》，学苑出版社2009年版。

富育光、孟慧英：《满族萨满教研究》，北京大学出版社1991年版。

富育光、赵志忠编著：《满族萨满文化遗存调查》，民族出版社2010年版。

富育光讲述，荆文礼整理：《飞啸三巧传奇》（上、下），吉林人民出版社
　　2007年版。

富育光讲述，于敏记录整理：《东海沉冤录》（上、下），吉林人民出版社
　　2007年版。

富育光讲述，王慧新记录整理：《雪妃娘娘和包鲁嘎汗》，吉林人民出版社
　　2007年版。

富育光讲述，荆文礼整理：《苏木妈妈　创世神话与传说》，吉林人民出版社
　　2009年版。

富育光讲述，荆文礼整理：《天宫大战　西林安班玛发》，吉林人民出版社
　　2009年版。

富育光讲述，王慧新整理：《恩切布库》，吉林人民出版社2009年版。

《福州驻防志》卷一，辽宁大学出版社1994年版。

傅惜华：《曲艺丛谈》，上海文艺联合出版社1953年版。

［法］皮埃尔·布迪厄、［美］华康德：《实践与反思》，李猛、李康译，中央编

译出版社 2004 年版。

关德栋、周中明编：《子弟书丛钞》（上、下），上海古籍出版社 1984 年版。

谷长春主编：《满族口头遗产传统说部丛书——八旗子弟传闻录》，吉林人民出版社 2009 年版。

郭淑云、沈占春主编：《域外萨满学文集》，学苑出版社 2010 年版。

郭淑云：《追寻萨满的足迹——松花江中上游满族萨满田野考察札记》，广西人民出版社 2009 年版。

葛会清主编：《长白山满族文化概览》，中国文史出版社 2008 年版。

宫留记：《布迪厄的社会实践理论》，河南大学出版社 2009 年版。

关墨卿讲述，于敏整理：《萨布素外传 绿罗秀演义（残本）》，吉林人民出版社 2007 年版。

何星亮：《中国自然神与自然崇拜》，上海三联书店 1995 年版。

胡潇：《文化现象学》，湖南出版社 1991 年版。

黑龙江省社会科学院文学研究所，中国北方民族文化史课题组：《北方文化研究》，黑龙江省社会科学院文学所 1987 年版。

霍尔等：《荣格心理学入门》，冯川译，生活·读书·新知三联书店 1987 年版。

黄礼仪、石光伟编：《满族民歌选集》，人民音乐出版社 1999 年版。

韩振武、郭林涛：《中国民间吉祥物》，中国旅游出版社 1999 年版。

金鸥编著：《满族民间工艺》，沈阳出版社 2004 年版。

吉林省政协文史资料委员会，政协伊通满族自治县委员会编：《吉林满族》，吉林人民出版社 1991 年版。

江帆、王志勇、宋有涛主编：《山林·人·文化——辽北地区生态民俗与可持续发展研究》，辽宁教育出版社 2008 年版。

金启平、章学楷编著：《北京旗人艺术岔曲》，北京师范大学出版社 2007 年版。

季永海、赵志忠：《满族民间文学概论》，中央民族学院出版社 1991 年版。

孔尚任：《桃花扇》，人民文学出版社 1982 年版。

李燕光、关捷主编：《满族通史》，辽宁民族出版社 2003 年版。

李宏复：《萨满造型艺术》，民族出版社 2006 年版。

辽宁省民族古籍整理办公室主编：《岫岩满族民间歌曲选》，辽宁民族出版社 1990 年版。

辽阳、杨钟义撰集，吴兴、刘承干参校：《雪桥诗话续集》，北京古籍出版社 1991 年版。

鲁连坤讲述，富育光译注整理：《乌布西奔妈妈》，吉林人民出版社 2007 年版。

林虞生标点：《升平署岔曲》（外二种），上海古籍出版社 1984 年版。

林惠祥：《文化人类学》，商务印书馆 1996 年版。

李庆本主编：《国外生态美学读本》，长春出版社 2010 年版。

李仲元赋：《缘斋吟稿》，辽宁人民出版社 2011 年版。

李春燕主编：《东北文学综论》，吉林文史出版社 1997 年版。

罗建均编著：《中国人个性品格地图》，中时代经济出版社 2008 年版。

马亚川、王宏刚、程迅记录整理：《女真谱评》（上、下），吉林人民出版社 2009 年版。

孟聪：《宽甸满族歌谣》，作家出版社 2009 年版。

孟庆宇主编，柳永民副主编：《新宾满族故事》，新宾满族自治县文化局 2009 年版。

［美］C. 恩伯、M. 恩伯：《文化的变异——现代文化人类学通论》，杜杉杉译，辽宁人民出版社 1988 年版。

［美］鲁思·本尼迪克特：《菊与刀》，商务印书馆 1990 年版。

马克思：《摩尔根〈古代社会〉一书摘要》，人民出版社 1965 年版。

（民国）魏声和撰：《鸡林旧闻录》，吉长日报社民国二年（1913 年）。

《宁古塔满族谈往录》，《牡丹江文史资料》第 7 集，1992 年内部发行。

那国学主编：《满族民间文学集》，北方文艺出版社 2004 年版。

（清）昭梿撰，何英芳点校：《啸亭杂录》，中华书局 1980 年版。

（清）铁保辑：《熙朝雅颂集》，辽宁大学出版社 1992 年版。

（清）曼殊震钧：《天咫偶闻》，北京古籍出版社 1982 年版。

《清世祖实录》卷 106，中华书局 1985 年版。

《清原满族自治县概况》编写组：《清原满族自治县概况》，辽宁大学出版社 1990 年版。

（清）福格撰：《听雨丛谈》，中华书局 2007 年版。

启功：《启功丛稿》，中华书局 1999 年版。

秋浦主编：《萨满教研究》，上海人民出版社 1985 年版。

《清蒙古车王府藏子弟书》，国际文化出版公司 1994 年版。

《清太祖武皇帝弩儿哈奇实录》（卷 1），北平故宫博物院 1932 年印本。

任惜时、赵文增、臧恩钰：《东北文学通览》，辽宁大学出版社 1994 年版。

（宋）宇文懋昭撰，崔文印校证：《大金国志校证》（全二册），中华书局 1986 年版。

宋和平译注：《满族萨满神歌译著》，社会科学文献出版社 1993 年版。

宋和平、孟慧英：《满族萨满文本研究》，五南图书出版公司、中华发展基金管理委员会 1997 年版。

孙懿：《从萨满教到喇嘛教》，中央民族大学出版社 2002 年版。

孙邦主编：《吉林满族》，吉林人民出版社 1991 年版。

崧佩等撰：《恭祭神杆礼节之册》，光绪二十四年，清殿本。

孙金瑛、刘万安：《萨满遗风——辽北莲花萨满文化田野调查》，香港中国人民出版社 2009 年版。

佟悦、陈峻岭：《辽宁满族史话》，辽宁民族出版社 2001 年版。

滕绍箴、滕瑶：《满族游牧经济》，经济管理出版社 2001 年版。

铁保：《白山诗介》凡例第五条。

佟靖仁编著，岳文端校订：《呼和浩特满族民间故事选》，内蒙古大学出版社 1989 年版。

乌丙安、李文刚、俞智先、金天一编：《满族民间故事选》，上海文艺出版社 1983 年版。

乌丙安：《中国民俗学》，辽宁大学出版社 1992 年版。

王纯信、黄千主编:《满族民间剪纸》,吉林文史出版社 2009 年版。

汪宗猷主编:《广州满族今昔资料选集》,广州市满族历史文化研究会 2004 年版。

王钟翰:《清史满族史讲义稿》,鹭江出版社 2006 年版。

王钟翰主编:《中国民族史概要》,山西教育出版社 2010 年版。

王冬芳:《满族崛起中的女性》,辽宁民族出版社 1996 年版。

王宏刚:《满族与萨满教》,中央民族大学出版社 2002 年版。

吴书纯编著:《满族民间礼仪》,沈阳出版社 2004 年版。

王海亭:《中国人性格地图》,中国书店出版社 2007 年版。

汪立珍:《满——通古斯诸民族民间文学研究》,中央民族大学出版社 2006 年版。

王松林、傅英仁:《红罗女》,时代文艺出版社 1999 年版。

王宁主编:《文学理论前沿》,北京大学出版社 2006 年版。

王向峰:《〈收稿〉美学解读》,辽宁大学出版社 2004 年版。

辽阳、杨钟义撰集,吴兴、刘承干参校:《雪桥诗话续集》,北京古籍出版社
    1991 年版。

《新宾满族自治县概况》编写组:《新宾满族自治县概况》,辽宁大学出版社
    1986 年版。

新宾满族自治县民间文学集成领导小组编:《新宾资料本》,1987 年。

许慎:《说文解字》,中华书局 1983 年版。

夏秋主编:《满族民间故事》,辽宁民族出版社 2012 年版。

杨英杰:《清代满族风俗史》,辽宁人民出版社 1991 年版。

伊增埙编著:《古调今谭 北京八角鼓岔曲研究评注》,学苑出版社 2011 年版。

杨飞主编:《中国皇帝传》,中国文史出版社、光明日报出版社 2004 年版。

范岳:《宗教·艺术与文化传统》,辽宁人民出版社 1993 年版。

杨丰陌:《御路歌谣——满族民俗传说》,辽宁民族出版社 2005 年版。

姚颖:《清代中晚期 北京说唱文学与伎艺研究——以子弟书、岔曲为中心》,
    北京燕山出版社 2008 年版。

育光搜集整理:《七彩神火》,吉林人民出版社 1984 年版。

杨丰陌主编：《清前满族群英》，辽宁民族出版社 2008 年版。

杨锡春：《满族风俗考》，黑龙江人民出版社 1988 年版。

中国第一历史档案馆，中国社会科学院历史研究所译注：《满文老档》（上、下卷），中华书局 1990 年版。

中国第一历史档案馆：《清初内国史院满文档译编》（上），光明日报出版社 1989 年版。

中国曲艺工作者协会辽宁分会编：《子弟书选》，内部资料，1979 年。

中国北方民族文化史课题组：《北方文化研究》第一集，黑龙江省社会科学院文学研究所 1988 年版。

中国民间文艺研究会，辽宁、吉林、黑龙江三省分会编：《满族民间故事选》（第一集），春风文艺出版社 1985 年版。

中国民间文艺研究会，辽宁、吉林、黑龙江三省分会编：《满族民间故事选》（第二集），春风文艺出版社 1983 年版。

张其卓、董明整理，中国民间文艺研究会辽宁分会编：《满族三老人故事集》，春风文艺出版社 1984 年版。

张其卓编著：《满族在岫岩》，辽宁人民出版社 1984 年版。

中国民间文艺研究会，辽宁、吉林、黑龙江三省分会编：《满族民间故事选》（第二集），春风文艺出版社 1983 年版。

中国民间文艺研究会，辽宁、吉林、黑龙江三省分会编：《满族民间故事选》，春风文艺出版社 1981 年版。

张寿崇主编：《满族说唱文学子弟书珍本百种》，民族出版社 2000 年版。

张杰贵、景殿龙主编：《本溪满族民间故事——生活故事卷》，民族出版社 2010 年版。

张杰贵、景殿龙主编：《本溪满族民间故事——神话与传说卷》，民族出版社 2010 年版。

张杰贵、景殿龙主编：《本溪满族民间故事——幻想故事卷》，民族出版社 2010 年版。

周维杰主编，荆文礼副主编：《抢救满族说部纪实》，吉林人民出版社2009
　　年版。

周虹：《满族妇女生活与民俗文化研究》，中国社会科学出版社2005年版。

赵书、常利民、崔墨卿主编：《八旗子弟传闻录》，吉林人民出版社2009年版。

赵志忠：《满族萨满神歌研究》，民族出版社2010年版。

赵志忠主编，邓伟、马清福副主编：《满族文学史》，沈阳出版社1989年版。

赵志忠：《民族文学论稿》，辽宁民族出版社2005年版。

张佳生：《八旗十论》，辽宁民族出版社2008年版。

张佳生：《清代满族诗词十论》，辽宁民族出版社1992年版。

张佳生：《独入佳境　满族宗室文学》，辽宁人民出版社1997年版。

张佳生：《清代满族文学论》，辽宁民族出版社2009年版。

张菊玲：《清代满族作家文学概论》，中央民族学院出版社1990年版。

朱眉叔、黄岩柏、董文成、卜维义选注：《满族文学精华》，辽沈书社1993
　　年版。

赵阿平：《满族语言与历史文化》，民族出版社2006年版。

张杰：《满族要论》，中国社会科学出版社2007年版。

张立忠讲述，张德玉、张一、赵岩整理：《平民三皇姑》，吉林人民出版社
　　2009年版。

政协丹东市学习文史委员会，政协凤城满族自治县学习文史委员会编：《丹东
　　满族——凤城专辑》，辽宁民族出版社1992年版。

政协丹东市学习文史委员会，政协岫岩满族自治县文史资料委员会编：《丹东
　　满族——岫岩专辑》，辽宁民族出版社1991年版。

朱狄：《艺术的起源》，中国社会科学出版社1982年版。

庄子：《老子　庄子　四书》，辽宁人民出版社2001年版。

中共喇叭沟门满族乡委员会喇叭沟门满族乡人民政府：《喇叭沟门满族民间故
　　事集》，2005年6月。

中共青龙满族自治县委宣传部：《青龙满族民间故事》，1987年4月。

曾繁仁主编，［美］阿诺德·伯林特：《全球视野中的生态美学与环境美学》，
　　长春出版社 2011 年版。

曾繁仁：《生态美学导论》，商务印书馆 2010 年版。

章海荣编著：《生态伦理与生态美学》，复旦大学出版社 2005 年版。